GUSTAVE TOUDOUZE

LE
DÉMON DES SABLES

(1798)

OUVRAGE ILLUSTRÉ DE 52 GRAVURES DESSINÉES

PAR

A. PARIS

PARIS
LIBRAIRIE HACHETTE ET Cie
79, BOULEVARD SAINT-GERMAIN, 79

4° Y-2
ᴇ ʟ ᴀ ʙ

LE
DÉMON DES SABLES

(1798)

A LA MÊME LIBRAIRIE

OUVRAGES DU MÊME AUTEUR

Enfant perdu (1814). 1 volume in-8° jésus, illustré de 52 gravures d'après J. Le Blant. Broché. . . . . 5 fr.

La vengeance des Peaux-de-Bique. 1 volume in-8° jésus, illustré de 53 gravures d'après J. Le Blant. Broché. . . . . 7 fr.

GUSTAVE TOUDOUZE

LE
DÉMON DES SABLES

(1798)

OUVRAGE ILLUSTRÉ DE 52 GRAVURES DESSINÉES

PAR

A. PARIS

PARIS
LIBRAIRIE HACHETTE ET CIE
79, BOULEVARD SAINT-GERMAIN, 79

1899

Droits de traduction et de reproduction réservés.

Au Gentil Nid
DE
KERMAMM' GOZ EN TRÉGASTEL

A cette hospitalière
MAISON DE LA BONNE MAMAN
(KER MAMM' GOZ)

ET

A MES AMIS PETITS ET GRANDS
PIERRE, MARIE-ANNE, SIMONE, YVONNE, ROBERT MARGAÏ
PITET

Je dédie ce livre en souvenir de tendre affection,

Le fidèle ami de leur Père et de leur Mère,
Gustave Toudouze

Sur la place une foule curieuse s'entassait.

1

LE SERMENT

En cet après-midi de fin ventôse an VI de la République, dans la fraîcheur vive et un peu humide de l'air, au milieu de l'azur pâli d'un ciel sans nuages, tout lavé des dernières pluies de l'hiver, le soleil, s'inclinant vers les vapeurs du couchant du côté des arbres déjà verdoyants du jardin du Luxembourg, dont il poudrait d'une large traînée d'or et de feu les ondulations, commençait à embraser de biais d'une lueur de plus en plus rougeâtre la façade du Panthéon.

On eût dit que lui aussi voulait participer à la cérémonie qui s'y célébrait et lui donner un caractère plus spécial, plus saisissant, l'auréolant de sa gloire, comme pour laisser dans tous les esprits un éternel souvenir.

Ses rayons atteignirent un cartouche suspendu au centre du

péristyle par deux guirlandes de laurier et firent flamboyer plus distinctement ces mots :

La République reconnaissante
Au brave et vertueux citoyen

JULES MATHELIN

Au-dessous de l'inscription, devant la porte d'entrée du monument, un petit autel de la Patrie, décoré de drapeaux tricolores, d'emblèmes et de palmes, supportait une urne antique voilée d'un long crêpe flottant. Entourées jusqu'à mi-hauteur de tentures funéraires assujetties par des torsades de feuillage que nouaient des rubans tricolores, les colonnes les plus proches de l'autel symbolique portaient des écussons aux J. M. ombragés de palmes entre-croisées, de sorte que, tout en conservant la sévérité du deuil, l'aspect général tenait surtout de la commémoration glorieuse.

En haut des marches, sur le côté gauche, une petite tribune drapée attendait les orateurs, tandis que tout autour, dans l'enceinte réservée du péristyle, ou s'étageant sur les degrés de l'escalier, un auditoire choisi se pressait, mêlant les toilettes féminines aux uniformes militaires, aux panaches, aux fracs brodés des sociétés savantes, aux costumes des députations littéraires et scientifiques.

Sur la place, bien qu'il ne s'agît que d'une cérémonie très intime, à laquelle n'avait été conviée qu'une certaine élite, et que le gros public fût singulièrement blasé depuis quelques années sur les exhibitions patriotiques, les fêtes civiques, militaires ou funèbres qui se renouvelaient si fréquemment, une foule curieuse, surtout composée des gens du quartier, boutiquiers, étudiants, monde spécial du quartier des Écoles et de la montagne Sainte-Geneviève, s'entassait, attirée par les tentures, l'éclat des costumes universitaires ou militaires et la présence de la musique groupée au bas des degrés, plus encore que par la cérémonie elle-même et par celui dont on allait célébrer la mémoire.

« Bah ! maugréait un homme, dont le pantalon rayé, la longue carmagnole et le bonnet de grossière fourrure sur un crâne tondu trahissaient le révolutionnaire toujours aussi forcené en un temps où le républicanisme farouche des premiers jours n'était plus trop de mode. Ça ne vaut pas la fête du 20 frimaire de cette année qu'on a donnée dans la grande cour du Luxembourg, une fête que la République avait le droit de donner, puisque c'était pour la remise du Traité de Campo Formio, tandis que celui d'aujourd'hui, personne ne le connaît !...

— Bien sûr, appuya un voisin à la tenue noire et râpée, à la mine de pauvre clerc de notaire, qu'il n'y a pas de comparaison entre le général Bonaparte et ce citoyen Math... Mathelin, comme le dit l'inscription. La preuve, c'est qu'on n'a pas dérangé pour lui les Directeurs avec leur costume romain, les ministres, les ambassadeurs. C'est cela qui était beau et qui méritait d'y assister ! Et les hymnes, la musique....

— Tout le monde ne peut pas remporter des victoires comme celles de Montenotte, de Millesimo, de Lodi, d'Arcole, de Rivoli et ramener des drapeaux à pleins bras, à seule fin de prouver qu'on est bon patriote et utile à son pays ! » riposta une grosse voix grondante.

Un sergent-major de la ligne, aux lourdes moustaches tombantes, aux yeux noirs dardés comme des jets de poix fondue, à la tournure robuste sous le drap usé de son uniforme bleu galonné d'or, au cuir tanné, au nez flambant et au verbe tonitruant, se mêlait à son tour à la conversation.

Dans la foule il y eut une curiosité et un mouvement d'étonnement à entendre ce militaire défendre un simple civil.

La carmagnole grogna sourdement :

« Moi, je ne suis pas pour qu'on fête un homme, général ou citoyen ! »

Le légiste objecta :

« Cependant, sergent, le général.... »

Mais le soldat ne le laissa pas achever, décidant :

« Bonaparte, c'est Bonaparte, un rude militaire ; c'est pas moi qui dirai le contraire, attendu que j'ai pu le voir à l'œuvre !... Quoique, à mon idée, il y en ait d'autres qu'on oublie un peu trop à cette heure, quand ça ne serait que Kléber, par exemple ! »

Il roula des yeux autour de lui, comme s'il eût attendu quelque protestation à l'audition de ce nom, en ce moment en défaveur auprès des membres du Directoire ; personne ne répondant, il poursuivit :

« Mais enfin, Mathelin aussi, c'est Mathelin, un fameux entre les fameux, pour ce qui est du savoir, du dévouement, du... de....

— Vous le connaissez ? questionnèrent ensemble plusieurs voix.

— Je le connais... hé oui !.. sans le connaître personnellement, quoi ! vu que je n'ai jamais eu l'honneur de lui être présenté !... Seulement il y a quelqu'un, ou plutôt quelqu'une... honneur au sexe !.. quelqu'une qui me touche de près et qui pourrait en dire long sur le citoyen, puisqu'elle a été à même de le voir et de savoir par le fin fond ce qu'il vaut !... Et tenez, voilà justement qu'elle s'amène par ici, la citoyenne en question, celle qui pourra vous renseigner mieux que moi. »

Se dressant de toute sa taille, il héla par-dessus les têtes :

« Hé ! Pierrette, par ici, ma fille !... Tonnerre de Mayence ! Avance à l'ordre, qu'on te cause un peu ! »

Une femme d'une trentaine d'années, aux joues colorées et hâlées par la vie au grand air, à l'allure crâne et hardie, vêtue d'un costume moitié civil et moitié militaire, avec sa jupe courte, sa veste de hussard garnie de brandebourgs, de passementeries, de boutons, un bonnet de police planté de côté sur d'épais cheveux noirs, répondit à cet appel, sans se soucier de ceux qui l'entouraient :

« Enfin c'est toi, Nicolas !... Voilà une bonne heure que je te cherche ; je te croyais déjà là-haut avec les autres. »

Elle indiquait les invités qui se trouvaient près de l'autel de la

Patrie et sur les marches de l'escalier. Il haussa les épaules avec insouciance, marmottant :

« Tu sais bien que je n'y aurais pas été sans toi, et, pour l'instant, je préfère voir le coup d'œil d'ici. Mais écoute : dis voir à ceux-là ce que tu penses, toi, du citoyen Jules Mathelin ? »

Les yeux de la jeune femme flambèrent d'émotion :

« Je pense que, foi de Parisienne que je suis, c'était un rude homme, un crâne citoyen, enfin !... Mort pour la Patrie, tout comme un soldat tué en défendant son drapeau, bien qu'il fût seul là-bas où il se trouvait, sans drapeau pour l'exciter à bien faire, sans camarades, sans personne pour l'aider à l'heure du danger !... Certes oui, que j'en suis fière de l'avoir connu, comme je suis fière de connaître celles qu'il a laissées derrière lui. Ah bien ! On y a mis le temps à se souvenir de lui ; c'est pas trop tôt que la Patrie rende hommage et gloire à ceux qui l'ont servie comme lui et qu'aujourd'hui chacun sache à quoi s'en tenir sur son compte. »

Mais les attentions se détournèrent ; on jouait un hymne funèbre, et, après la *Marseillaise*, un délégué du Directoire, montant à la petite tribune improvisée, au milieu du silence qui peu à peu s'établissait, commença :

« Citoyennes et citoyens, il est certainement des morts plus illustres, plus connus de vous, que celui dont nous venons aujourd'hui honorer les mânes ; mais la République, comme le soleil, a des rayons égaux pour tous ; elle doit à ceux de ses enfants les plus humbles, tués obscurément pour la Patrie, le même souvenir, les mêmes adieux publics qu'à ceux qu'une renommée brillante accompagne et qui, déjà de leur vivant, ont pu trouver une première et éclatante récompense dans l'auréole de gloire qui enveloppait leur nom. »

Ces phrases sonores soulevèrent une première salve d'applaudissements ; l'orateur reprit :

« Il importe que l'on sache que le plus modeste d'entre vous peut prétendre lui aussi à l'éternelle reconnaissance de sa terre natale, s'il a versé son sang pour la France, non pas seulement sur l'un de ces célèbres champs de bataille qui attirent tous les regards et qui ont donné une moisson de héros, mais aussi dans quelque mission lointaine et ignorée, sur une terre étrangère, loin de nos yeux, pour des services que nous ne pourrons apprécier à leur juste valeur que plus tard. Il est juste que l'on sache dès aujourd'hui à qui nous en sommes redevables et qu'un nom jusqu'ici trop ignoré devienne un nom glorieux. C'est pourquoi le Directoire, en sa sollicitude patriotique, a tenu à rendre, par ma voix, un solennel hommage au citoyen Jules Mathelin, ancien officier de marine, parti depuis dix ans pour accomplir la tâche secrète dont le gouvernement l'avait chargé, au citoyen Mathelin, tombé victime de barbares et hideux ennemis, assassiné au fond des déserts de l'Afrique....

— Honneur au citoyen Mathelin!... »

De ses robustes poumons, le sergent-major ayant donné le signal des acclamations, par entraînement, contagion d'exemple et sans trop savoir encore quels services avait pu rendre celui dont ils entendaient pour la première fois prononcer le nom, ses voisins et voisines applaudissaient et criaient de leur mieux, se grisant de tapage, tandis que le délégué s'inclinait, profitant de cette interruption forcée pour reprendre haleine avant de poursuivre.

Du reste, une fois cet exorde entendu et se trouvant suffisamment renseigné sur le but de la cérémonie, le populaire, venu plutôt là pour l'attrait d'un spectacle à sa portée que pour écouter attentivement les discours, ne tarda pas à reprendre ses colloques individuels, ses causeries particulières, et laissa l'orateur arrondir pour les privilégiés des premiers rangs et des places réservées ses périodes ronflantes, dont quelques fragments arrivaient par-ci par-là jusqu'à la grande place.

Un brouhaha sourd s'étendit peu à peu, se régularisant, semblable au monotone grondement de la mer le long d'une plage de sable, et ce n'était plus que de temps en temps qu'un nom, plus nettement articulé, qu'un lambeau de phrase plus retentissant, passant par-dessus les rangées d'invités de l'enceinte, parvenaient aux oreilles inattentives des badauds.

Autour du soldat et de sa compagne, la conversation avait pris un tour tout à fait intime, depuis que leurs voisins les plus proches avaient compris qu'ils pouvaient trouver auprès d'eux plus de renseignements sur celui dont on célébrait la mémoire, que par les explications pompeuses et lourdes de rhétorique du discours prononcé.

« C'est donc alors que depuis tant d'années on n'avait plus de ses nouvelles à c't'homme? » demandait une forte commère, l'éventaire garni de fleurs appuyé au ventre, ses deux poings aux hanches, son bonnet épanoui d'une large cocarde tricolore, les joues cramoisies et les yeux allumés de curiosité.

« Bien certainement qu'on ne savait rien sur lui depuis des temps, répliqua Pierrette, puisque c'est en 1788 qu'il avait quitté la France pour aller dans ces pays, d'où il ne devait jamais revenir.

— Hum! hum!... Quelque aristocrate sans doute, cet officier de marine, puisqu'il servait sous le ci-devant Capet! J'avais bien raison de me méfier et de penser que la République avait tort de célébrer des hommes qui peuvent être ses pires ennemis! » grommela soupçonneusement l'individu à la carmagnole.

Mais, la main gauche sur la garde de son sabre, tordant furieusement de la droite la longue mèche pendante d'une de ses rudes moustaches, le sergent-major tonna :

« Aristocrate!... Aristocrate!... Pourquoi donc?... Pas plus que le citoyen général Kléber, officier sous l'ancien régime, lui aussi! Pas plus que le regretté citoyen général Hoche, qui était sergent aux gardes-françaises! Pas plus que le citoyen général Desaix, sous-lieutenant au régiment de Bretagne à l'époque du tyran!... C'est-il donc une preuve contre le patriotisme que d'avoir fait son devoir avant les jours d'aujourd'hui?... Tout le monde ne peut pas naître d'un domestique et d'une fruitière comme le citoyen général Augereau, ou de misérables vignerons de Bourgogne comme moi; pourtant on n'en est pas moins bon patriote et pur citoyen pour cela! Tu peux demander à la citoyenne Pierrette Florent, femme Goulot, ici présente, ma propre épouse, cantinière et blanchisseuse de la 75ᵉ demi-brigade, dont j'ai l'honneur d'être moi-même sergent-major, ayant servi successivement dans les armées de Sambre-et-Meuse, de l'Ouest, du Rhin, d'Allemagne et d'Italie, de plus ancien Mayençais, et tu sauras ce qu'on doit penser du civisme de celui dont nous parlons ! »

Ce fut avec un rire moitié méprisant, moitié gouailleur, que Pierrette, son nez retroussé de faubourienne tourné d'un geste de provocation vers l'incrédule, lança :

« Suspect, le citoyen Mathelin, le frère et ami du citoyen Norcy, engagé volontaire de 1792, tué à Valmy, en défendant la France attaquée ?... Suspect, l'homme sans peur dont le Directoire honore aujourd'hui la mémoire ?... C'est que tu veux plaisanter, si tu suspectes un patriote d'avant l'heure de la Liberté, alors que toi-même tu n'y songeais pas encore !... Et qu'en sais-tu, si on ne lui a pas donné cette mission où il a trouvé la mort, parce que son indépendance le faisait redouter, et que, d'un autre côté, on n'ignorait pas qu'il sacrifierait sans hésiter sa vie pour la France, ne s'inquiétant pas de qui il recevait cet ordre de départ ?... Suspect, lui !... Ah ! il ne ferait pas bon de répéter cela devant....

— Je ne dis pas le contraire ! protesta l'homme interloqué. Seulement, ça remonte si loin, il s'est passé tant de choses depuis, qu'il est bien permis de se défier, surtout après toutes les manigances des Clichyens, les complots des royalistes et les tentatives de toute la clique dorée que le brave Augereau a mise si énergiquement à la raison le 18 fructidor dernier !

— Bon ! bon ! te voilà tout excusé, intervint Nicolas Goulot. Ça t'apprendra seulement à raisonner avant d'accuser à tort et à travers. La Patrie avant tout, moi je ne connais que cela ; je l'ai prouvé dans l'Est, dans l'Ouest, et je le prouverai partout où l'on m'expédiera, tonnerre de Mayence !... Encore heureux, comme disait la citoyenne, que tes mauvaises paroles ne soient pas arrivées aux oreilles de certain garçon de nos amis qui se trouve là-haut, tiens ! au premier rang, juste en face de l'orateur, dont il semble boire les paroles, tellement c'est un admirateur de Mathelin ! »

Un autre interlocuteur questionna :

« Ce jeune homme tout en noir, si pâle, à côté de trois dames en deuil ? »

La cantinière expliqua :

« André Norcy, qu'il s'appelle ; c'est le propre fils au volontaire tué à Valmy, et le filleul, comme qui dirait le fils adoptif aux Mathelin. Près de lui, sa mère, une femme comme il n'y en a plus. »

Le sergent appuya avec un peu de pédanterie :

« La mère des Gracques, une Romaine, comme on dit aujourd'hui des vraies citoyennes dévouées à la Patrie. Ah ! elle a rudement élevé son garçon ! Et l'autre, donc, la citoyenne Mathelin, quand on pense qu'elle n'avait jamais voulu croire à la mort de son mari, et que, après des années, il a fallu les reliques qu'on lui a rapportées, avec les nouvelles sûres, des preuves irréfutables, quoi ! Ah ! c'est tout du bon monde et du fameux, jusqu'à sa fille, toute mignonne qu'elle soit encore, si énergique, le vrai sang de son père ! »

Un mouvement qui se produisit parmi les groupes de l'enceinte réservée, se prolongeant avec une sorte d'ondulation des têtes de degré en degré jusqu'à la foule massée sur la place, fit comprendre que les discours étaient finis; maintenant on commençait à défiler devant l'autel de la Patrie, sur lequel des députations venaient déposer des gerbes de fleurs, des palmes, pendant que la musique exécutait une marche triomphale.

Laissant s'écouler le flot des badauds qui, une fois leur curiosité satisfaite, regagnaient leur demeure et leurs occupations, le sergent-major et sa femme avaient manœuvré adroitement pour se rapprocher peu à peu des marches de l'escalier; ils purent le gravir, en se frayant un passage à travers les groupes de plus en plus clairsemés stationnant encore, soit pour attendre quelque ami, soit pour voir de plus près les personnages connus figurant à la cérémonie, et s'en allant les uns après les autres, brillants officiers aux broderies étincelantes, membres des différentes sociétés scientifiques et littéraires en tenue de gala.

Il ne restait plus, se détachant nettement en haut des degrés, que le groupe composé des trois femmes et du jeune homme, quand Nicolas, s'approchant, s'arrêta brusquement, la main militairement élevée à hauteur de sa coiffure et fit :

« Salut, citoyennes, citoyen ! »

En même temps la cantinière s'écriait :

« Mam'zelle Juliette ! M'sieur André !

— Pierrette, toi ici ?

— Le sergent-major Nicolas Goulot ?... Quelle surprise ! A Paris tous les deux, lorsqu'on vous croyait encore en Italie !

— Arrivés de ce matin, congé de convalescence, par permission spéciale, avant de rejoindre là-bas... dans le Midi ! » répondit joyeusement le soldat, terminant sa phrase en un chuchotement de mystère, tandis qu'André Norcy l'examinait, le visage grave, les lèvres serrées comme pour s'empêcher de parler.

Pendant que les deux veuves et la jeune fille échangeaient quelques mots avec la cantinière, André, attirant Nicolas Goulot d'un geste qui les rapprocha tous deux de l'autel, questionna vivement à voix basse :

« Dans le Midi, à... à Toulon, n'est-ce pas ? »

Le sergent cligna de l'œil d'un air malin, faisant sur le même ton :

« Ah ! vous savez ?... Oui, pour la grande affaire au citoyen Bonaparte, la fameuse danse qu'on se prépare à aller administrer à.... Mais, chut ! C'est un secret !... L'aile gauche de l'armée d'Angleterre, ah ! ah !... Diable de malin que ce petit sécot-là ; il combine, il combine, qu'on n'y comprend rien de rien ! »

Il se frotta vigoureusement les mains, terminant :

« On va rire ! »

Le jeune homme, les sourcils froncés, la tête baissée, semblait réfléchir ; il releva brusquement son front pâle, jeta un regard furtif du côté des femmes, et murmura :

« Que dirais-tu, si je partais aussi ? »

« Je le jure ! »

Une lumière courut dans les prunelles noires du soldat, qui riposta vivement :

« Je dirais... je dirais.... Ah! tenez, vous êtes vraiment le fils à votre père, et le filleul au citoyen Mathelin, vous!... Alors vous en êtes?... »

D'un mouvement bref de la main, André imposa silence à son interlocuteur; ses yeux s'attachaient, fascinés, sur l'urne entourée de fleurs, de palmes, de couronnes.

Avant de disparaître derrière le moutonnement des cimes d'arbres du Luxembourg, le soleil, en plongeant dans les brumes du soir, prenait une teinte de plus en plus pourprée, et c'était comme une vapeur de sang qui flottait maintenant sur l'autel de la Patrie, glissait le long des draperies, coulait en ruisseau sinistre le long du crêpe lentement agité par le vent.

Il semblait à André Norcy assister au drame dont on venait de célébrer le souvenir, et que, de cette urne vide, l'image de l'assassiné sortît tout à coup, se dressant, spectre plaintif, pour l'appeler, le supplier, lui indiquer son devoir.

Sans presque savoir ce qu'il faisait, attiré, il marcha vers cette évocation que lui seul voyait ou croyait voir, et, la main tendue, les prunelles fixes, il balbutia :

« Oui, oui!... J'irai, je rapporterai tes cendres ici, parmi nous, au milieu des tiens!... Je le jure! »

Son cerveau, nourri des grands souvenirs de l'antiquité, le transformait en ce moment, le rendant l'émule de ces héros de la Grèce et de Rome, qu'il admirait et dont les paroles se pressaient tumultueuses sur ses lèvres.

Presque aussitôt le soleil disparaissait, l'ombre glaciale envahissait le parvis, replongeant l'autel dans les demi-ténèbres, dans la troublante fantasmagorie du crépuscule commençant.

Mme Norcy avait entendu; elle fit, épouvantée :

« Qu'y a-t-il!... André, mon enfant, que veux-tu dire? Où veux-tu aller? »

D'un frissonnant et instinctif mouvement les trois femmes s'étaient resserrées autour du jeune homme, comme pour le retenir, l'envelopper de leur tendresse; il les regarda, angoissé, s'écriant avec une supplication de la voix :

« Mère!... Marraine!... Juliette!... »

Frémissantes, il les entraîna, secouant doucement la tête, pour indiquer que ce n'était ni le lieu ni le moment de s'expliquer; suivis de Nicolas et de Pierrette, ils achevèrent de descendre ensemble les marches du Panthéon, après un dernier adieu à l'urne funèbre.

Ce fut là qu'ils se retrouvèrent.

II

UNE VOCATION

Dans l'appartement que Mme Norcy et Mme Mathelin habitaient ensemble, chacune ayant ses pièces intimes parfaitement séparées, il n'y avait de commun que le salon, l'endroit où chaque jour, chaque soir, tout le monde se réunissait pour ne plus former qu'une seule et inséparable famille.

Comme pour resserrer encore cette étroite union et lui donner un caractère plus touchant, deux grands portraits décoraient les murs.

Le premier, daté de 1788, représentait Jules Mathelin, en tenue de major de la marine royale ; l'autre, Pierre Norcy, qui s'était fait peindre en 1792, au moment de partir pour la frontière, en costume de volontaire de la République : ils semblaient ainsi, unis dans le présent comme ils l'avaient été dans le passé, présider toujours aux destinées de leur famille et conserver au foyer domestique, après la mort, la place qui leur appartenait de leur vivant.

Ce fut là, dans cette pièce, que se retrouvèrent ceux qui venaient d'assister à la commémoration funèbre de l'ancien officier; Nicolas Goulot et Pierrette les avaient accompagnés.

A peine étaient-ils arrivés, que Mme Norcy renouvela sa question à son fils :

« Que veux-tu faire? Que se passe-t-il? Peux-tu me dire? »

Saisissant de ses deux mains les mains tremblantes de sa mère et de sa marraine, le jeune homme amena les deux femmes, les deux veuves, devant les portraits et répondit d'un ton ferme :

« Oui, ici, devant eux, je puis, je dois parler. »

Une émotion douloureuse glissa au fond de leur cœur, arrêtant les mots sur leurs lèvres, tandis qu'il poursuivait, solennel :

« C'est à eux que je m'adresse en même temps qu'à vous, à eux, sous les regards desquels j'ai toujours vécu et qui m'ont, par leur présence constante, dicté ma conduite, poussé lentement, incessamment, à remplir mon devoir. L'heure est venue pour moi de vous dire ce que je veux faire, ce que j'ai décidé.

— Mon fils chéri!...

— Mon cher André!...

— André! »

Trois exclamations, trois plaintes douces, résignées, la voix de Juliette s'étant jointe aux deux autres, furent l'unique et timide protestation. Il regarda tour à tour chacune de celles qui venaient de lui répondre par ce cri troublé, cette suprême et involontaire résistance de leur cœur désespérément frappé; mais déjà il les sentait conquises à son désir, soumises à sa volonté, et il put ajouter :

« J'ai fait le serment, que je renouvelle ici devant vous et devant eux, d'aller à la recherche des restes pieux de celui qui n'est plus; vous ne pouvez m'empêcher de tenir cette promesse. Mon père m'approuvera d'essayer de retrouver les reliques de son malheureux

Le jeune homme amena les deux femmes devant les portraits.

ami et de vouloir lui donner auprès de lui la sépulture glorieuse à laquelle il a droit! »

La première, dominant sa souffrance, Mme Norcy s'était redressée; la plus profondément atteinte par cette blessure inattendue, elle fut cependant la plus prompte à réagir, la plus courageuse à renoncer à tous ses secrets espoirs; elle serra éperdument le jeune homme dans ses bras, avouant :

« Oui, tu as raison; j'étais folle d'avoir pu espérer, croire.... Fais ton devoir, tout ton devoir, comme... comme lui !... Et pourtant.... Oh! ces souvenirs, ce départ si enthousiaste! Je me souviens! Mon enfant, est-ce que toi aussi, il me faudrait.... »

Elle ne put terminer, les sanglots secouant sa gorge, pendant que Mme Mathelin, sous l'obsession d'identiques et cruels rappels d'autrefois, gémissait :

« Au moins vous l'avez revu, vous avez rapporté sa chère dépouille, tandis que moi, moi !... Ah ! malheureuse, malheureuse !... Ne plus jamais, jamais.... »

Tout le passé revenait, emplissait peu à peu le salon d'ombres flottantes et légères, comme si les portraits s'animant fussent descendus de leurs cadres; les deux femmes revoyaient leurs maris tels qu'ils étaient au moment du départ, si ardents, si vigoureux, si pleins de vie, de gaieté, d'intelligence, faits pour vivre de longues et heureuses années.

Grand, solidement bâti, d'une vigueur presque herculéenne, Jules Mathelin avait été un des plus beaux et plus hardis officiers de la marine royale; des sourcils noirs et épais, des yeux lumineux, pleins de feu, faisaient de lui le type de la bravoure et de l'impétuosité françaises. A quarante ans, récemment promu major, il était dans toute sa force physique, dans toute sa vigueur intellectuelle, quand le roi lui avait donné l'ordre de partir pour ce voyage, dont la durée ne lui semblait pas devoir dépasser une couple d'années.

C'était à ses connaissances d'ordre tout à fait spécial, à des travaux de nature particulière, que Jules Mathelin, membre correspondant de plusieurs sociétés savantes, membre associé de l'Académie, avait dû d'attirer la confiance et l'attention du roi. On connaissait de lui, au ministère de la marine, dans les commissions de l'Académie, des notes très intéressantes sur Malte, la Palestine, la Syrie, la mer Rouge, les Indes ; surtout, ce qui l'avait fait remarquer, c'était un Mémoire, très nourri de faits et de preuves, sur l'Égypte, considérée comme possession agricole, commerçante, militaire et politique.

Souvent, chez lui, devant Pierre Norcy, il avait raconté ses rêves de gloire, ses espoirs de conquêtes scientifiques et militaires qui pourraient assurer la suprématie de la France en Orient et peut-être lui rendre l'Inde. Dans ce but il s'était livré à des travaux considérables qui devaient faciliter sa tâche, poussant ses recherches jusque dans le passé, étudiant les langues, l'archéologie et devenant ainsi l'un des officiers les plus érudits de la flotte.

On ne lui reprochait qu'une chose, son indépendance, une vivacité d'appréciations qui le poussait à incriminer sévèrement la faiblesse, la mollesse du gouvernement, et on profita du moment où Joseph II d'Autriche et Catherine II de Russie menaçaient l'Empire Ottoman, pour lui confier, en pays d'Orient, une mission mystérieuse, confirmée et détaillée dans des plis cachetés qu'il devait ouvrir successivement en certains points d'un itinéraire fixé d'avance.

Alors que, rentré depuis peu à Paris, il venait précisément d'organiser sa vie avec son camarade Pierre Norcy, un ami d'enfance de deux ans seulement plus âgé que lui, et dont la femme était une compagne de sa femme, cet ordre de départ, arrivé brusquement, lui fut d'abord un peu pénible, puisqu'il devait quitter de nouveau pour longtemps des êtres qui lui étaient si chers. Il ne put cependant cacher une certaine joie à la pensée de pouvoir enfin mettre à exécution le rêve de toute sa vie, peut-être de parvenir à rendre à la France la splendeur passée qu'il ne cessait de réclamer pour elle.

Comme officier de marine, il avait l'habitude des longues séparations, des brusques départs ; il eut toutefois une émotion plus forte que d'ordinaire en se séparant de sa femme, de sa fillette, qui venait d'atteindre sa sixième année. Quand les reverrait-il? Cette enfant le reconnaîtrait-elle? Si le voyage durait davantage? Si...?

Il chassa de la main ce nuage d'oiseaux de ténèbres qui semblait vouloir l'arrêter. Pierre Norcy et sa femme n'étaient-ils pas là, avec leur fils André, le compagnon de jeux de la petite Juliette? Tout fut arrangé avant son départ; Mme Mathelin et sa fille habiteraient le même appartement que les Norcy; les deux ménages ne formeraient qu'une seule et même famille, ce qui était déjà presque réel, puisque, avant leur mariage, Jules Mathelin et celle qui devait être sa femme avaient servi de parrain et de marraine à André Norcy.

Lorsqu'il les étreignit tous une dernière fois sur sa large poitrine, Jules Mathelin, tranquille désormais sur le sort des siens, plein d'enthousiasme, leur affirma :

« Ce n'est pas adieu, c'est au revoir que je vous dis, car je reviendrai, je vous le promets, je vous le jure. Ainsi, pas de tristesse, pas trop de larmes, vous me reverrez vivant, ici, dans ce salon! »

D'abord des lettres arrivèrent régulièrement, débordantes de joie; il allait pouvoir compléter ses travaux, s'assurer de la possibilité de certaines hypothèses; des phrases de victoire chantaient à la fin des missives; il les terminait par de triomphants : « Pour la France, en avant! » Son voyage s'accomplissait point par point comme il l'avait décidé, sans obstacles, sans incidents fâcheux; on eut de lui des nouvelles de Malte, de Grèce, de Constantinople, d'Asie Mineure : tout allait bien.

Il y avait dix ans de cela, dix ans!

Mme Mathelin leva sur le visage fier et hardi, qui paraissait lui sourire encore, des yeux voilés de larmes et balbutia :

« Vivant, ici, dans ce salon!... Et maintenant, oh! maintenant, plus jamais!... »

Tant qu'elle avait pu ne pas savoir exactement, douter de la réalité, elle avait espéré quand même, contre tout espoir; mais cette confirmation officielle, ces détails, cette cérémonie le rayaient pour toujours du nombre des vivants, tout, jusqu'à ce serment si généreux d'André, tout le plongeait à jamais dans la nuit éternelle du tombeau.

Elle ne pouvait qu'être reconnaissante à son filleul de sa noble pensée, et pourtant, en l'embrassant pour le remercier, elle murmura, se souvenant :

« Il y a dix ans, j'étais encore si pleine de joie, malgré cette dure séparation ! J'embrassais sa chère lettre, la dernière !... »

La dernière, en effet ; car, ensuite, c'étaient 1789, la Révolution, l'effroyable tempête s'abattant sur Paris, sur la France et ayant sa répercussion terrible dans toute l'Europe. Les événements se précipitent, absorbants, affolants. Les mois, les années passent, plus de lettres, plus de nouvelles d'aucune sorte.

Dès 1790, malgré la tendresse de Pierre Norcy et de sa femme, Mme Mathelin tomba dans un chagrin affreux ; l'épouvante pesa perpétuellement sur elle, ne lui laissant aucun repos le jour, lui montrant, la nuit, dans des cauchemars continuels, des cauchemars divinatoires, le corps défiguré et sanglant de son mari.

Puis arrivent 1791, 1792 ; l'ennemi attaque la France, tout est soulevé, bouleversé : c'est l'appel désespéré à toutes les énergies, à toutes les volontés, à tous les courages, et, ne voulant pas attendre que le territoire soit envahi, qu'il ne lui reste plus qu'à s'ensevelir sous les ruines de Paris, sous les pierres de son foyer détruit, Pierre Norcy court à la frontière menacée. C'est là-bas qu'il faut aller pour protéger efficacement les siens ; c'est vers la Meuse, en Champagne, dans l'Argonne que doit se rendre tout Français vraiment patriote et capable de porter un fusil.

A Valmy une balle au front l'étendait raide mort, et ce fut par faveur spéciale que sa veuve put ramener son corps, ramassé sur le champ de victoire, et le rapporter à Paris.

Cette fin héroïque devint la sauvegarde des siens durant les plus sombres périodes de la Révolution ; mort, il protégea ceux qu'il n'eût peut-être pas pu sauver vivant, car nul n'osa jamais attenter à la liberté, à la vie de la veuve du volontaire de 1792, tué pour la Patrie, et cette protection s'étendit également à Mme Mathelin, qu'auraient mal défendue son nom et le souvenir du grade de son mari dans la marine royale.

Pour les deux malheureuses femmes, restées seules avec leurs enfants encore tout jeunes, André ayant quatorze ans, Juliette dix ans, ce fut désormais une même douleur, un deuil aussi épouvantable, l'une certaine de la mort de son mari, l'autre pouvant presque aussi sûrement considérer le sien comme mort, après quatre années complètes sans nouvelles, toutes deux également veuves. C'était comme un lien funèbre nouant plus étroitement encore que par le passé ces deux familles, chacune également privée de son chef.

Au milieu de ces larmes, de ces terreurs, les deux enfants, élevés ensemble, grandissaient; mais si Mme Mathelin pouvait ne pas ressentir d'inquiétudes à voir se développer et devenir jeune fille, c'est-à-dire bientôt une compagne précieuse et sûre, la petite Juliette, dont la tendresse, l'affectueuse gentillesse la consolaient un peu dans son terrible chagrin, il n'en était pas de même de son amie.

Mme Norcy, en effet, assistait avec une angoisse croissante aux progrès que faisait son fils André devenant d'enfant jeune homme, mûri prématurément par le contact des événements, bientôt un homme comme son père, comme son parrain! Qu'allait-il faire, lui aussi? Que deviendrait-il? Quelle carrière l'attirerait, en ces époques orageuses qui versaient leur fièvre, leur folie dans tous les cœurs?

Redoutant pour ce fils unique les dangers de la vie militaire, elle avait vu avec une joie secrète son esprit se porter de préférence vers l'étude des langues, l'histoire, l'archéologie, les recherches savantes.

Passant sa vie à lire, à fouiller les manuscrits, au milieu des bibliothèques, avec l'ambition d'apprendre le plus de choses possible, de tout connaître, de tout savoir, il semblait destiné à une vie renfermée. Déjà elle le voyait un savant dans son cabinet de travail, avec ses papiers, ses volumes préférés, ses petites manies de bureau, travaillant en toute sécurité, et elle, auprès de lui, le couvant de sa tendresse maternelle, le gardant toujours avec elle. Quelle vie heureuse! quelle douce et tranquille existence, loin des hasards, des accidents, des dangers!

C'est qu'elle ignora longtemps le sourd travail qui se faisait dans le cerveau de l'enfant, à mesure qu'il avançait en âge; c'est qu'elle ne savait pas d'abord quel sang aventureux bouillonnait dans les veines du jeune homme, et que la première occasion sérieuse qui s'offrirait à lui suffirait pour l'arracher à la vie paisible et exempte de périls qu'elle espérait lui avoir créée pour toujours.

Cela remontait loin cependant, plus loin que personne ne pouvait le supposer, alors que, âgé seulement de neuf à dix ans, il écoutait son parrain raconter certaines particularités de ses longues croisières, de ses voyages, des fouilles qui restaient à faire dans quelques-uns des pays qu'il avait visités. Dès cette époque une vive curiosité intellectuelle commença à fermenter dans ce jeune cerveau, lui donnant, sans qu'il s'en rendît compte, l'ineffaçable goût de l'inconnu, du mystère.

En cultivant chez son fils cette ardeur passionnée qu'elle lui voyait pour les études historiques et scientifiques, la mère ne se douta nullement qu'elle ne faisait qu'encourager et aggraver ces premières dispositions; elle étudiait avec lui, souvent captivée, le croyant docile à tout ce qu'elle voudrait, parce que le but qu'elle visait pour lui, l'absorbant toute, l'aveuglait et l'empêchait de faire certaines observations qui auraient pu la mettre sur ses gardes.

Avec ses yeux d'un bleu clair, ses cheveux blonds, son teint blanc et rose, André Norcy avait une douceur, une distinction un peu féminines, que rendaient plus sensibles encore la régularité de ses traits, l'élégance de sa taille mince et élancée; mais une âme vibrante et téméraire soutenait ce corps à l'apparence frêle; des nerfs d'acier étaient les ressorts infatigables de cette charpente d'allure délicate; un sang fougueux coulait dans ces veines, dont le réseau bleu se faisait plus visible aux tempes, aux poignets, partout où l'épiderme était d'une finesse plus grande.

Tout enfant, on aurait pu remarquer en lui ce contraste qui arrachait à Pierrette Florent, alors en service chez les Mathelin, cette phrase caractéristique :

« Une vraie demoiselle, M'sieur André, mais une demoiselle qui a le diable au corps et une volonté de fer ! »

Ce que Pierrette avait deviné, Mme Norcy ne l'avait jamais vu ; et même beaucoup plus tard encore, elle n'avait pas compris que cette persévérance dans le travail, cette régularité des études, cette passion de science ne dévoyant jamais du même chemin, étaient les indices de la volonté qui animait André Norcy.

Le départ de son parrain, avec tout son côté d'ombre, l'énigme de sa mission secrète devaient laisser en lui une impression durable ; la mort tragique et héroïque de son père, à un âge où l'on commence à sentir plus vivement, fut une de ces émotions puissantes qui virilisent une nature : sa volonté y puisa une énergie nouvelle.

Ce ne fut que lorsqu'elle l'entendit parler avec ardeur de voyages, d'explorations, que sa mère s'émut pour la première fois ; ne l'avait-elle sauvé d'un danger que pour le lancer dans des périls plus redoutables ? L'angoisse la saisit et les jours se passèrent pour elle à étudier son fils.

Bientôt la vérité lui apparut, irréfutable. Plus que la gloire militaire, ce qui l'attirait, c'était cette gloire moins bruyante, plus utile, du travailleur obscur qui va, dans les contrées mal connues, au milieu des embûches de toute espèce, pièges de la nature, guets-apens des hommes, chercher quelque trésor capable d'agrandir le domaine du savoir et de porter la lumière dans ces ténèbres si angoissantes des âges disparus, des civilisations évanouies.

Après avoir essayé de résister, de lutter, elle avait fini par se résigner, espérant toujours que rien ne viendrait tenter André et qu'il pourrait se résigner à l'existence tranquille de savant qui semblait d'abord l'attendre.

Ce qui venait de se passer à la cérémonie en l'honneur de Jules Mathelin lui avait définitivement arraché ses dernières et si fragiles illusions ; c'est alors qu'avec un courage de Romaine elle avait cédé.

comprimant les bonds douloureux de son cœur et s'écriant presque malgré elle :

« Fais ton devoir ! »

Ces mêmes paroles, elle se souvenait de les avoir prononcées quelques années auparavant, lorsque son mari la suppliait de le laisser partir pour l'armée, et ses regards se portaient sur le visage doux et résolu du volontaire de 1792, dont il lui semblait retrouver l'énergie tranquille et inébranlable dans André.

Le jeune homme rayonnait de joie; élevant à ses lèvres les mains de sa mère, il s'exclama radieux, triomphant :

« Oh! merci, merci!... Si tu savais combien j'avais honte, fort et jeune comme je le suis, de continuer à rester ainsi inactif, inutile à mon pays, à la France, moi le fils, le filleul de ces dévoués, de ceux qui n'ont pas hésité, eux, à se donner tout entiers!... Tous deux ils y ont perdu la vie! Qu'est-ce cela? Ne vivez-vous pas, ne vivons-nous pas dans le rayon de gloire, d'honneur, qu'ils ont laissé derrière eux, héritage précieux, inestimable, dont la cérémonie d'aujourd'hui augmente encore la valeur!... C'est elle, cette cérémonie, qui a achevé de me décider.... »

Mme Norcy fit, étonnée :

« Te décider! Comment! Tu songeais donc déjà à nous quitter? mais pour aller où?... »

André, reprenant son calme, poursuivit :

« Eh bien! Je dois te l'avouer, depuis longtemps déjà je suis en pourparlers avec mes maîtres, des amis pour moi, Monge, Berthollet, d'autres encore, qui tous font partie de la fameuse expédition que l'on prépare, celle dont tout le monde parle, sans savoir exactement quel est son but, quel est son objectif.... »

Nicolas Goulot intervint :

« Bah! ça ne nous regarde pas! On se rallie à Toulon, voilà ce que nous savons, nous autres, et puis après, en avant marche derrière le général Bonaparte,... au bout du monde si c'est son idée de nous y conduire! »

Pierrette appuya avec un clin d'œil gai :

« Avec le Petit Caporal, comme nous l'avons nommé en Italie, on peut être tranquille, on va à la victoire !... Il nous a habitués, pas vrai, Nicolas ? »

A travers ses larmes, Mme Norcy eut un sourire :

« Ah ! vous partez aussi !... Oh ! tu veilleras sur lui, alors, je t'en prie, ma bonne Pierrette ? »

Le sergent riposta :

« Elle !... Mais c'est son état de nature, la maman du soldat qu'elle est ! On la connaît fameusement à la 75ᵉ et ailleurs ! »

Le jeune homme attira doucement sa mère à part, expliquant :

« Vois-tu, mère, j'ai confiance. Je ne sais pas pourquoi, mais il me semble qu'il y a quelque chose de mystérieux qui me pousse à faire ce que je fais. On prétend que personne ne sait où l'expédition doit aller ; moi j'ai une vision de contrées lumineuses, de pays où je pourrai retrouver le bien sacré que j'ai juré de rapporter ici ! C'est comme une inspiration qui a achevé de me convaincre, de m'éclairer tout à l'heure devant cet autel, en face de cette urne. Je suis sûr de ne pas me tromper ; certainement nous allons en Orient, et peut-être en Égypte !... L'Égypte ! Si c'était vrai ! »

Tandis que Mme Mathelin s'entretenait avec le sergent-major et la cantinière, André Norcy énumérait à sa mère toutes les raisons qui appuyaient son hypothèse.

D'abord, avant de partir pour la tournée qu'il exécutait en ce moment sur les côtes de l'Océan, le général Bonaparte avait fait demander à Mme Mathelin le Mémoire sur l'Égypte et les notes sur la Palestine, la Syrie, l'Inde, que lui avait autrefois laissés son mari. En outre, déjà en Italie, pendant les préliminaires du traité de Campo Formio, Bonaparte avait consulté quantité d'ouvrages sur ces mêmes pays. Tout le montrait préoccupé de l'Orient. Un jour, devant André, absorbé dans un travail fait pour eux par le jeune homme, le chirurgien Larrey et le médecin Desgenettes, tous deux désignés par le général en chef pour faire partie de l'expédition, avaient causé des maladies spéciales aux contrées d'Orient et de la manière de les traiter. Mille indices, rapprochés les uns des autres, l'avaient ainsi peu à peu édifié, presque convaincu.

Enfin ce qui avait achevé de le persuader, c'était cet hommage public que le Directoire avait cru devoir rendre à Jules Mathelin, assassiné par les Arabes dans les déserts qui avoisinent l'Égypte; c'était, dans le premier discours prononcé, l'allusion aux services rendus par le malheureux voyageur, services, avait dit le délégué des directeurs, qu'on allait pouvoir apprécier prochainement.

Or il y avait déjà plus d'un an que le consul du Caire avait annoncé officiellement la mort de l'officier de marine, considéré jusque-là comme disparu; on avait, en effet, retrouvé au Caire en 1796, entre les mains d'un juif, des pistolets, des instruments de physique, une longue-vue et un carnet de notes souillé de sang, ayant appartenu à Jules Mathelin. D'après les dernières dates et les indications relevées sur ce cahier, on pouvait affirmer qu'il avait été massacré par ses guides arabes dans les déserts placés entre la Syrie et l'Égypte, vers 1792, à peu près à l'époque où le père d'André Norcy succombait lui-même.

En relatant ces faits, le jeune homme s'animait et revenait, plein d'enthousiasme, à l'expédition projetée :

« Les plus grands savants, des artistes, des littérateurs, des jeunes, des vieux, des riches, des pauvres, tous suivent Bonaparte aveuglément, avec passion, sans lui demander où il va !... On sait que, avec lui, on va faire de grandes choses, trouver des trésors, révolutionner l'histoire !... Oh ! mère, mère chérie, je veux que tu sois fière de ton fils comme tu l'étais de ton mari, de mon père !... »

Attirés par ses éclats de voix, Mme Mathelin, Juliette, Nicolas Goulot et Pierrette s'étaient rapprochés; le sergent-major appuya :

« Rien à craindre, que je vous répète, madame Norcy ! Nous serons là quarante mille hommes pour le défendre, votre fils, et des fameux, je vous en réponds, qui ne boudent pas à la besogne; ah ! on a pu le voir en Sambre-et-Meuse, en Vendée, sur le Rhin, en Italie, partout enfin où on nous a conduits!... Bonaparte l'a dit et nous le portons inscrit sur notre drapeau : « *La 75ᵉ arrive et bat l'ennemi* ». Ça sera comme cela toutes et quantes fois qu'on voudra bien nous faire l'honneur de nous donner le contact avec les citoyens qu'il s'agira de reconduire un brin! Ah! ah! ah!... »

La grosse gaieté du sergent-major dérida les fronts embrumés de tristesse; Juliette elle-même ne put s'empêcher de rire, et la cantinière qui la tenait embrassée lui souffla tout bas :

« Vous verrez que vous l'aimerez encore plus, cent fois mieux, mille fois mieux, mam'zelle Juliette, quand il reviendra tout couvert de lauriers! »

Comme la jeune fille rougissait, se défendant avec une moue mutine, Pierrette affirma :

« Je connais ça, allez! C'est de le voir à son retour des batailles qu'il avait gagnées, que j'ai compris que Nicolas Goulot serait mon mari, lui et pas un autre, et que je me suis faite cantinière, un crâne métier!.... »

Malgré la douleur qu'elle ressentait à l'idée d'être bientôt séparée du compagnon de son enfance, Juliette, tout au fond de son cœur, ne pouvait s'empêcher de reconnaître que Pierrette avait raison.

Étreignant son fils, Mme Norcy murmura :

« Plus qu'un mois à t'avoir ainsi, tout à moi!... C'est donc vrai!... C'est donc possible!... »

Il se planta bien en face de Pierrette.

III

L'ÉTAT-MAJOR DE PIERRETTE

C'était aux approches du soir, dans des jardins, à l'entrée d'Alexandrie, en une espèce de cantonnement primitif improvisé entre quelques palmiers à l'aide de perches et de cordes soutenant une toile de tente au-dessus d'un amas de caisses, de tonneaux, de ballots, de colis de toute nature; par-dessus un mur bas d'une blancheur de craie on apercevait la masse de la ville, de grêles flèches de minarets ceintes de leur balustrade aérienne, encore frappées des derniers rayons du soleil couchant, des terrasses servant de toits aux maisons, des fenêtres grillagées, toute une architecture spéciale.

Assis sur une caisse, André Norcy, qui sur son costume civil portait une large ceinture soutenant un sabre et une paire de pistolets, contemplait le spectacle tout particulier présenté en ce moment par le campement, où la cantinière, debout auprès d'un superbe âne égyptien, procédait à un curieux interrogatoire qu'elle faisait subir à une quinzaine de soldats que son mari lui amenait.

« Ton nom?

— Cyrille Lamalou, sergent à la 32e demi-brigade, celle qui porte en lettres d'or sur son drapeau ces paroles du général Bonaparte : « *J'étais tranquille, la brave 32e était là.* »

Brun comme une cigale, dont il avait les membres secs et nerveux, un petit homme aux moustaches noires troussées en crocs, au nez busqué, aux yeux pleins d'étincelles, se planta au port d'arme, l'air intrépide et joyeux, bien en face de Pierrette Goulot.

Celle-ci, appuyée sur la croupe rebondie de la monture que son mari lui avait procurée, examina d'une manière attentive le sergent qui venait de lui répondre; elle eut deux ou trois hochements de tête approbateurs, comme si elle eût aussitôt apprécié les qualités physiques et morales de son interlocuteur, et demanda encore :

« De quel pays?

— De l'Hérault, du 1er volontaires fondu dans la 32e, la Brave, l'Invincible, celle qu'on a vue à Lonato, à Arcole....

— Pas besoin de causer, on la connaît ta 32e: c'est la camarade à notre 75e, puisqu'on s'est toujours trouvé ensemble là où il faisait le plus chaud, à preuve encore cette prise d'Alexandrie, qui n'est tout de même pas trop une belle ville, malgré ce qu'on nous racontait d'avance sur ces pays d'*Égypre* et où nous nous battions à la porte du Centre, pendant que tu tapais à la porte de Rosette. »

Nicolas Goulot souriait, en abattant l'une de ses puissantes mains sur l'épaule du sergent, et en tiraillant sa moustache de l'autre, de ce geste familier qui trahissait toujours chez lui le contentement ou l'indignation.

Une voix de fausset l'interrompit :

« Quand je pense que dans leurs *Mille et une Nuits*, qui est comme qui dirait l'histoire de tout ce qui se passe chez eux, il n'est question que de palais de marbre, de colonnes d'or, de statues de diamants, de pierres précieuses, de vêtements de soie, de jardins enchantés !... Ah bien ! ils sont jolis leurs domiciles, aussi laids que leurs museaux de singe et que leurs guenilles, des cabanes de boue, de plâtras, de roseaux, un amas de ruines, des arbres comme des plumeaux, de mauvaises chemises bleues pour tout habit, des turbans en loques ! Si ça continue ainsi, je les ai assez vus, les Égyptiens et leurs habitations, et je demande à retourner chez moi, qui est encore le plus beau des plus beaux. »

Comme à l'écho d'un accent connu, familier, la cantinière s'était retournée brusquement vers l'interrupteur :

« Tu es de Paris, toi.

— Bien sûr, citoyenne, et qu'on s'en vante fameusement encore. Gossin, de mon nom de famille, un joli nom pas vrai? Gossin du faubourg Antoine, le premier entre les premiers, et pas plus fier pour ça ! Gossin de la 88ᵉ demi-brigade, de la division au général Desaix, la celle qui n'a pas eu l'honneur de participer à la prise d'Alexandrie, vu que la tempête ne nous a pas permis de débarquer à temps, et que le Petit Caporal en a fait une rude grimace. Enfin tout va bien ; on n'a pas eu besoin de nous pour cette fois et nous serons plus frais pour la prochaine affaire, surtout du moment qu'on va marcher sous les ordres de la citoyenne Pierrette, un chef d'état-major qui me va tout plein à moi ! »

Sans attendre qu'on l'eût appelé, émergeant du groupe ramassé en peloton compact derrière le sergent-major, ce drôle de citoyen s'avançait, se plaçant avec un dandinement faubourien à côté du sergent Lamalou. Il termina :

« Me v'là, citoyenne, prêt à vous suivre, toi et le bourricot au bout du monde, si c'est la consigne ! »

Une bouche aux angles cocassement relevés, un nez en trompette, des yeux gris, mobiles, enfoncés au creux de proéminentes arcades sourcilières, de grandes oreilles aux pavillons ramenés en conques donnaient à ce Gossin une apparence simiesque si caractérisée, qu'on ne pouvait le regarder sans une irrésistible et communicative hilarité.

« Ah! te voilà! Eh bien! nous te verrons à l'œuvre, et si tu tiens tes promesses, nous....

— Pa'ole d'honneu' la plus sac'ée! — comme disent nos *oreilles de chiens* et nos *cadenettes* parisiennes! » — zézaya-t-il, imitant comiquement le langage des muscadins et de la jeunesse dorée.

Ce fut autour de lui une fusée de rires, et un caporal s'écria, en se tenant les côtes :

« Mâtin de Parisien, va!... Tu n'as pas fini de nous faire passer pour des paillasses! »

Puis, s'adressant à la cantinière :

« Ne l'écoute pas trop; nous ne sommes pas tous de ce tonneau-là sur le pavé de la capitale; au bataillon Molière, dont je faisais partie avant d'appartenir à la 9e demi-brigade, on était plus sérieux que cela, tu peux en croire le caporal Grégoire Plantin, ici présent. »

Mince, bien pris dans son uniforme de gros drap bleu râpé, Plantin affectait l'élégance; son bicorne coquettement posé de biais sur des cheveux dont la queue tressée lui sautillait d'une épaule à l'autre ainsi qu'un oiseau changeant sans cesse de perchoir, son fourniment astiqué et luisant, il semblait très soigneux de sa personne et donnait l'idée d'un garde-française de l'ancien régime.

Pierrette put constater que ces prétentions s'alliaient à une figure sympathique, ouverte et décidée; elle fit avec une surprise aimable :

« Avec vous deux, je vais pouvoir me croire encore dans mon Paris.

— Avec nous trois, tu peux dire; car moi aussi je suis de ce Paris, et, de plus, de la 18e demi-brigade, qui a fait ses preuves à Rivoli et qui ne demande qu'à continuer en si bonne compagnie. »

Un grand garçon efflanqué, aux joues creuses, à la mine de papier mâché, mais à la physionomie résolue, se dressait à son tour à côté du caporal et de Gossin; ce dernier lui serra vigoureusement la main, s'exclamant :

« Comment! c'est toi, mon vieux Samois!... V'là des siècles qu'on ne s'était vu, pas depuis la prise de la Bastille; on avait alors, dans les seize ans pour ta part, dans les quatorze pour la mienne : de vrais moucherons, mais des moucherons qui piquaient déjà dur!... Allons, allons, il y a du fameux; plus on est de Parisiens, plus on s'amuse. Ce qu'on va en démolir de ces Mameluks! Ah! ah! »

Il fermait l'œil gauche, couchant en joue un être imaginaire et concluant :

« Le grand vizir, pan, en plein dans le mille!... Ou le calife Haroun-al-Raschid!... Un pacha à tout coup, quoi!... Ah! dame, on a fait des progrès et on s'est joliment dérouillé en Italie!

— Si c'est des bons tireurs qu'il te faut, citoyenne, tu peux te vanter d'avoir fait une fière trouvaille en prenant Jean Toucas, le plus fameux chasseur du Var, à ce qu'on a toujours dit par chez nous, boun Diou! »

Aussi brun de peau, aussi sec de muscles, aussi noir de moustaches et de cheveux que le sergent Lamalou, un Provençal gesticulait, le verbe sonore comme un coup de clairon, perché sur la pointe des pieds ainsi qu'un coq sur ses ergots pour attirer l'attention.

Nicolas Goulot approuva vivement :

« C'est d'un coin de pays où on est diablement vantard, qu'il nous arrive celui-là; pourtant il dit vrai, et, pour ce qui est d'avoir le coup d'œil juste, on pourrait en prendre toute la 69ᵉ de bataille à témoin. Si le général Menou n'y est pas resté en attaquant la porte des Catacombes, et s'il a pu s'en tirer malgré ses blessures, c'est à Jean Toucas qu'il le doit; chaque balle, un Alexandrin par terre! Ma foi! il ne se vante pas! »

Cyrille Lamalou montra le Méridional à la cantinière :

« Té! Nous sommes tous comme cela dans le Midi! »

Et, faisant avancer deux soldats placés un peu plus loin, il annonça :

« Vois plutôt; en voilà deux qui ne perdent pas trop leurs cartouches non plus : hé! pas vrai, César Capestang, et toi, Jean Palavas? Engagés volontaires de l'Hérault, comme moi; on les connaît aussi à la 52ᵉ, et ils n'ont pas laissé leur place aux autres, quand on les a lancés en tête de colonne d'attaque de la vieille enceinte !... »

Petits, ardents, ils s'étaient alignés comme à la parade, sous l'œil de leur compatriote et montraient vraiment d'énergiques tournures de vaillants.

Pierrette ajouta, en remarquant le hâle de leur teint :

« On devine que le soleil ne leur fait pas peur, et c'est bien ce qu'il faut pour les endroits où nous allons, vu qu'il paraît qu'on doit traverser tout ça, et ça, et encore ça ! »

D'un geste qui s'enfonçait interminablement, elle désignait les solitudes sablonneuses étendues à perte de vue dans la direction du Sud ; puis, interpellant trois grenadiers réunis un peu à l'écart :

« Hein, ça ne vous effarouche pas trop vous autres, Mimizan, Biscarosse, et peut-être pas toi non plus, Coucouron ?

— Oh ! ça ne sera pas plus méchant que mon Ardèche, riposta ce dernier en haussant les épaules, et à la 75ᵉ on s'est habitué à tout endurer.

— Qu'on nous donne à chacun une paire d'échasses de chez nous, n'est-ce pas, Biscarosse ? et nous nous chargeons de l'avaler en quelques enjambées, leur désert de misère ! » s'écria le caporal Mimizan, un ancien berger des Landes, ainsi que celui auquel il s'adressait.

Tous trois appartenaient à la demi-brigade du sergent-major et de sa femme ; aussi ceux-ci les connaissaient-ils suffisamment pour n'avoir pas besoin de prendre sur eux de plus amples renseignements ; les laissant donc, la cantinière chercha du regard à travers le peloton.

« Voyons ! Quels sont ceux qui ne se sont pas encore présentés ? Toi, là-bas, le grand blond, qui es-tu ? Pas du Midi, bien sûr, avec ce teint-là, pas plus que ton voisin, qui a un air de ressemblance avec toi ; c'est des yeux du Nord, ce bleu-là, du bleu de fleuve aux eaux froides. »

Grégoire Plantin intervint :

« C'est des citoyens de la Somme, que je connais personnellement, étant leur caporal à la 9ᵉ, et qui ont su prouver ce qu'ils valaient, en Sambre-et-Meuse, sur le Rhin et en Lombardie, pas vrai, Louis Bernaville, et toi, Victor Fricourt? »

Ensemble ils levèrent leur main droite, également emmanchée au bout d'un long bras solide, et, pressant leur fusil du bras gauche contre leur poitrine, ils répondirent avec unanimité :

« On peut compter sur nous.

— Comme sur moi, ajouta une voix légèrement gutturale. Au 6ᵉ Volontaires de la Meurthe on ne boude pas au feu, ayant l'habitude de se battre, foi de Mousson! Et on peut me croire, car, à Arcole, *celui* qui s'y connaît l'a dit : « *La 25ᵉ s'est couverte de gloire* ». J'en suis! »

Encore un blanc de peau et un blond de poil celui-là, les joues rouges, les yeux limpides et francs, des reins fermes soutenant bien le sac.

Deux restaient, semblables en force, pas très grands ni l'un ni l'autre, pareillement trapus, taillés en largeur dans une chair qui semblait du granit, avec des torses énormes, des pectoraux bombant sous le croisement des buffleteries ; — l'un, noiraud, ouvrant une vaste bouche garnie de dents blanches, carrées, vraies meules à broyer tout ce qu'elles devaient saisir, les yeux bruns et naïfs, l'épiderme laiteux ; — l'autre, aux prunelles couleur de la mer, très blond, la face large, le crâne épais, placide et crédule, ne semblant pas comprendre grand'chose à ce qu'on disait autour de lui, inquiet surtout du voisinage des Parisiens, qu'il examinait d'un air méfiant.

D'une poussée vigoureuse et amicale, Nicolas Goulot, en saisissant un de chaque main par le parement de l'habit, les plaça en une sorte de parallèle devant sa femme :

« Celui-ci, à gauche, c'est Chalinat, du 2ᵉ Volontaires du Cantal, maintenant la 25ᵉ demi-brigade. Ça se nourrit de laitage et de châtaignes; ça fait plus de besogne que de bruit; ça ne réclame jamais; c'est fort et résistant comme un bœuf; ça mange, ça dort et ça cogne avec la même régularité. Jamais rien à dire. »

Toutes ses dents au vent sous un sourire énorme, l'Auvergnat porta militairement sa main droite à la hauteur de son bicorne :

« Ambroiche que je m'appelle comme cha!... Ambroiche Chalinat ! »

Le sergent-major continuait :

« Celui-là, à droite, Alain Plouhec, est en blond ce que l'autre est en noir. Il ne pose pas pour l'élégance, vu qu'il a mieux à faire; il a sans doute été quelque peu Chouan autrefois, et je ne jurerais pas que nous ne nous soyons pas trouvés nez à nez dans les sentiers creux de Bretagne ou du Maine, quand il portait une peau de bique; mais aujourd'hui c'est un Bleu d'habit et un Français de cœur, et s'il a gardé son chapelet au fond de sa poche, faut pas y aller voir. Je ne conseillerais pas aux mauvais plaisants de le mettre de méchante humeur, rapport à ses poings et à sa tête. Bonaparte l'avait déjà apprécié à la besogne, lorsqu'il a dit à Rivoli : « *Brave 18ᵉ je vous connais, l'ennemi ne tiendra pas devant vous* ». Rien ne tient devant ce Breton. Pour la solidité de la tête, comme son fusil s'était brisé, il a enfoncé le premier, à coups de front, la porte de Rosette à Alexandrie; pour les poings, il a étranglé un Arabe de chaque main : avis aux amateurs! »

Puis, les rassemblant tous autour de lui d'un geste de commandement, il énuméra :

« Cyrille Lamalou, sergent, César Capestang, caporal, Jean Palavas, soldat, détachés de la 52ᵉ demi-brigade de ligne; — Grégoire Plantin, caporal, Louis Bernaville, Victor Fricourt, grenadiers de la 9ᵉ; — Alain Plouhec, Samois, soldats de la 18ᵉ; — Ambroise Chalinat, Mousson, soldats de la 25ᵉ; — Jean Toucas, soldat de la 69ᵉ; — Gossin, soldat de la 88ᵉ; — et enfin Mimizan, caporal, Biscarosse, Coucouron, grenadiers de la 75ᵉ, dont j'ai l'avantage d'être aussi; — je vous rappelle que, ainsi que vous en avez déjà été informés par vos chefs respectifs, à dater de ce jour, 16 messidor an VI, par décision du général Bonaparte, vous êtes attachés pour la durée de l'expédition à la personne de la citoyenne Pierrette Florent, femme Goulot, cantinière de la 75ᵉ demi-brigade, pour la défendre, lui être utile dans tout ce qui a rapport au service, et que vous serez sous les ordres immédiats du sergent-major Nicolas Goulot ! »

Il y eut une acclamation générale d'approbation, et le sergent-major termina :

« Demain matin, à 3 heures et demie précises, ralliement ici pour le départ, qui a lieu à 4 heures. Surtout pas d'imprudences, pas de promenades autour d'Alexandrie en dehors des postes ; vous savez tous ce qui vous attend si vous vous risquez à portée de ces mauvais sauvages du désert ! Hein ! Aussi expéditifs que la guillotine, ces démons-là ! »

Et il passa le tranchant de sa main d'une manière significative derrière son cou, disant encore :

« Sans compter les tortures préliminaires dont ils enjolivent ça !... Allons, entendu, c'est bon ! Rompez !... Et nous autres, Pierrette, et vous, m'sieur André, à la soupe, si le cœur vous en dit, et après cela, vite au dodo ; s'agit de prendre des forces pour demain. »

Le repas terminé, chacun gagna l'endroit où il devait passer la nuit.

Enveloppé dans son manteau, André Norcy essayait vainement de dormir. En une succession de tableaux rapides, il revoyait tout ce qui s'était passé depuis qu'il avait quitté Paris ; ses adieux à sa mère, à sa marraine et à Juliette ; le voyage jusqu'à Toulon en compagnie de toutes les illustrations de la France ; l'émerveillement en face de cette rade couverte de vaisseaux, hérissée d'une remuante forêt de mâts ; l'embarquement, les interminables jours et les longues nuits de cette traversée de quarante-trois jours, coupée par la prise de Malte et mouvementée par les incessantes émotions dues à la crainte de rencontrer la flotte anglaise ; enfin la cessation des incertitudes, la proclamation de Bonaparte annonçant officiellement le but véritable de l'expédition et, au point du jour, le 15 messidor, le cri de la première vigie, tombant du haut du mât : « Terre ! »

C'était avec autant d'étonnement que d'inquiétude que les yeux avaient commencé à distinguer cette bande de terre basse, ne finissant pas, au-dessus de laquelle se dressaient seulement çà et là quelques lignes droites, la Colonne de Pompée, l'Aiguille de Cléopâtre, des palmiers, puis la masse d'une ville importante aux constructions insolites, étranges et, tout autour, l'immensité des sables.

L'Égypte, cela ! cette terre de féerie, ce paradis promis à leurs ambitions ! Il y avait eu une stupeur contagieuse, une désillusion grandissant à mesure qu'on s'était rapproché, bien que la plupart, torturés depuis tant de semaines par le mal de mer, n'eussent qu'un désir, qu'une hâte, retrouver la terre ferme.

Seul André Norcy, tendant les bras vers ces silhouettes peu séduisantes, avait crié avec une sorte d'extase, enfermant dans ce mot tous ses désirs, tous ses rêves, tous ses espoirs :

« L'Égypte !... enfin ! »

C'est à peine si, tout à sa vision enchantée, il avait fait attention aux dangers d'un débarquement précipité, difficile, par la tempête brusquement déchaînée, au milieu du fracas des vagues battant des récifs ignorés, en pleines ténèbres, entre onze heures et minuit, débarquement pendant lequel les canots chargés de soldats s'entrechoquaient, flottant au hasard, échouant sur les écueils et noyant un certain nombre d'hommes.

Dans la même embarcation que le sergent-major et la cantinière, André Norcy avait pu prendre terre parmi les premiers, avec la division Menou, une partie des troupes seulement parvenant à aborder, dans ce tumulte d'eaux gémissantes, de cris désespérés, d'appels, d'imprécations et de hurlements du vent.

Puis, après un repos d'environ deux heures sur cette terre mystérieuse, toute en sable, avec, autour d'eux, l'inconnu, le mystère, la nuit, aux approches de l'aube, sans attendre le reste de l'armée,

Les canots chargés de soldats s'entre-choquaient.

Bonaparte lançait ces quatre à cinq mille hommes, sans canons, sans chevaux, en trois colonnes, sur Alexandrie, sous les ordres des généraux Bon à droite, Kléber au centre, Menou à gauche, et marchait à pied avec le brave Caffarelli du Falga, boitillant de sa jambe de bois.

Le jeune homme se rappelait, pendant l'attaque, cette éminence près de la Colonne de Pompée, au bas de laquelle l'état-major du général en chef, quelques savants et lui-même, André Norcy, se tenaient anxieux.

Là-haut, tout seul, assis le dos tourné à la ville, ses yeux clairs fixés sur quelque vision intérieure, la face jaune, maigre, ardente, balayée par ses cheveux noirs, Bonaparte cravachait nerveusement le terrain autour de lui, attendant. Derrière lui, Alexandrie s'enveloppait de flammes, de fumée; la mousqueterie tonnait, quelques coups de canon grondaient : c'était l'énigme.

Soudain, de la gauche, envoyé par Menou, un officier arrivait :

« Général, le fort triangulaire vient de capituler. »

Pas une syllabe, des sourcils froncés, une physionomie plongée dans des combinaisons, dont les lignes géométriques paraissaient se dessiner sur les plis du visage.

Mais déjà un autre aide de camp accourait, de la droite celui-là :

« Le général Bon est maître de la porte de Rosette; on se bat dans les rues de la ville arabe. »

Le même front barré de silence, les mêmes lèvres minces serrées sur les paroles retenues, et voilà qu'un troisième officier fend les groupes de l'état-major :

« Le général Murat est arrivé sur la place; l'ennemi se retire vers le Phare. »

Alors un éclair de triomphe, la solution du problème, une explosion victorieuse :

« Qu'il m'envoie les cheiks et les clefs de la ville! »

André se souvenait des épisodes de la fin; l'entrée dans la ville moderne, après la prise de la ville des Arabes; les derniers coups de feu dans les rues ; Pierrette Goulot, au péril de sa vie, détournant un fusil braqué à travers le grillage d'une fenêtre sur le général en chef et celui-ci faisant froidement :

« Je te connais : où t'ai-je vue ?

— A Lodi, Arcole, Rivoli.

— C'est bien ; je me souviendrai. »

Pas autre chose ; mais il s'était souvenu, en effet ; la retrouvant en train de soigner les blessés à l'ambulance du couvent des Capucins, et, avec sa rapidité de vision habituelle, comprenant tout le parti qu'il pouvait tirer de cette cantinière dévouée, représentant pour les soldats un peu du foyer domestique, de la mère, il avait dit à Berthier en la lui désignant :

« Cette femme-là nous sera précieuse, il ne faut pas qu'on me la tue ! »

De là cette idée de lui donner une escorte, une sorte d'état-major, une garde particulière composée d'hommes d'un courage éprouvé. C'était Nicolas Goulot lui-même qui avait choisi les soldats, pris dans presque toutes les demi-brigades, et les avait amenés à la cantinière.

La nuit était profonde ; tout reposait autour du jeune homme, tandis que çà et là quelque cri de sentinelle, quelque plainte vague venue du désert, quelque aboiement de chien errant, de chacal, rompaient la monotonie des lames brisant régulièrement tout le long de ces plages de sable semées de récifs.

Quelques instants encore, subissant le roulis continué du navire qui l'avait porté près de deux mois, André Norcy revit des visages connus, Juliette souriante, Mme Mathelin anxieuse, les yeux tendres et mouillés de sa mère ; puis une confusion, des vagues, du feu, de la fumée, et le sommeil le saisit, l'enroula de ses voiles de plus en plus épais.

Tout s'effaça.

Qu'est-ce que cela dura ? Il ne le savait pas. Brusquement des clairons sonnèrent, des tambours battirent, une rumeur grandissante monta de partout et une grosse voix amicale gronda avec un formidable éclat à ses oreilles :

« Allons, allons, m'sieur André, vite debout, et en route pour le Grand Caire ! »

Une aube rose, éblouissante, donnait au désert une couleur de rêve et de paradis : il était quatre heures.

Samois s'abattit sur le sable.

IV

LE TALISMAN

« Ça ne serait-il pas au grand fin fond de l'enfer qu'il nous conduit cette fois, cet enragé de Bonaparte? Tant pis, je ne vais pas plus loin pour le quart d'heure!... Chien de pays! Ouf! Je n'en puis plus! »

En jetant ces plaintives exclamations, Samois, laissant tomber son fusil, décrocha son sac qu'il envoya d'un coup d'épaule à quelques pas de lui, et s'abattit, les joues plus creuses encore, la face blêmie sous un masque de poussière et de sueur, étirant son grand corps décharné sur ce sable, dont le contact cependant, même à travers le cuir de ses chaussures et le gros drap de sa capote, brûlait comme du feu.

Tout autour, devant, derrière, à droite, à gauche, aussi loin que les yeux pouvaient se porter, du sable et toujours du sable, tantôt en immenses surfaces planes, miroitantes par places, tantôt avec des vallonnements insensibles en apparence, mais qui suffisaient à cacher les mille embûches du désert. C'est à peine si de maigres buissons, de vagues broussailles élevaient çà et là quelque silhouette bleuâtre et rissolée, dont on ne pouvait exactement déterminer la nature; et, sur cette énorme aridité, où tremblotait une vapeur roussâtre, dévorante comme l'haleine embrasée sortant de la gueule d'un four, la violence implacable du soleil s'abattait en pluie de flammes sans un moment de répit, tombant d'un ciel d'un bleu pâli et comme dévoré lui-même par cette ardeur incandescente.

En avant et sur les côtés, au milieu d'un continu tourbillon de poussière impalpable, on distinguait le moutonnement pressé du troupeau humain, avec le fourmillement des baïonnettes, les plumets, les bicornes noirs, les bonnets à poil, les drapeaux, les canons, quelques chevaux, une lente ondulation des trente mille hommes composant l'armée, et dont les colonnes gardaient encore une certaine symétrie, au milieu des souffrances atroces de cette marche.

A l'aile droite, c'était la division Reynier, avec les 9e et 85e demi-brigades, les 15e dragons, 22e chasseurs et 7e hussards, démontés pour la plupart, en attendant les chevaux qu'ils devaient se procurer plus tard; à l'aile gauche, la division Lannes, la 22e légère, les 69e et 15e de ligne; au centre, la division Bon, comprenant la 4e légère, les 18e et 32e demi-brigades. Dans les intervalles, l'artillerie roulait difficilement, traînée par les chevaux amenés de France, avec les ambulances, les savants, des officiers supérieurs montés ou à pied.

Brusquement, en une sorte de contagion subite, imitant l'exemple donné par Samois, tout le peloton choisi qui entourait la cantinière assise sur son âne, faisait halte, et Nicolas Goulot lui-même déclarait :

« Tout de même, si les étapes ne sont pas longues, elles sont chaudes; autant trotter dans l'intérieur d'une rôtissoire, que d'allonger le compas dans ce diable de terrain! Sans compter cette eau qu'on voit toujours devant soi, si bien qu'on se croit arrivé à ce Nil où nous allons, avec toute cette verdure, des arbres, des maisons; on y court, et puis, envolé! plus rien que du sel et du sable! Le mirage, à ce que disent les savants! Drôle d'affaire! Aussi en voilà assez; en place repos, pour la troupe et les civils, pas vrai, m'sieur André? Nous rejoindrons les autres dans un instant. »

Malgré son apparence frêle, avec son tempérament sec et nerveux, grâce également à la nourriture de viande fraîche, meilleure que celle des hommes, qu'il avait eue à bord de son vaisseau, le jeune homme avait en quelque sorte mieux supporté la fatigue que ses compagnons; ceux-ci, nourris depuis deux mois de salaisons arrosées de vin de Provence et d'eau-de-vie, déshabitués de la marche, lourdement coiffés, par-dessus leurs cheveux en tresses ou en queue, d'énormes feutres noirs absorbant la chaleur, vêtus d'uniformes de drap dont le col leur engonçait le cou et que sanglaient sur leurs poumons les larges courroies des buffleteries soutenant la giberne et le sabre, les reins brisés par le poids d'un havresac mal équilibré, chargé de cinq jours de vivres et de munitions, succombaient littéralement.

Aussi, en dépit de leur résistance, de leur courage, ces hommes d'élite, même les Méridionaux, se déclaraient vaincus, à bout de forces, et ce fut un écroulement successif de tous ces corps rompus, exténués, autour de Pierrette, sautée à bas de sa monture.

Au même moment, au loin devant eux, des clairons sonnèrent, des tambours battirent, les rangs flottèrent quelques minutes, puis s'immobilisèrent : c'était la fin de l'étape.

« Faut croire qu'on avait prévu le cas et que nous voilà arrivés! Où çà, par exemple? En quelle ville? En quel endroit? Je ne vois rien qui ressemble à quelque chose, et je ne serais pas fâché de savoir où nous pourrons aller présenter nos billets de logement. »

Une main en abat-jour sur ses yeux gris, fouillant autour de lui le désert nu comme la main, Gossin semblait chercher le gîte d'étape, avec deux plis de malice relevant comiquement les coins de sa bouche et faisant grimacer drôlement sa face tirée de fatigue.

« Oui, cherche, cherche! C'est la fin de tout, notre mort! geignit Samois.

— Té! Les v'là peut-être là-bas, les citoyens à qui tu peux t'adresser! fit Cyrille Lamalou, indiquant, à quelques portées de fusil, un groupe de cavaliers dont les vêtements blancs voltigeaient sous la lumière crue du soleil et qui semblaient des fantômes emportés par des chevaux.

— Encore ces démons; ah bien! Ça finira mal pour sûr!... Ce qu'on leur enverrait avec joie un pruneau, s'ils venaient à portée. Seulement, voilà, ils n'y arrivent jamais!... On les croit là, et puis, prrrrt, plus personne, c'est pas des chevaux qu'ils ont, c'est des oiseaux! »

Grégoire Plantin tourmentait la batterie de son fusil, avec une moue de dépit et de fureur, essayant de distinguer ceux que le sergent venait de signaler.

« Tonnerre de Mayence!... gronda Nicolas Goulot, une tristesse éteignant la flamme de ses yeux noirs. Ce ne serait pas trop tôt que ça finisse mal pour eux, cette graine d'enfer, après tout ce qu'ils nous ont déjà coûté. Quand on pense qu'il n'y a jamais moyen de les approcher et qu'ils nous ont massacré tant de monde, à commencer par le capitaine décapité avec tout son peloton d'avant-garde, en marchant sur Alexandrie! Ah! les flâneurs, les tire-la-patte et les isolés n'ont pas beau jeu avec eux; une vraie maréchaussée que nous avons là à nos trousses, et qui sait rudement faire la police! Tout ce qui traîne est vite ramassé!... Même nos officiers d'ordonnance : ainsi ce malheureux aide de camp du général Dugua, Geroret, tué par eux en portant un ordre à un peloton de grenadiers!.... Et c'est pas fini, je sens ça! »

En même temps le sergent-major regardait autour de lui ; il eut un hochement de tête raisonneur :

« Peut-être bien même que nous sommes trop loin des divisions en ce moment? S'ils étaient en nombre, il ferait mauvais pour nous, je crois! Heureusement, ils se méfient.

— Bah! bah! On connaît son affaire!... riposta Cyrille Lamalou. Nous voilà seize hommes, sans compter notre petit savant, le bourricot et maman Pierrette ; c'est une troupe cela, et des hommes solides ; et puis ils sont une dizaine au plus, nous sommes trop pour eux! »

Gossin gouailla, rééditant la plaisanterie courante qui, depuis le départ d'Alexandrie, alimentait la gaîté facile et un peu la rancune de l'armée :

« Sur un rang formez le carré, quatre hommes de front sur chaque face!... Les savants et les ânes au centre... aarche!... On ne serait pas long à retrouver ses positions de défense, et les moricauds feraient une vilaine grimace en face de nos baïonnettes ; c'est pointu tout comme leurs sabres, et c'est plus long! »

Mais le sergent-major, continuant d'observer ce qui se passait, constatait que, par suite des mouvements effectués par les soldats les plus rapprochés d'eux, — une sorte de tassement des divisions, — il y avait déjà au moins cinq portées de fusil entre leur petite troupe et l'arrière-garde des colonnes expéditionnaires ; sans doute les puits devaient se trouver du côté de l'avant-garde, et, dévorés de soif, les hommes, mêlant les demi-brigades, rompant les rangs, se pressaient vers les têtes de colonnes sans s'inquiéter des retardataires.

En même temps, reportant ses regards vers le désert, il grommela :

« On jurerait qu'ils étaient plus loin tout à l'heure, et moins nombreux ; les v'là douze, quinze au moins! »

Cependant Pierrette avait déchargé son âne, et autour d'elle les compagnons, débarrassés de leurs sacs, de leurs armes, s'étendaient de tout leur long, le soleil commençant à descendre et envoyant sur eux des rayons moins perpendiculaires, moins brûlants : ce repos, après tant de fatigue, leur parut délicieux.

Depuis deux jours, l'armée, partie d'Alexandrie le 18 messidor à quatre heures du matin, marchait ainsi, lancée d'après l'ordre de Bonaparte par la voie la plus directe sur le Caire, à travers le désert de Damanhour; pendant ce temps une flottille remontait le Nil et la jonction devait se faire sur le fleuve, à Ramanieh.

Au début, on allait dans une sorte d'ivresse, causée par l'enlèvement si rapide d'Alexandrie, par la vision imaginaire des merveilles que l'on promettait, vision que n'avait pu détruire la grosse désillusion des premiers pas faits dans cette Égypte trop vantée; généraux, savants, officiers et soldats partaient d'un élan de victoire pour des conquêtes miraculeuses. Dans leur ignorance absolue du pays où ils se trouvaient, du climat qui les enveloppait, des mœurs des habitants, ils oubliaient déjà la saleté et la misère de la première ville rencontrée.

Cinq jours de vivres, biscuit et autres aliments dans le fond du sac, n'ayant pas même de bidons pour l'eau, les plus précautionneux ou les plus assoiffés s'étant seulement munis à tout hasard de vases, de gobelets, de bouteilles, avec un peu d'eau pour la durée de la première étape, comme s'ils eussent manœuvré en Europe, dans les plaines fertiles de la Lombardie, ils avaient fait la première et la seconde lieue, sans trop d'étonnement pour ces sables fatigants où le pied enfonçait, pour cette chaleur, encore supportable à l'heure matinale du départ.

Gossin, servant d'éclaireur à la petite escorte de la cantinière, gambadait en tête, montrant d'un geste large l'horizon illimité :

« Toujours tout droit, les amis ! C'est pas les arbres qui nous gèneront la vue ! »

Et, comme André Norcy, n'ayant ni sac ni fusil, s'était embarrassé de provisions diverses, d'une gourde d'eau-de-vie, d'un bidon plein d'eau, le Parisien railleur faisait :

« C'est donc que vous voulez nous offrir un déjeuner sur l'herbe, m'sieur Norcy? Paraît cependant que nous n'avons qu'une étape de rien du tout avant d'arriver à Béda! Aussi, moi, rien dans les poches, rien dans le sac; j'ai semé mon biscuit en route, rapport au poids qui m'écrasait le dos; on se ravitaillera chez l'habitant. Pas besoin de se charger comme des mulets! »

Mais, au bout de quatre heures, quand on continua à ne voir devant soi que du sable, toujours du sable, il y eut quelques plaintes encore étouffées, des grognements, des jurons; beaucoup des plus imprévoyants, comme Gossin, allégeaient leur sac, jetant les provisions, comptant se rattraper à ce Béda, le premier village indiqué par les officiers pour la halte, la fin d'étape.

A partir de huit heures, le soleil prit une intensité terrible, qui alla toujours croissant. Les récriminations devinrent plus vives; des injures jaillissaient entre les dents crispées, les lèvres déjà écumeuses.

De plus, à mesure qu'on s'éloignait davantage d'Alexandrie, on voyait surgir çà et là, comme nés du sol, à des distances énormes, des groupes de points blancs; ces nuages légers, volant à ras de terre, se rapprochaient rapidement, se dissimulant parfois derrière d'invisibles dunes, tout un vallonnement dont on ne se rendait pas compte et qui faisait onduler sans cesse cette immense plaine de sable, en apparence unie et plane. Brusquement des coups de feu claquaient dans l'air, des hurlements sauvages inquiétaient les oreilles, et quand on accourait vers l'endroit où s'était produit ce vacarme, on ne trouvait plus que des cadavres de soldats français, sans tête, mutilés, dépouillés, gisant nus sous les rayons de feu. C'était un incessant voltigement de ces Arabes, montés sur des chevaux rapides, qui fondaient sur les traînards, les isolés, massacrant tout et disparaissant sans qu'on pût les poursuivre.

A dix heures, la chaleur était devenue insoutenable; déjà, après le passage des colonnes, des corps gisaient, exténués, à la merci des Arabes, qui souvent n'avaient pas même besoin de les achever, ne trouvant plus que des hommes morts de soif, d'épuisement, d'asphyxie par la chaleur.

L'arrivée à Béda avait été un désastre, quand les soldats constatèrent que ce fameux village, si désiré, n'était qu'un ramassis de huttes de boue, inhabitées, sans provisions d'aucune sorte, et dont les puits, rares, ne contenant plus qu'une vase noire, infecte, avaient été mis à sec par la division du général Desaix, passée la veille en avant-garde.

Il y en eut qui, délirants, frappés d'insolation, de folie, insultèrent les officiers, maudissant Bonaparte, le traitant de bourreau; d'autres s'en prenaient aux savants, qu'ils accusaient d'avoir fait faire l'expédition pour eux, pour fouiller les amas de vieilles pierres, comme ils l'avaient vu faire à Alexandrie, dans les ruines, autour de la Colonne de Pompée. Voyant passer le général Caffarelli, qui s'était montré des plus enthousiastes pour cette expédition, l'un de ces derniers avait crié :

« Tiens! c'est pourtant cette maudite jambe de bois qui est cause que nous sommes ici. »

Samois, entendant ces mots, avait riposté :

« Pardieu! je le crois bien; ça lui est égal, à lui : il est toujours sûr d'avoir un pied en France! »

Il avait fallu toute l'énergie des généraux pour surmonter cette insubordination, qui gagnait même certains d'entre les chefs, et qui, non réprimée, fût devenue fatale à toute l'armée.

Dans le peloton commandé par Nicolas Goulot, ce fut André Norcy qui empêcha ses camarades de déraisonner et de s'abandonner au désespoir. Lui qui, par ses lectures, ses études, les récits de voyageurs qu'il avait longuement consultés avant son départ, avait une idée approximative de tout ce qu'on pouvait rencontrer dans ce pays, leur expliquait, en se mettant à leur portée, toutes les choses qui, grossies fiévreusement par leurs imaginations d'enfants, leur semblaient formidables, soit par leur étrangeté, soit par leur apparence..

En outre, sa prévoyance, ces précautions raillées par Gossin, leur sauvèrent la vie; en leur distribuant parcimonieusement l'eau qu'il avait emportée, en leur humectant de temps en temps les lèvres avec quelques gouttes d'alcool ou de liqueur d'Hoffmann, il diminua leurs souffrances et leur permit d'arriver aux puits qu'on finit par rencontrer.

Leur entrain, leur vigueur se communiquait à ceux qui les entouraient, et Pierrette Goulot, que les conseils et l'exemple de Norcy soutenaient dans sa vaillance coutumière, luttant de dévouement avec son jeune compagnon, put rappeler à la vie plus d'un désespéré.

Malgré tout, le deuxième jour, la fatigue fut la plus forte et ils avaient dû s'arrêter avant d'atteindre la fin de l'étape.

Cependant, leur provision d'eau étant complètement épuisée, et les puits se trouvant d'habitude tellement assiégés par les divisions qu'on dut y placer des factionnaires, la cantinière, dans la crainte, s'ils s'y prenaient trop tard, d'arriver devant des puits complètement taris, demanda deux hommes de bonne volonté pour aller, avec l'âne, renouveler cette provision, tandis que le reste de la troupe attendrait à la même place leur retour.

Ce fut à grand'peine qu'on put en trouver deux qui eussent encore la force de se traîner jusque-là; Jean Toucas et le caporal Mimizan s'offrirent, se dévouant pour le salut commun, et on put les distinguer jusqu'à ce qu'ils disparurent, confondus dans la masse de l'armée.

Au bout d'un temps qui parut très long aux autres, on les aperçut enfin se dirigeant vers le petit campement provisoire. Ils atteignaient à peu près la moitié de la distance entre le gros des troupes et les compagnons de la cantinière, quand Alain Plouhec jeta un cri :

« Oh! diable! Veille au grain! »

D'un saut, malgré la fatigue, le sergent-major fut sur ses pieds, son fusil au poing.

« Ce que je craignais ! Alerte ! Alerte ! Sac au dos et préparez les armes ! »

Un vallonnement séparait le petit groupe des colonnes ; et, tout à coup, des formes blanches, éclairées de biais par les rayons du soleil, parurent, glissant derrière des broussailles sèches, se dirigeant de manière à se placer entre l'armée et les deux soldats ramenant l'âne.

En même temps Ambroise Chalinat hurlait :

« Cha vient auchi par là ! »

Une vingtaine de cavaliers, accourant à toute bride des profondeurs du désert, formaient un demi-cercle pour envelopper le détachement isolé.

« Nous serons tous massacrés avant qu'on ait pu envoyer à notre aide », murmura Mousson, qui armait froidement son fusil.

Nicolas Goulot commanda :

« Allons, allons, un peu de jarret ; en retraite sur les camarades. Tâchons d'arriver avant ces bandits, sinon les amis sont perdus. »

Pour mieux surprendre les deux hommes envoyés à l'eau et l'âne, objet principal de leur convoitise, les Arabes avaient mis pied à terre pour se dissimuler, de sorte qu'ils allaient lentement, rampant au creux de la dune, encore invisibles pour ceux qu'ils espéraient atteindre.

Un coup de fusil, tiré par Gossin, attira l'attention de Toucas, qui, apercevant brusquement l'ennemi, fit, s'adressant à Mimizan :

« Pousse le bourricot aussi vite que tu pourras, moi je protège la retraite. »

Tandis que le caporal activait sa marche, le soldat de la 69e, le fusil en joue, guettait les Arabes. Le premier qui émergea du sillon où il rampait, s'abattit, frappé en pleine tête, avant d'avoir pu se mettre debout ; un second eut le même sort, puis un troisième : l'œil infaillible du Provençal ne les manquait pas.

Les autres hésitèrent, aplatis sur le sable, puis ils se glissèrent jusqu'à leurs chevaux, mais ce court espace de temps avait suffi aux deux hommes pour être rejoints par leurs compagnons.

Ils étaient à peine réunis, que, avec des cris sauvages, surgissant de partout, une cinquantaine d'Arabes arrivaient au galop de leurs chevaux, tourbillonnant et tirant des coups de fusil.

« Bon, bon! dit Grégoire Plantin. Ça vise comme des savetiers, ces moricauds-là! On va leur apprendre le tir : joue, feu!... »

Nicolas Goulot ajouta, jetant un coup d'œil satisfait sur les quatre faces de son petit carré, au centre duquel André et Pierrette se tenaient :

« Surtout du calme, comme à la cible, les enfants; ne gâchons pas nos munitions et laissons nos buts arriver à bonne portée : pas un coup de feu avant qu'ils soient à dix pas. »

Pensant avoir facilement raison de ces quelques fantassins, en leur mépris habituel pour tout ce qui n'est pas cavalier, les Arabes arrivaient avec une vitesse d'ouragan ; ils croyaient les renverser, quand, sur deux des faces, huit coups de feu éclatèrent, tuant ou blessant autant d'assaillants; au moment où les autres, lancés au grand galop, débordaient le carré, huit nouveaux coups de fusil les prirent en flanc, avec une égale justesse.

Un instant décontenancés, ils firent volter leurs chevaux et se rabattirent en sens inverse sur le minuscule carré, d'où la fusillade jaillit, toujours aussi meurtrière.

Mais déjà, du côté des divisions, on avait entendu les détonations et quelques dragons se montraient, devançant une compagnie lancée au pas de course. Une vingtaine d'Arabes au moins avaient succombé, tués, blessés, ou démontés; les autres hésitaient, semblant se consulter pour savoir s'ils ne devaient pas tenter une dernière attaque avant l'arrivée du renfort, quand, du fond du Sud, une tache blanche se dessina, grossissant de minute en minute.

Alain Plouhec, qui avait une vue de marin et d'habitant des côtes, signala le premier :

« Le chameau blanc!... celui au trésor, bien sûr, celui qui porte tout l'or, tous les diamants de ce Mourad-bey, le grand chef des Mameluks, à ce qu'on m'a dit ! »

Un instant détournée, l'attention des assiégés se dirigea de ce côté et Gossin expliqua :

« Pour un chameau blanc, c'en est un ! Pour ce qui est de ce qu'il porte, je ne sais pas si ça vaut grand'chose, attendu que c'est un paquet d'étoffe qui me fait tout l'effet d'être encore un de ces sauvages d'Arabes, un trésor dont je ne donnerais même pas un bouton d'uniforme, bien que ça soit la monnaie qu'ils préfèrent par ici ! »

Jean Toucas, le fusil emboîté dans le pli de l'épaule, l'œil à la mire, semblait soudainement immobilisé ; il marmottait doucement :

« Boun Diou ! Avance seulement à portée, mon camarade, et tu vas voir ce que je vais te donner, moi ! »

En un clin d'œil l'Arabe fut au milieu de ses compagnons, qu'il rassembla autour de lui avec de grands gestes, semblant montrer tour à tour le carré formé par les seize Français et les troupes de secours qui se rapprochaient.

Par une sorte de bravade, il s'avança tout seul, déchargea son fusil dans la direction des soldats et se mit à fuir rapidement ; sa balle siffla entre la cantinière et André ; mais Jean Toucas avait tiré, lui aussi, au moment précis où l'Arabe mettait en joue et une secousse au bras sembla avoir fait dévier le coup de celui-ci.

« Sûr que tu l'as touché, affirma Gossin. Il en tient ; j'ai vu voler la plume. »

Déjà, suivi de ce qui restait de ses cavaliers, celui qui paraissait leur chef disparaissait dans un tourbillon neigeux d'étoffes flottant au vent, tandis qu'une colonne de sable s'élevait, roulant une trombe de poussière légère derrière eux.

Quelques-uns des plus ardents, le montagnard Coucouron, les Landais Mimizan et Biscarosse, s'étaient lancés à la poursuite, leur envoyant les derniers coups de fusil ; mais tous s'envolèrent, en

Il déchargea son fusil dans la direction des soldats.

oiseaux rapides du désert, et bientôt ils ne formèrent plus qu'une mince spirale de fumée à l'horizon.

Gossin, lui, semblait chercher, fouillant le sable du regard, répétant :

« J'ai vu voler quelque chose, quand je le dis !... Il faut que je m'assure. »

Tout à coup on le vit se baisser, ramasser un bout d'étoffe blanche et un objet noirâtre, les examiner et crier :

« Je savais bien, moi ! La v'là la plume au moricaud : un méchant bout de cuir racorni et un lambeau de son manteau ! Que diable ça peut-il bien être que cet ustensile-là ? Un sac à tabac ou à malice ? Tenez, voyez plutôt, m'sieur Norcy, vous qui savez tout, vous pourrez peut-être expliquer le grimoire ; il y a des lettres qu'on dirait des serpents et des points d'exclamation, d'interrogation. »

André s'était approché curieusement ; il saisit l'espèce de sachet de cuir, et fit :

« Ce doit être un talisman ; tous les Bédouins, tous les Arabes du désert en portent généralement sur eux pour se protéger contre les maléfices, soit pendu au cou, soit attaché au bras par un lacet de cuir ou une chaînette. »

Toucas marmotta à mi-voix :

« Bon ! Maintenant qu'il ne l'a plus, sa protection, son affaire est claire : au lieu de le toucher au bras, je l'attraperai en plein corps !

— Hein ! Un talisman ! tout comme la lampe d'Aladin, que ce serait alors ? interrogeait Gossin, toujours féru de ses *Mille et une Nuits*.... Oh ! oh ! Ça qui serait fameux ! »

Mais le jeune homme continuait :

« Sur le dessus, ces caractères sont de l'arabe, tout bonnement, et signifient.... Voyons, ils sont un peu effacés en partie ; cependant je lis encore : « Allah est grand ! Allah protège Mel... Mel.... » Ma foi ! un mot que je ne peux pas lire, sans doute un nom, celui du possesseur du talisman; mais ce sachet doit contenir quelque chose : d'habitude cela renferme un papier, un verset du Coran, des amulettes bizarres, les objets les plus disparates et les plus inattendus.... Ah! je sens une grosseur là, au milieu. »

Après être parvenu à ouvrir le petit sac, il en sortit un scarabée, d'une pierre dure et brillante, sur lequel étaient gravés des hiéroglyphes et une montre ouvragée en or.

Gossin eut un éclat de rire :

« Ça, un talisman? Vous voulez vous moquer! Un insecte de misère et l'horloge de poche à l'homme au chameau! Farceur de moricaud, comme s'il savait regarder là-dessus et n'avait pas le soleil pour voir l'heure! »

André Norcy avait eu une légère hésitation au moment d'ouvrir le boîtier de la montre. A l'intérieur se trouvait un nom qu'il essaya de déchiffrer aux dernières lueurs mourantes du jour; il épela lettre par lettre, syllabe par syllabe et jeta une exclamation :

« Mon Dieu! Ce nom!... Lui!... Sa montre!... Entre les mains de cet Arabe, dans ce sachet, comme un objet précieux, préservateur du mal!... Comment? Que signifie? »

Il restait là, anéanti de sa découverte, ne bougeant plus, pendant que, autour de lui, les soldats le regardaient, étonnés de son silence, de son émotion.

La nuit allait s'abattre sur eux, les ensevelir sous son ombre impénétrable, sous le mystère de la terre d'Afrique; le soleil disparu, une fraîcheur apaisante leur rendait leur vigueur, et Nicolas Goulot, sans vouloir chercher à pénétrer ce qui avait pu causer l'émoi si visible d'André Norcy, ordonna :

« Allons, allons, assez causé. Il n'est que temps de rejoindre les divisions pour prendre notre place de nuit au bivouac, si nous ne voulons pas nous trouver égarés en pleines ténèbres et à la merci des Arabes. En route, et vivement! C'est pire que la Vendée, cette guerre-là, et les Peaux-de-Bique de là-bas étaient des agneaux à côté de ces faces de suie, couleur du diable! Heureusement que les camarades sont venus au-devant de nous et qu'il n'y a qu'à leur emboîter le pas. »

Il montrait la compagnie de ligne et les dragons envoyés à leur secours et qui, l'ennemi en fuite, reprenaient la direction du cantonnement.

Quelques instants plus tard, la cantinière et son petit état-major retrouvaient leur place habituelle, non loin des ambulances, avec les hommes démontés de la cavalerie, les administrations, les savants et les bagages, au milieu du carré, selon l'habitude des bivouacs de nuit, au centre des divisions installées en carrés par divisions et par échelons.

La nuit vint, réparatrice des ardeurs fatigantes de la journée; chacun s'était réconforté comme il le pouvait, et abreuvé largement, grâce à l'eau qu'on avait trouvée en abondance dans les puits, ce qui avait redonné de la gaîté et de l'entrain à tout le monde, au point que çà et là on entendait des chœurs, des éclats de rire, toute cette joie turbulente qui secoue les hommes venant d'échapper à un péril mortel. On se reprenait à espérer, oubliant déjà tout ce qu'on avait souffert.

Assis au milieu d'un cercle, Gossin tenait tous ses auditeurs attentifs avec l'histoire d'Aladin, qu'il leur narrait sous une forme des plus familières :

« Son talisman à celui-là, voyez-vous, c'était une lampe qu'avait l'air de rien, une lampe en cuivre, comme on en voit partout. Mais, pour lors, voilà-t-il pas qu'il n'a pas plutôt frotté sa lampe, qu'un grandissime diable de cent pieds de haut se dresse devant lui et lui annonce comme ça : « Je suis l'esclave de la lampe, et comme esclave de la lampe je t'apporterai tout ce que tu voudras, à seule fin que tu sois content ». Et, là-dessus, il se fait amener un fricot à se lécher les doigts, qu'on lui sert dans des casseroles d'or et d'argent; ça le met en appétit, naturellement, si bien qu'il épouse une princesse avec un nom qui n'en finit plus, une Chinoise, et qu'il a un palais tout en pierreries, avec un tas d'agréments : tout ça grâce à cette méchante lampe de rien du tout ! »

Des exclamations partaient autour du conteur, chacun énonçant le vœu qu'il aurait exprimé en pareille occasion :

« Moi, faisait le Bourguignon Nicolas Goulot, je lui aurais demandé un tonneau de bon vin !

— Moi, opinait Samois, un lit moelleux avec des draps et des esclaves, belles comme le jour, pour m'éventer pendant que je dormirais.

— Moi, mon chez moi ! dit Alain Plouhec. Des nuages gris au ciel, de la pluie et des champs entourés de haies. »

Les deux Picards, Bernaville et Fricourt, approuvaient, ajoutant, avec des ressouvenances du pays regretté :

« Une belle prairie, avec de l'herbe grasse, des bestiaux et des ruisseaux frais. »

Assis à quelques pas du groupe, André Norcy ne les entendait plus que confusément, les yeux fixés sur la montre qui brillait au creux de sa main, étoile scintillante, à laquelle il semblait demander son chemin, vestige mis sur sa route par quelque génie merveilleux lui aussi, et qui, réveillant en lui les espoirs engourdis, lui affirmait qu'il ne s'était pas trompé, que c'était là, quelque part, dans cette terre étrangère, au milieu de ces sables désolés, que devaient se trouver les restes sacrés qu'il avait juré de rapporter.

Rouvrant le boîtier d'or, il relut à la faveur d'un feu de bivouac les mots tracés dans l'intérieur :

« Jules Mathelin. »

Puis, gravée avec la pointe d'un couteau, irrégulière, une date : 1795.

Que signifiait cela ? Les nouvelles apportées en France faisaient remonter l'assassinat du voyageur à 1792. Était-ce lui qui avait gravé cette date ? Vivait-il encore en 1795 ? Autant d'énigmes dont ce scarabée antique joint à la montre semblait garder le secret.

Que n'avait-il, comme Aladin, un talisman évocateur de sombres génies prêts à se mettre à ses ordres ! Avec quel empressement il les eût fait paraître devant lui pour l'aider dans ses recherches, pour apprendre de lui tout ce qu'il ignorait.

Mais non, il savait bien que ce talisman qu'il tenait n'avait aucun pouvoir ; seul l'homme auquel il avait appartenu eût pu le renseigner, et cet homme mystérieux, c'est en vain qu'il cherchait là-bas, à travers la nuit, s'il ne l'apercevrait pas encore, perdu dans une spirale de fumée à l'horizon illimité des sables.

On l'avait revu, escorté de ses Arabes.

V

L'INSAISISSABLE

« Est-ce que ça mord? » interrogea Alain Plouhec, campé curieusement auprès de Cyrille Lamalou qui, une cordelette à la main, penché sur la rive gauche du Nil, semblait absorbé dans une besogne de pêche importante.

Sans même répondre, courbé en deux, le sergent faisait aller et venir son bras, tandis que tout un groupe de soldats entassés derrière lui cherchait à se rendre compte de ce qu'il pêchait.

Gossin, mi-narquois, mi-sérieux, observa :

« Méfiance, tu sais ! Te v'là dans des pays où quand on jette sa ligne ou son filet, on ne sait jamais trop ce qu'on ramène. Comme le Pêcheur de Madame la Sultane Scheherazade, c'est des fois une carcasse d'âne, des fois un panier plein de gravier; mais ça peut aussi bien être le fameux vase de cuivre jaune scellé de plomb, qui contient l'Esprit rebelle emprisonné sous le sceau de Salomon, et qu'il faut bien se garder de délivrer sous peine de mort!... Tiens! le v'là que tu le ramènes ; méfie-toi!... Je le vois déjà, le Génie maudit, qui sort en fumée grand comme une montagne ! Nous voilà frais !... »

Quelque chose de lourd, quelque chose à forme vaguement humaine, démesuré sous la transparence jaunâtre de l'eau, tendait en effet la ligne que Lamalou tirait à deux mains, sans paraître se préoccuper des menaces empruntées aux *Mille et une Nuits* par la mémoire imaginative du Parisien, et, au bout de quelques instants, on vit d'abord apparaître le fer d'une baïonnette tordue en croc, puis une masse pesante enveloppée de longues herbes, un corps inerte aux vêtements flottants.

« Un Mameluk! s'exclama avec surprise Samois. Ah bien ! il en a une riche idée, le sergent ! La pêche aux Mameluks, c'est tout profit; ça a les poches pleines d'or, ces citoyens-là !... Et il n'en reste plus un sur le champ de bataille qui n'ait été visité à fond.

— En voilà un butin! De quoi che monter une fameuche boutique ! » appuyait Chalinat radieux, les yeux luisants de cupidité à l'aspect de ces richesses faciles, de ces galons d'or, d'argent, toute sa grosse face enflammée de la soif du gain.

Tranquillement, ayant attiré le cadavre sur le sable, le pêcheur avisé procédait à l'inventaire des poches, en tirait une bourse pesante, enlevait la pelisse, le caftan, les pistolets garnis d'or et d'argent, le riche cimeterre encore fixé au flanc du mort par un baudrier incrusté de pierres. D'autres déjà, à son imitation, se hâtaient de courber la pointe de leur baïonnette en énorme hameçon, de la fixer à une corde, et de la traîner dans le fleuve, où roulaient par centaines les corps des Mameluks, des fellahs, des janissaires, de tous les éléments de l'armée en déroute de Mourad-bey que les baïonnettes d'une partie de la division Bon avaient jetés pêle-mêle dans le fleuve, achevant ainsi l'œuvre commencée par l'autre partie de cette même division à Embabeh.

Cela se passait, en effet, tout près de ce village retranché que le brave général Rampon, le héros de Millesimo, avec les deux colonnes d'attaque de la division Bon, avait enlevé d'assaut, tandis que la troisième colonne se défendait contre la cavalerie et protégeait le mouvement.

Sur le Nil, entre les deux rives, masquant l'ovale verdoyant des îles, un rideau de flammes ondulait, suivant le cours du fleuve, à mesure que glissaient au fil de l'eau les djermes et autres bateaux que l'ennemi avait incendiés pour les empêcher de tomber au pouvoir des Français; ils espéraient protéger ainsi la fuite, vers les déserts de la Syrie, de l'armée d'Ibrahim-bey, restée sur l'autre rive, spectatrice impassible de la complète défaite de l'armée de Mourad-bey, dont les débris gagnaient en ce moment la Haute-Égypte.

A travers les flammes mouvantes, André Norcy essayait de distinguer ce qui se passait; il fit, désespéré :

« Nous ne le rejoindrons jamais! Quand je pense que je l'ai encore vu aujourd'hui, sans pouvoir l'approcher! Décidément, cet homme, c'est l'*insaisissable!*

— Bien sûr aussi, m'sieur André, que ce n'est point trop commode non plus de l'avoir, puisque vous le voulez vivant. »

Nicolas Goulot tordait sa grosse moustache d'un air perplexe en disant ces mots, et Jean Toucas appuya :

« Hé bé! ce qu'il faudrait, c'est une balle qui le descende sans le massacrer; mais on a beau tirer dessus, rien n'y fait, non plus qu'à sa grande diablesse de bête, qu'on croirait ensorcelée comme lui!...

— Tout de même, il serait sorcier pour de bon, que je ne m'en étonnerais pas, affirma Gossin, avec cette grimace comique qui faisait qu'on ne savait jamais au juste s'il parlait sérieusement ou s'il plaisantait. Cette terre d'Égypte, c'est tout magiciens, enchanteurs, génies et démons; il y en a autant que dans le pays à Alain Plouhec, pas vrai, le Breton? »

Croyait-il à ce qu'il disait, n'y croyait-il pas? Bien fin eût été celui qui aurait pu le dire et savoir exactement ce qui se passait dans ce crâne aux formes simiesques, à la cervelle farcie d'idées, de souvenirs ramassés dans les milieux les plus divers, bourrée de lectures de toutes sortes, nourrie de la littérature des théâtres, des spectacles forains, de mille choses où le faux se mêlait au vrai dans des proportions difficiles à définir.

S'il fallait s'en rapporter à ses paroles, il ne voyait l'Orient qu'à travers les *Mille et une Nuits*, et ne manquait pas une occasion de les invoquer, soit par conviction, soit pour étonner ceux qui l'écoutaient ou faire parade de ses connaissances littéraires.

Sorcier ou non, l'Arabe et son étrange monture occupaient incessamment les esprits de la petite troupe commandée par Nicolas Goulot, depuis la trouvaille bizarre faite par André Norcy, ce sachet de cuir au contenu énigmatique et inquiétant.

Aux alentours de Damanhour, dans le désert, lorsqu'on l'avait aperçu pour la première fois, il avait été impossible de distinguer ses traits à travers les voiles flottants qui l'enveloppaient d'un nuage blanchâtre ; seul Toucas, qui l'avait mieux vu en le couchant en joue, disait :

« Ce que j'en sais, c'est des yeux noirs comme des jets de flamme, des dents très blanches dans une face de bronze, qui paraissait plus sombre peut-être rapport à sa coiffure de bédouin, une figure de démon, té ! »

Depuis l'attaque exécutée contre les défenseurs de la cantinière, chaque jour, durant les étapes entre Damanhour et le Caire, on l'avait revu, apparaissant brusquement, parfois seul, d'autres fois escorté de ses Arabes, toujours sur cette monture caractéristique, ce chameau ou dromadaire blanc, ce coureur extraordinaire des sables, qui semblait en faire le chef des cavaliers, l'amenant, l'emportant tour à tour avec cette rapidité vertigineuse de trombe, avec cette vitesse d'ouragan.

On eût dit qu'il s'attachait particulièrement à la troupe bien reconnaissable à laquelle il avait eu affaire la première fois, se tenant toujours hors de portée du gros des divisions, ne les attaquant jamais, les surveillant sans cesse, en se contentant de lancer ses cavaliers contre les isolés, mais ne manquant jamais de donner lui-même, dès que la cantinière et son escorte se trouvaient un peu à l'écart.

Au réveil, à la pointe du jour, à midi, à l'heure rude du plein soleil incendiant les sables, au soir tombant, il était toujours là, silhouette décevante, à l'horizon. Tous les jours on avait sa vision, immobile ou glissant à la surface du désert, se profilant sur la bosse de la bête apocalyptique, tellement elle prenait alors des proportions extraordinaires, sous certains jeux de la lumière, sous certaines combinaisons atmosphériques.

Seules les nuits se passaient dans le calme, car on avait fini par remarquer que jamais les Arabes n'attaquaient durant les ténèbres.

« On dirait que c'est seulement à nous qu'il en veut, le moricaud, observa Grégoire Plantin qui avait constaté ce manège souvent répété.

— Il nous suit, c'est facile à voir, ajouta Samois.

— Sûr que c'est son talisman qui le tracasse cet homme, expliqua Gossin. Il est comme le magicien d'Afrique, qui voulait reprendre la lampe merveilleuse à Aladin, et qui essayait tous les moyens pour arriver à son but.

C'était devenu la préoccupation principale des seize hommes, d'André Norcy et de Pierrette Goulot, une préoccupation si tenace, si ardente, qu'elle les avait aidés à surmonter les terribles souffrances éprouvées pendant ces quinze jours de traversée du désert, leur passionnant l'esprit, les tenant constamment haletants à l'idée de le surprendre.

On ne s'occupait que de lui, le saluant de volées de balles dès qu'il approchait ; mais il paraissait invulnérable, et André, tremblant qu'en le tuant on n'ensevelît son secret avec lui, avait demandé qu'on essayât de s'emparer de lui vivant.

Ils avaient cependant, après cette escarmouche, passé par les péripéties les plus douloureuses ; des jours, des nuits, des jours encore, on avait marché ou campé, avec des alternatives d'espérance et de désespoir, des colères folles, dans une surprise découragée de tout ce qu'on apercevait, de tout ce qu'on éprouvait, à voir se succéder les étapes en ne faisant que changer de misères et de souffrances.

A Damanhour, où l'administrateur Sucy avait trouvé le moyen de leur donner du pain en faisant broyer du grain, on était resté un jour à se reposer, à se remettre des terribles étapes des premiers jours, étapes déjà semées de cadavres, bien qu'on n'eût pas fait plus de quatorze lieues.

Là, le général Mireur, imprudent ou fataliste, avait été assassiné par les Arabes, là, Bonaparte lui-même n'avait échappé que difficilement à un péril semblable ; il avait dit, à cette occasion :

« Il n'est pas écrit là-haut que je doive être pris par les Arabes ! »

Une joie, ç'avait été enfin l'arrivée à Ramanieh, la vue du Nil ; l'armée entière, officiers et soldats, rompant les rangs, oubliant toute discipline, s'y était ruée comme à la délivrance, au salut ; les soldats s'étaient jetés tout habillés dans le fleuve, se gorgeant d'eau.

Un séjour de deux journées, les 13 et 14 juillet, avait reposé tout le monde, rendu la bonne humeur ; en même temps que l'arrivée de la flottille commandée par le contre-amiral Perrée et Andréossy, et de la division Kléber commandée par le général Dugua, redonnait confiance ; Nicolas Goulot avait poussé un soupir de satisfaction, disant :

« La 75ᵉ me manquait ; maintenant que la voilà, on sera solide ! »

Mousson opina, joyeux de retrouver ses camarades :

« La 25ᵉ ne sera pas de trop non plus ; on se sentira mieux les coudes. »

Puis il avait fallu repartir ; mais bientôt on avait regretté ce sable du désert, doux au pied malgré sa mobilité fatigante, sa chaleur de plaque de tôle rougie au feu ; en effet, tout ce terrain de limon avoisinant le Nil, gercé, fendillé, coupé de crevasses, blessait, occasionnant des entorses, des foulures ; Samois n'arrêtait plus de gémir, répétant :

« Je reviendrai à Paris avec des béquilles, c'est certain ! »

C'est à peine si ces nouvelles difficultés étaient compensées par le plaisir de manger à profusion des melons d'eau et de boire de l'eau délicieuse du fleuve sauveur, dans lequel on pouvait se baigner tous les soirs.

Les Méridionaux retrouvaient avec gourmandise un de leurs fruits favoris, ces pastèques à la chair de corail, dont la tendre verdure bordait les deux rives, et Jean Toucas, ravi, s'exclamait, d'un cri qui devenait bientôt populaire dans l'armée :

« Sainte Pastèque ! »

Mais l'eau, si agréable qu'elle fût après les tortures desséchantes des précédentes étapes, n'obtenait cependant pas toutes les sympathies, et il y avait des mécontents ; cette mauvaise tête de Gossin chantonnait :

> L'eau du Nil n'est pas du champagne :
> Pourquoi vouloir faire campagne
> Dans un pays sans cabaret ?

Le sergent-major répondit :

« Plains-toi donc ! on voit bien que tu n'as pas fait la guerre dans l'Ouest et que tu ne connais pas le cidre des Peaux-de-Bique ! Pouah ! fichue boisson ! Je préfère encore la limonade de par ici, toute limonade de goujon qu'elle soit, et pourtant je suis un Bourguignon salé, moi, un nez à la Côte-d'Or ! »

Cette marche s'était poursuivie avec des péripéties variées, par Miniet-Salamé, Chebreïs, où la flottille manqua périr tout entière dans une bataille sur le fleuve, et où eût lieu le premier engagement sérieux avec les Mameluks ; puis, c'étaient Schabar, Kom-el-Scherif, l'assassinat de l'officier d'état-major Gallois portant un ordre à Desaix, de l'adjudant Desnanols, neveu de Lacépède, le bivouac d'El-Hanka, la halte de Terraneh, El-Katta, enfin Wardam.

Là, Mousson, après avoir avalé une excellente soupe au bouillon de pigeon, déclara :

« Tout de même, en voilà assez de pigeons sans pain ! »

Et les autres approuvèrent, tant ils étaient las de cette chair noire, la seule qu'ils eussent à profusion dans ces villages semés de colombiers.

Mais le 23 juillet (5 thermidor) au soleil levant, des pointes granitiques qu'on apercevait depuis trois jours se dressèrent en montagnes de pierre devant les troupes, et André Norcy les montra, disant presque pieusement :

« Les Pyramides ! »

Après une halte à El-Warak sur le Nil, l'armée arrivait à une demi-lieue d'Embabeh, et Samois, méfiant, annonçait :

« Bah ! Leur fameux Caire, ce sera encore quelque grand village, un ramassis de huttes comme à Damanhour ! »

Grégoire Plantin lui frappa sur l'épaule et, le bras droit allongé devant lui, annonça ironiquement :

« C'est ça, ton village ? »

Dans le lointain, les minarets du Caire apparaissaient, toute une ville énorme étalée derrière le fleuve ; à droite les Pyramides semblant défendre l'approche du désert. Puis, entre deux villages appuyés au Nil, un peu sur la gauche, une masse de cavaliers, de fantassins se distinguait. Des tentes innombrables se groupaient autour d'un sycomore gigantesque, qui formait comme le centre de cette agglomération de troupes ; les Mameluks, couverts de leurs étoffes merveilleuses, avec leurs armes luisantes, se tenaient en bataille sur un rang, des intervalles de trois à cinq pieds étant ménagés entre les cavaliers pour le maniement des armes et des chevaux ; on apercevait des retranchements, des canons, une foule d'étendards soyeux, de croissants dorés, de queues de cheval, et c'était un éblouissement de soie, de satin, d'argent, d'or, de pierreries sous l'implacable lumière du soleil, par un ciel sans nuages et sans un souffle de vent.

Une vision des Croisades s'évoqua devant André Norcy ; il eut le mirage de Saladin, de Richard Cœur-de-Lion, de la grande féerie héroïque des âges passés, et son cœur sauta, joyeux, enivré dans sa poitrine.

Immédiatement des aides de camp coururent à travers la plaine,

André Norcy les montra

portant les ordres pour prendre les positions de bataille. Des clairons sonnèrent, des tambours battirent, se répondant de l'une à l'autre de ces petites masses, au milieu desquelles flottait le drapeau tricolore de la France, comme pour faire savoir que l'heure décisive était arrivée.

Les cinq divisions se formaient en carrés par échelons, entre le village de Bit-Kil, Embabeh et le fleuve, se flanquant les unes les autres, avec l'artillerie dans l'intervalle des carrés et les quelques cavaliers dans les carrés mêmes : Desaix, à la pointe extrême vers le sud, vers l'ouest Reynier, vers le nord-ouest Dugua remplaçant Kléber, enfin appuyés au Nil, à l'extrême gauche, Bon et Vial remplaçant Menou.

Pierrette et son escorte avaient pris place dans le carré du général Bon, d'où l'on apercevait, à une demi-lieue environ, les retranchements du village d'Embabeh, derrière lesquels fourmillaient les 24 000 fellahs et janissaires que Mourad-bey y avait entassés.

Nicolas Goulot constata :

« Peuh ! pas fameux, ces retranchements ! Quant à leurs canons, ils sont fixés et n'ont pas d'affûts de campagne ; pas à craindre, cette artillerie, ils ne pourront pas s'en servir hors de là, et l'on se charge de la leur enlever. »

Mais un peloton considérable de cavaliers vêtus de blanc se tenait groupé près des Pyramides, comme en dehors de l'action ; Norcy dirigea sa lunette d'approche de ce côté et s'écria :

« *Il* est là : je *le* vois ! »

Toutes ses pensées, ramenées à sa préoccupation constante, se concentrèrent sur ce point.

De demi-brigade en demi-brigade, une phrase de Bonaparte, montrant les Pyramides, courait, éveillant les enthousiasmes même parmi ceux qui ne la comprenaient pas, comme le Breton Plouhec, l'Auvergnat Chalinat ou d'autres ; elle vint arracher André à son absorption :

« Soldats, vous allez combattre les dominateurs de l'Égypte ;

songez que du haut de ces monuments quarante siècles vous regardent ! »

Le jeune homme expliqua à ses camarades que c'étaient des tombeaux élevés quatre mille ans auparavant par les rois d'Égypte, qu'on appelait les Pharaons.

Tout en prenant sa place de combat parmi les grenadiers du premier rang de la 32e, de la 18e et de la 4e légère, Gossin déclara :

« Alors ils serviront de tombeaux aux Mameluks ! Ah ! ah ! Ce qu'on va en démolir de ces habillés de soie, ce sera fameux ! »

Il était trois heures, et toute la matinée s'était passée en insignifiantes escarmouches, quand une partie de la cavalerie ennemie s'ébranla, sa masse de 8000 cavaliers divisée en deux colonnes, qui se ruèrent de toute la vitesse de leurs chevaux, la première sur l'angle gauche du carré Reynier, la seconde sur l'angle droit de Desaix, attaquant d'abord notre droite.

« Té ! v'là le bal qui commence ! s'écria Jean Toucas, voyant le mouvement. Dommage que ça ne soit pas nous qui l'ouvrions !

— C'est les camarades du carré Desaix, ceux de la 88e qui trinquent les premiers, dit Gossin.

— Et les nôtres aussi, ceux de la 9e ! » ajouta Plantin, s'adressant à Fricourt et à Bernaville.

La fusillade éclata, lui coupant la parole ; malgré la fumée et la distance, on distingua la première colonne des Mameluks défilant le long de l'une des faces du carré Reynier et se reportant sur l'angle gauche de Desaix ; mais déjà beaucoup de chevaux étaient sans maîtres et les autres galopaient, comme affolés, leurs rangs moins serrés, éclaircis.

« Il y a du bon ! » affirma le sergent-major, tirant sur sa moustache à l'arracher.

Maintenant la fumée masquait complètement les deux carrés, d'où jaillissaient d'incessants éclairs, et, les angles des carrés s'ouvrant, la mitraille et les boulets commencèrent leur besogne d'extermination.

Successivement tous les autres carrés avaient également à subir l'assaut de quelque colonne détachée de ces Mameluks, qui, se croyant sûrs de la victoire, se jetaient à corps perdu sur ces fantassins qu'ils méprisaient. La division Bon eut à supporter à son tour leur choc; à dix pas un feu de file en jeta la moitié par terre.

« Ça tombe sur le coup de fusil comme le sanglier blessé sur le chasseur! » remarqua Mousson redressant sa baïonnette tordue par le choc.

Bernaville disait :

« On en a partout à la fois, devant, derrière et par les côtés, à n'y voir qu'un tourbillon.

— Sans notre formation en carrés, nous serions gentils; pas un de nous n'en réchapperait, car on peut avouer qu'ils ont un courage d'enragés! » appuya Lamalou.

Soudain les retranchements d'Embabeh s'allumèrent; Nicolas Goulot cria :

« Attention! V'là le brutal qui cause! »

Un ouragan passa sur la division Bon.

Pierrette, qui se tenait à pied près de son âne, vit André Norcy faire un geste de surprise et courber instinctivement la tête; elle sourit :

« Hein! Ça rend poli; on salue sans se faire prier! Dame, faut pas avoir honte; vous n'avez pas trop l'habitude, non plus, m'sieur André; ce n'est pas votre métier et vous n'êtes pas ici pour cela, vous! »

Comme il rougissait, secouant les épaules, elle continua :

« Bah! bah! Tout le monde a passé par là, même les plus crânes, demandez à Nicolas! Vous vous y ferez! Et puis on ne va pas les laisser continuer, bien sûr; ce n'est pas dans les habitudes au Petit Caporal, vu que le canon, c'est son arme! »

A travers les balles, les boulets, un officier d'ordonnance accourait, venant du carré Dugua où se tenait Bonaparte, occupant ainsi le centre de son armée. Les rangs s'ouvrirent. Il apportait un ordre au général Bon. Celui-ci, après l'avoir écouté, se tourna vers le général Rampon et, au bout d'un instant, un mouvement se produisait dans les rangs : le carré se dédoubla, ne laissant que trois rangs sur chaque face, tandis que des hommes se réunissaient. Nicolas fit :

« Les colonnes d'assaut! Ah! ah! on va donc le faire taire de gré ou de force ce satané brutal! »

Entre la verdure des îles sur le fleuve et l'horizon sans limites, dans l'immense plaine de sable où les palmiers groupés çà et là paraissaient si grêles, et que dominait sur leur plateau l'énorme masse des Pyramides, on eût dit cinq citadelles vivantes, minuscules, enveloppées d'une incessante ceinture de feu, de flamme et de fumée, autour desquelles tourbillonnaient éperdument des vols de djinns.

Des chevaux se cabraient affolés, venant se faire éventrer sur les baïonnettes ; quelques Mameluks essayaient de franchir d'un bond cette muraille mobile, et, prenant un élan désespéré, s'abattaient au milieu d'un carré, d'où ils ne sortaient plus vivants. En certains endroits la ligne fléchissait, brisée par la violence du choc; mais des commandements brefs éclataient :

« Serrez les rangs! »

Le mur se reformait, bouchant lui-même ses brèches, inébranlable sous les assauts répétés, sans qu'un homme s'affolât, sans qu'aucun de ces Français, si impétueux, si bouillants d'habitude, perdît son calme, son sang-froid, transformé soudain par la nouveauté du danger.

Tandis que la première face du carré de la division Bon, composée des pelotons pairs et soutenue par les carabiniers de la 4e légère, se portait vivement sur les retranchements d'Embabeh, sous la haute direction du général Rampon, et que le chef de bataillon Durandeau se jetait à l'assaut au pas de course, le reste de la division se mettait en marche pour soutenir le mouvement.

« Diable! grommela tout à coup Mimizan. Voyez donc, sergent ; voilà de la cavalerie qui les prend par derrière, un retour de ces damnés Mameluks! Mauvaise affaire!

— Craignez rien, riposta Cyrille Lamalou ; à la 52ᵉ on sait toujours se débrouiller ! Hé ! tenez, quand je vous disais ! »

Les trois derniers rangs de la colonne d'assaut, se formant en carré plein, venaient de faire face en arrière, et leur feu, exécuté à quelques pas avec une précision foudroyante, avait fait un tel ravage parmi leurs assaillants, que ceux-ci, voyant s'avancer le reste de la division, se défilaient par les côtés, essuyant encore le feu des faces du carré devant lequel il leur fallait passer.

De grands cris arrivaient du village, où subitement les canons avaient cessé de tirer.

« Hein ! Je crois que nous y sommes ! dit gaîment Samois. Vive la 18ᵉ ! Vive la 52ᵉ ! »

Dans une immense cour, quatre mille hommes encore au moins, Mameluks, janissaires, fellahs, n'ayant pu fuir à temps, se trouvaient assaillis de tous les côtés et essayaient, dans un dernier effort désespéré, de gagner le Nil, quand la masse de la division Bon, arrivant sur eux, en fit un effroyable carnage, jetant le reste dans le fleuve.

Tout à coup, déjà loin, vers la tête de cette foule de fuyards, au milieu des cavaliers, des dromadaires, des chameaux, Jean Toucas montra une silhouette connue :

« Té bé ! Le voilà encore !... Comment cela se fait qu'il ne soit pas resté là-bas avec les autres, près des Pyramides ?

— C'est étrange, en effet ; il nous savait donc ici, qu'il s'est rapproché avec ses hommes pour se trouver si près de nous ? » interrogea Plantin, surpris.

Emporté par la griserie de l'action, par l'odeur de la poudre, André Norcy essaya de le mettre en joue, avec un fusil qu'il avait ramassé dès qu'on avait commencé à charger ; mais le Provençal l'arrêta :

« Non, inutile : il est déjà trop loin !

— *Lui*, toujours ! murmura le jeune homme. Une vraie fatalité qu'il nous échappe encore, après être venu se mettre ainsi presque entre nos mains, quand tous ses camarades sont en fuite ou morts ! »

Il montrait le sol couvert de cadavres aussi loin que la vue pouvait s'étendre, l'intérieur d'Embabeh, où les corps s'entassaient les uns sur les autres, de tous les rangs, de toutes les conditions, quelques-uns ayant reçu le coup de feu de si près, que leurs vêtements, enflammés par la bourre, brûlaient lentement, les consumant.

Ils étaient là confondus, riches Mameluks aux costumes de velours, d'or, de soie, pauvres paysans d'Égypte, fellahs en grossière chemise de toile bleue, nègres, janissaires, spahis, embauchés par force ou par persuasion par Mourad-bey, tous les valets de cette milice insolente et luxueuse; puis aussi des Arabes du désert, détachés de ceux restés en observation durant tout le combat, près des Pyramides, semblant attendre le résultat de la bataille pour prendre un parti; leurs vêtements formaient çà et là, au milieu des autres cadavres, des taches blanches, grands oiseaux au plumage neigeux, marbré de plaques de pourpre.

Mais, de tous ces oiseaux, le plus rapide avait encore pu fuir, pareil à l'oiseau fabuleux des légendes orientales, à l'oiseau monstre, au Roc, qui emporte son secret avec lui, et c'était celui-là seul qui intéressait André Norcy, comme si cette bataille, qui venait de décider du sort de l'Égypte, en anéantissant la puissance des Mameluks, n'avait eu d'autre but que de placer entre ses mains, de faire tomber en son pouvoir cet homme, porteur de l'énigme qu'il espérait déchiffrer.

Pour lui, c'était un échec; l'Arabe insaisissable, semblable au mirage, disparaissait, s'effaçait, juste au moment où il croyait le tenir : cela devenait comme le mystère de la vieille Égypte, irritant sous ses hiéroglyphes, palpable à la fois et insaisissable, lui aussi, impossible à lire et cependant plein de révélations précieuses.

Il poussa un soupir, reportant ses regards vers la ville énorme qu'on apercevait au delà du Nil : le Caire, le Grand Caire! Peut-être trouverait-il là quelque nouvel indice?

Au milieu du champ de bataille, transformé en marché, lui seul ne s'occupait pas de ce qui se passait autour de lui, et restait l'œil voilé, immuablement fixé sur son rêve, sur l'énigme mystérieuse poursuivie, et que chaque pas en avant depuis Paris, depuis Toulon, depuis Alexandrie, ancrait plus profondément dans son cerveau, et dont les hasards du désert avaient soudain réveillé toute l'acuité.

Partout, parmi les troupes, ce n'étaient que manifestations bruyantes, appels, cris, discussions, appétits voracement apaisés, tandis que l'immense silence de la mort planait sur les sables couverts de cadavres. Des marchandages avaient lieu de division à division, suivant que les unes ou les autres avaient été plus ou moins favorisées par le combat. On vendait des chevaux, des chameaux, des armes, des vêtements, tandis que les plus affamés mangeaient, que d'autres endossaient comiquement quelque pelisse magnifique ou essayaient des casques, des turbans, les coiffures encore sanglantes des Mameluks restés sur le champ de bataille.

Avec un ravissement béat, l'industrieux Ambroise Chalinat, les poches déjà pleines, les bras encombrés de ceintures de soie, de pistolets, de burnous, de caftans, avait établi une sorte de bazar en plein air, achetant ou vendant au gré des amateurs, son flair merveilleux de brocanteur auvergnat lui faisant faire des affaires superbes; il riait, disant :

« Moi, j'aime mieux cha que les chix arpents de terre que nous a promis le chitoyen général Bonaparte! Le commerche, ch'est ma partie! »

En ce moment le général en chef arrivait, le contentement empreint sur sa figure, dont toute expression soucieuse avait disparu ; il descendit de cheval à Embabeh, prenant à pied la direction de Gizeh.

« Té! le v'là content, le P'tit Caporal? Il l'a encore sa victoire, fit Jean Toucas.

— Il tient son *Égypre* cette fois, il le sent bien, » expliqua sentencieusement Nicolas Goulot.

André sortit brusquement de son rêve pour s'écrier :

« Quand tiendrai-je ce que je désire, moi? »

Et ses yeux, abandonnant la contemplation du Caire, se portèrent de nouveau du côté des étendues devinées derrière les djermes en flammes, dans la poussière rousse qui montait sous les pas de ces fuyards emportant avec eux le mystère, un instant placé à portée de sa main et qui maintenant semblait vouloir se perdre vers les régions lointaines de la Syrie.

Était-ce là qu'il lui faudrait aller le poursuivre? Mais comment Tout le retenait en cette Égypte dont on organisait la conquête, et il ne pourrait peut-être jamais s'aventurer, surtout seul, dans ces pays pleins de dangers et au pouvoir des ennemis.

La cantinière et son escorte avaient suivi l'état-major ; bientôt Nicolas Goulot put installer ses hommes à Gizeh pour y passer la nuit, et on organisa le campement. Peu à peu les derniers bruits cessèrent, un grand silence pesa sur les rives du Nil, succédant au vacarme terrible de la journée.

Les heures de la soirée passèrent. Tout à coup André Norcy, qui ne dormait pas, fit, l'oreille tendue, percevant un roulement sourd dans la direction du Caire :

« Que se passe-t-il donc par là? Serait-ce l'ennemi ? »

César Capestang répondit souriant :

« Ça, m'sieur Norcy, c'est les tambours de la 32ᵉ qui sonnent le réveil aux habitants du Caire! Une heure du matin qu'il est!... Ah ! ah ! un peu tôt la diane ! »

Lamalou expliqua :

« Le caporal dit vrai; c'est les camarades qui lui ont raconté la chose. A cette heure, le général Dupuy, avec ses grenadiers, deux cents hommes de la 32ᵉ demi-brigade, prend possession de la ville! »

A travers les rues étroites et silencieuses du Grand Caire, l'intrépide Dupuy et sa faible troupe s'avançaient en effet, tambour battant, dans l'obscurité la plus profonde, ne sachant pas où ils se trouvaient, perdus au milieu des dédales d'un monstrueux et noir labyrinthe, plein de périls inconnus, et ayant comme objectif le quartier Franc, dont ils ignoraient la position exacte.

Protégés par le prestige de l'extraordinaire victoire que venait de remporter l'armée française, semant l'épouvante, grâce à ce triomphe et aux légendes fantastiques répandues à profusion sur leur compte, ils allaient droit devant eux, hardiment, le cœur sautant d'inquiétude et d'orgueilleuse joie, et s'emparaient de cette ville de 300 000 habitants, sans que personne osât se montrer.

Seuls, autour d'eux, les aboiements des chiens; seuls, tombant des terrasses des harems, les hurlements plaintifs et lugubres des femmes!

Le Caire, c'est-à-dire l'Égypte entière, était aux Français, à Bonaparte!

Un homme arriva en courant à perdre haleine.

VI

LE CHANT DU MUEZZIN

Prolongée, lamentable, répandant partout une inexprimable sensation d'angoisse qu'accroissait jusqu'à l'épouvante la si brusque arrivée des ténèbres, en ce crépuscule d'Afrique où, sitôt le soleil disparu derrière les sables de l'horizon, c'est la nuit, — une plainte plana subitement, secouant comme de lourdes et funestes ailes d'oiseau nocturne au-dessus de la tête d'André Norcy, au moment où il s'engageait dans une de ces longues rues tortueuses et mal pavées du Caire, accompagné de Pierrette, du sergent-major et de ses hommes, au retour d'une fatigante journée d'excursion aux pyramides de Gizeh et au Sphinx.

Gossin, qui marchait près de lui, eut un soubresaut involontaire, grommelant :

« Sale pierrot que celui qui a ce miaulement-là !... En v'là une manière d'accueil dont je me passerais bien pour mon compte, quoique je ne sois guère superstitieux ! Si l'on croyait aux présages, tout de même, on ne serait pas trop tranquille d'entendre une pareille musique !

Nicolas Goulot hocha pensivement la tête :

« Ça me rappelle toujours cette Vendée de misère, où tant de braves gens ont laissé leurs os, alors que vous arriviez, on ne savait jamais d'où, ce sacré *hou hou* gémi par quelque Peau-de-Bique, des oiseaux fameusement poilus ceux-là, à ne pas leur voir le nez, et que ce gémissement de cimetière, qui vous faisait froid dans le dos, était immédiatement suivi par des volées de balles grêlant de partout !

— Bah ! Faut pas s'effaroucher, quoique ça soit aussi un oiseau sans plumes qui nous adresse cette chanson-là ! ricana Samois. Ici, ça veut tout bonnement dire : « Citoyens, il est l'heure de faire « votre prière ». Regardez plutôt sur ce perchoir ! »

Il montrait en même temps, sur la haute galerie du minaret, au pied duquel ils passaient en ce moment, auprès d'une mosquée, une silhouette d'homme, coiffée d'un turban et vêtue d'une longue robe se détachant sur le clair-obscur.

Presque aussitôt une phrase descendit, chevrotante, nasillarde :

La illah ilah Allah ! Mohammed resoul Allah !

Revenu de son émoi, Gossin goguenardait, nasillant aussi de sa voix de gamin.

« Là ! là ! là ! là là ! là ! là ! Ah ! là là !.. Il n'y a de Dieu que Dieu, et Mahomet est son prophète !... Oui, oui, mon bonhomme, nous le savons ! Tu te répètes, mon vieux Turc ! C'est la quatrième fois que tu nous l'annonces depuis ce matin, vu que c'est ta chanson de tous les jours, à l'aurore, à midi, à trois heures et au crépuscule, sans oublier que tu nous jaboteras encore ton petit boniment en plein milieu de la nuit, pour nous donner le cauchemar avec ton hurlement de hibou !.. Je devrais y être habitué cependant, depuis deux mois et plus que nous sommes au Caire et qu'on nous sert ce morceau-là tous les jours !... Faut croire que je ne me fais pas à la mauvaise musique, car, ce soir surtout, ça me paraît tout drôle ! »

La mélopée continuait, se développant avec ses répétitions qui en accentuaient encore le côté lugubre :

Dieu est très grand ! Dieu est très grand ! Dieu est très-grand !
J'atteste qu'il n'y a point d'autre Dieu qu'Allah !
J'atteste qu'il n'y a point d'autre Dieu qu'Allah !

Toute la petite troupe s'était arrêtée, essayant de distinguer le muezzin, et le grenadier Bernaville observa :

« Il paraîtrait comme cela que ce sont de vieux aveugles qu'on prend pour ce métier-là. Peut-être bien pour qu'ils chantent mieux, comme les rossignols auxquels on crève les yeux, afin qu'ils aient un plus joli roucoulement ! »

La voix allait toujours poursuivant :

J'atteste que Mohammed est le prophète de Dieu !
J'atteste que Mohammed est le prophète de Dieu !

« Eh bien ! mon fiston, répondit Gossin au grenadier Picard, c'est pas du tout ça ; on les choisit aveugles pour qu'ils ne puissent pas regarder ce qui se fait chez leurs voisins et que, du haut de leur pigeonnier, ils ne passent pas leur temps à admirer le visage dévoilé des Égyptiennes prenant le frais sur le toit des maisons, qui est la terrasse d'agrément de ces pays-ci !

Venez à la prière ! Venez à la prière !
Venez au temple du Salut ! Venez au Temple du Salut !
Dieu est grand ! Dieu est grand ! Il n'y a d'autre Dieu qu'Allah !

« En voilà une litanie ! dit à son tour le caporal Grégoire Plantin. Et quand on pense qu'il va nous recommencer son histoire aux quatre vents de son clocher !.. Pas la peine d'écouter, puisqu'on sait d'avance ce qu'il va dire ! Tenez : *La illah ila Allah !* un refrain pas varié. »

Mais le chant semblait s'étendre, grandir, renflé de notes de plus en plus aiguës, d'intonations où roulaient des rocailles de mots, tout un choc de syllabes sifflant comme des lames d'épée dans l'air du soir.

André Norcy, la main impérativement levée, l'oreille attentive, déclara :

« Silence !... Laissez-moi écouter ?... Ce n'est plus la même chose !... Qu'est-ce cela ?... Que dit-il ?

— Bah ! m'sieur Norcy, c'est toujours le même charabia que nous leur connaissons, une langue que seuls Ambroise Chalinat ou Alain Plouhec pourraient comprendre, vu que l'arabe ça paraît cousin à l'auvergnat ou au breton comme paroles !... N'est-ce pas, hé, l'homme fort, le *bretonned ?* »

Ce dernier grommela, front baissé :

« Prends garde, mauvais grain de Paris, que je ne te broie un peu et que je ne t'applique notre cri de Bretagne : *Torr he benn?*

Gossin mima l'effroi :

« Casse-lui la tête ! » que ça signifie... Oh ! oh ! comme tu y vas ; pas de ça, mon garçon ! On n'a pas voulu t'offenser, et on le connaît assez avantageusement ton cri de guerre, attendu que tu ne manques jamais de le lancer, en fonçant sur les Mameluks ou sur les Arabes !... »

Norcy répéta avec impatience, toute son attention accaparée par le muezzin :

« Chut donc !... Il dit bien : « Que les croyants se lèvent..... La « guerre sainte.... » Oh ! oh ! voilà qui est sérieux. »

Le sergent-major s'était inquiété de la mine assombrie du jeune homme ; il interrogea à voix basse :

« Il me semble en effet, quoique je n'y connaisse rien, que ce n'est plus son chant habituel à ce vilain rossignol d'*Égypte*. Vous qui savez leur baragouin, m'sieur André, ça vous dit sans doute quelque chose de pas trop fameux pour nous ? Hein ! Je vois ça à votre air. »

André répondit gravement :

« Oui, ce ne sont plus des paroles de paix et des prières qui descendent de là-haut, mais des mots de colère, des appels à la révolte ! Ah ! on sent que la population ne croit plus à notre bonne entente avec le Grand Seigneur, depuis cette malheureuse défaite d'Aboukir!

A mesure que, traversant la ville dans sa plus grande étendue, ils regagnaient leur demeure située de l'autre côté du Caire, dans le voisinage de la grande mosquée El-Hazar et de la porte de Nassr donnant sur le désert, ils entendaient, des trois cents minarets du Caire, s'épandre autour d'eux le chant plaintif et monotone.

Il sembla à Norcy que c'était comme un immense filet, un épervier gigantesque, jeté par d'invisibles et sinistres pêcheurs du haut de toutes ces tours minces, et qui, s'abattant de tous les points de la ville, allait enserrer de ses mailles serrées les Français confiants et endormis. Il se promit de se rendre le lendemain matin, à la première heure, à la place de l'Esbekyeh pour aviser le quartier général de ce qu'il avait entendu et faire part de ses soupçons à ceux des officiers supérieurs qu'il connaissait.

D'autres petits faits lui revenaient, insignifiants en apparence par eux-mêmes, mais qui, groupés et rattachés à ce chant de muezzin, prenaient sous cette tombée des premières ombres de la nuit une signification singulièrement menaçante.

S'il n'avait pas été attaqué durant cette excursion aux Pyramides et au Sphinx, il le devait à Pierrette, qui l'avait obligé à se faire accompagner du sergent-major et de ses quinze soldats d'élite. En effet, à plusieurs reprises, le long du chemin, dans les villages de Kafr-Tahermès et de Birket-el-Khyâm entre autres, au delà de Gizeh, on avait rencontré des groupes d'Arabes suspects; du haut de la Pyramide qu'ils avaient gravie, du sommet de la tête du Sphinx que le jeune homme avait escaladée, ils avaient distingué dans le désert d'inquiétants points blancs, mobiles.

Avant d'entendre le muezzin, Norcy avait pensé que c'étaient là quelques-uns de ces pillards dont on n'avait pas encore pu parvenir à se débarrasser, bien qu'on leur fît une chasse toute spéciale et qu'une troupe de cavaliers grecs, maugrabins et barbaresques, commandée par le renégat grec Barthélemy, un athlète sauvage et sanguinaire, surnommé *Grain de grenade* (*Fart-êr-Roummânn*), fût chargée de ce soin. Maintenant il pensait qu'un intérêt plus général les attirait, que peut-être ce qu'ils attendaient, c'était ce signal de guerre sainte lancé du haut des minarets et qu'il allait se répéter encore durant les heures propices de la nuit propageant l'œuvre de révolte.

Depuis que les Français avaient pris possession du Caire, c'est-à-dire le lendemain de la bataille des Pyramides, il y avait eu çà et là, pour assurer la conquête, de petits combats partiels, des expéditions lancées de différents côtés, mais ce n'avaient été que des feux aussi vite éteints qu'allumés.

Peu à peu, surtout après la formelle assurance donnée par Bonaparte que les troupes seraient prochainement relevées par des troupes fraîches envoyées de France par le Directoire, on s'était accoutumé à cette existence cependant si nouvelle, si dissemblable de ce que les Français connaissaient, et le mensonge du général en chef avait permis, à force de patienter, de s'acclimater.

Tandis que chacun occupait les emplacements désignés, la 32ᵉ demi-brigade se casernant place Birket-el-Fil, pas trop loin de la citadelle placée sur un mamelon, près des hauteurs du mont Mokattam, la 9ᵉ installée à la Qobbeh, en dehors de la ville, le général Caffarelli occupant la maison d'Elfy-bey, place de l'Esbekyeh, la division Reynier à deux ou trois lieues en avant vers la Syrie, le général Desaix au Vieux Caire, la division Menou, commandée par Lannes, en ville, la division Dugua à Boulaq et le général Verdier près des Pyramides — les isolés avaient dû s'arranger à leur guise.

Nicolas jeta son dévolu sur une coquette maisonnette à terrasse et à jardin, placée à l'entrée du Caire, hors la ville, sur la route de la Qobbeh.

Il y avait assez de logements pour tous ses hommes et l'on aurait plus de liberté.

Ce fut là qu'ils rentrèrent, le soir de leur excursion aux Pyramides, se trouvant ensemble toujours avec le même plaisir, habitués à cette existence commune, à laquelle ils avaient commencé à se faire durant les dix-sept terribles jours de la marche d'Alexandrie au Caire, existence qui n'avait définitivement pu se régulariser que durant ce séjour de plus de deux mois qu'ils venaient déjà de faire dans la capitale de l'Égypte.

Absolument indépendants des différentes divisions, ils se rattachaient directement au quartier général, où le sergent-major allait prendre les ordres tous les jours; depuis leur arrivée au Caire, ils n'avaient été employés qu'au service de la ville, ne prenant part à aucune des petites expéditions détachées dans les différentes parties du Delta.

La grosse émotion avait été, au bout d'un mois seulement qu'on se trouvait là, une sinistre nouvelle brusquement arrivée, quelque soin que le général eût pris pour l'empêcher de se répandre, lui-même l'ayant reçue directement de Kléber, alors qu'il revenait d'une petite expédition contre Ibrahim-bey, à Sâlheyeh; c'était Victor Fricourt qui l'avait le premier apportée, la tenant de camarades de la 9e demi-brigade avec lesquels il était resté en communication :

« La flotte est détruite ! L'amiral Brueys a été tué à Aboukir ! Nous sommes pour toujours en Égypte maintenant : jamais nous ne reverrons le pays!... »

Ç'avait été une stupéfaction, une explosion de cris, de désespoirs, d'anathèmes. Ces Anglais dont on ne cessait de se moquer depuis que, malgré eux, on avait pu débarquer tranquillement et s'emparer de toute l'Égypte, voilà qu'ils venaient de prendre cruellement leur revanche, en détruisant la flotte française presque entièrement, le 1er août, dans la rade d'Aboukir, coupant ainsi toute communication entre l'armée et la France.

Malgré ses craintes personnelles, sa douleur profonde en se sentant abandonné dans ce pays barbare, sans espérance de retour, André Norcy avait été des premiers à réagir, disant à ses compagnons :

« Nous sommes Français, il ne faut pas nous laisser abattre. Bonaparte l'a dit : « Maintenant il faut sortir d'ici grands comme « les anciens ». Il a confiance en nous, ayons confiance en lui. »

Et Nicolas Goulot appuya :

« Paraîtrait que Kléber aurait répondu au général en chef qu'il

« préparait ses facultés et qu'il fallait faire de grandes choses ». Nous ne pouvons pas faire autrement que de l'imiter. »

Gossin termina, toujours loustic, même dans les moments les plus graves :

« Je commence à partir d'aujourd'hui, moi ! Ce que j'en ai de ces idées, c'est effroyable : ils n'ont qu'à bien se tenir par ici ! »

Peu à peu le premier désespoir s'était amoindri, effacé. On s'habituait à la vie du Caire; les soldats couraient les rues, montés sur des ânes, dépensant de toutes les façons l'argent ramassé à la bataille des Pyramides sur les cadavres des Mameluks; ils ne s'étonnaient plus du grouillement bizarre des rues avec leur population de fellahs, d'âniers, d'Arabes, avec leurs chiens, leurs chevaux, leurs chameaux ; grâce à cette facilité, cette promptitude admirable du soldat français à se refaire sa patrie partout où il se trouve, à recréer son coin favori, ses habitudes, ses plaisirs, ils établissaient des guinguettes, des tavernes, des bals publics : on buvait, on mangeait, on dansait : la vie gaie renaissait.

« Un vrai petit Paris ce Grand Caire ! disait Gossin. Quoiqu'on nous l'ait trop enfariné avec tous ses surnoms : la Ville Sainte, Grande entre les Grandes, Délices de la pensée ! Non pas ça, mais un petit coin où l'on peut rire ! Ce que je m'amuse ici, ce n'est rien de le dire ! »

Il avait pris part à toutes les fêtes, à celle de la Rupture de la digue du Nil le 1er fructidor, à celle de Mahomet du 3 fructidor, une fête qui dura quatre jours, à celle du 1er vendémiaire pour célébrer l'anniversaire de la République, et il se promettait d'assister encore à toutes celles qui auraient lieu.

En même temps, on avait les meilleures nouvelles du général Desaix, qui, ayant quitté le Caire à la fin d'août, et ayant remporté une brillante victoire à Sedhyman, avait déjà conquis Béni-Soûef et le Fayoum; il continuait sa marche victorieuse en Haute-Égypte, à la poursuite de Mourad-bey, battant les Mameluks toutes les fois qu'il pouvait les atteindre.

C'était en ce moment que le chant du muezzin était tombé sur eux comme un suaire.

La nuit fut absolument tranquille et ils purent croire que Norcy s'était trompé. Toutefois, ainsi qu'il en avait manifesté l'intention, il courut dès la première heure à la place de l'Esbekyeh ; mais là on lui annonça que Bonaparte, avec Caffarelli, inspectait l'artillerie dans l'île de Roudah.

Comme il revenait, préoccupé, ayant cru remarquer dans les rues une solitude inaccoutumée ou bien des colloques suspects entre des gens groupés aux carrefours, il trouva à mi-chemin la cantinière, à laquelle il fit part de ses impressions. Celle-ci répondit :

« Vous avez raison, m'sieur André ; ça sent la poudre, je m'y connais ; j'ai vu ça bien fois ! Le Caire a une physionomie qui ne me va pas, ce matin !... Avez-vous remarqué sur les terrasses ces amas de pierres ? Je n'avais pas vu ça ces jours-ci ; ce n'est pas bon signe ! Allez, on doit savoir que la Turquie nous a déclaré la guerre et tous ces Égyptiens vont se retourner contre nous ! »

Une rumeur qui grossissait du côté de la place de Birket-el-Fil attira leur attention ; le jeune homme se préparait à aller dans cette direction, quand un homme arriva, courant à perdre haleine, l'uniforme en lambeaux, le sabre au poing ; Pierrette le reconnaissant s'écria :

« Cyrille Lamalou !... Eh bien ! Te v'là beau ! D'où viens-tu ? »

Le sergent fit, sans autre explication :

« Vite, vite, à la maison ; je vous dirai plus tard. Le général Dupuy qui se rendait vers la ville des tombeaux par le quartier Franc et la rue des Vénitiens, vient d'être tué rue du Bazar ; des négociants français ont été égorgés et leurs maisons pillées : ça se gâte pour nous ! »

Déjà, autour d'eux, des groupes apparaissaient, tandis que çà et là des balles commençaient à siffler, venues on ne savait d'où, et que le tumulte grandissait, mêlé de cris, de coups de feu, d'exclamations furieuses ; André Norcy distingua les mots féroces, les paroles de massacre :

« Au carnage ! au carnage ! Mort aux Français ! »

Il décida :

« Le sergent a raison ! En retraite et vivement ! Pourvu que nous arrivions à temps pour prendre nos armes et défendre la maison ! »

Ce fut sous une pluie de pierres lancées des terrasses, et après avoir vingt fois manqué d'être arrêtés, que Lamalou, Pierrette et André purent atteindre leur demeure.

Là, une partie seulement de la petite troupe se trouvait réunie, émue de l'effroyable vacarme qui montait de la ville et ne sachant trop ce qu'elle devait faire en l'absence de ses chefs. En effet, il manquait Nicolas Goulot, sorti avec les caporaux Mimizan, César Capestang et Grégoire Plantin, pour aller aux ordres, à la Place; Ambroise Chalinat et Plouhec devaient être du côté d'El-Qobbek. Jusqu'alors les abords de la maison un peu isolée paraissaient calmes.

Presque derrière la cantinière, le sergent-major et les trois caporaux arrivèrent; Plantin, tout essoufflé déclara :

« Ils nous en ont flanqué une chasse, ces gredins-là ! Heureusement que nous étions armés, sans quoi pas un de nous ne serait revenu. »

Mais Nicolas Goulot commanda :

« On bavardera plus tard. Qu'on barricade les portes, les fenêtres, et presto, car on ne nous laissera pas longtemps tranquilles. Là-bas, à l'Institut, les savants sont assiégés dans le palais de Cassimbey ; ils se sont enfermés comme ils ont pu, n'ayant que leurs outils comme armes !... La maison du général Caffarelli est au pillage; deux ingénieurs des ponts et chaussées, Thévenot et Duval, ont été massacrés avec leurs domestiques !... C'est terrible ! »

Alors, tandis qu'on organisait la défense, ils racontèrent ce qu'ils savaient, chacun ayant pu assister de son côté à quelque épisode de l'insurrection commençante. Cyrille Lamalou, qui était allé voir un ami à la 52e, dit comment le général Dupuy, monté à cheval au premier bruit et s'avançant courageusement, avait été, devant lui, traîtreusement percé d'un coup de lance dans l'aisselle par un individu aposté derrière une porte, et était mort presque aussitôt dans la maison du général Junot, où on l'avait transporté. En un instant toute la ville, comme obéissant à un mot d'ordre, s'était soulevée, attaquant et tuant les Français isolés.

« Écoutez, dit Samois, ça me rappelle Paris, la prise de la Bastille, les faubourgs! Plan, ran plan! Plan, ran plan!...

— La générale! » ajouta Gossin.

On entendait le tambour battre dans les rues avoisinant la place Birket-el-Fil et la citadelle, où les troupes s'étaient concentrées.

Nicolas Goulot, qui venait de faire l'appel, constata :

« Il en manque deux; où diable sont-ils? »

Presque au même instant une clameur retentit non loin de la maison, du côté de la Qobbeh, et Jean Toucas, qui, fusil au poing, examinait les environs du haut de la terrasse, cria :

« Je les vois! Ils en ont toute une bande à leurs trousses, un vrai troupeau de loups! »

Des cris retentissaient, se rapprochant de minute en minute, et au bout de quelques moments on put reconnaître Alain Plouhec et Ambroise Chalinat, qui, tout en se dirigeant vers le Caire, se retournaient de temps en temps pour tenir en échec une bande de fellahs, de maugrabins armés de matraques.

Ceux-ci les poursuivaient, sans trop oser approcher, lançant des pierres, hurlant comme des possédés, mais ne se risquant pas à portée de leurs bras, car, bien que seulement munis de bâtons, les deux Français avaient déjà assommé un certain nombre de leurs assaillants.

Dès que ceux-ci se trouvèrent à portée, Toucas, visant tranquillement, tira, et un des plus acharnés roula frappé en pleine poitrine; les autres hésitaient stupéfaits, lorsqu'un feu de salve en abattit une dizaine. Plouhec et Chalinat profitèrent de l'instant d'arrêt causé parmi leurs ennemis par l'intervention inattendue de leurs camarades pour gagner la petite maison transformée en forteresse.

7

A peine arrivés, et comme on ne croyait pas avoir grand'chose à redouter de cette foule mal armée, Plouhec annonça :

« Ouvrez l'œil ; c'est pas tout : voilà les Arabes qui arrivent ! Ils ont massacré un convoi de trente marins malades venant de Belbeys vers le Caire. »

Chalimat ajouta :

« Ch'est nos connaichanches du désert, naturellement !... Vous chavez bien ! les camarades de chelui au trésor, au talichman quoi ! avec sa grande bouchtra de bête ! »

Et il essaya de dépeindre l'homme juché sur son dromadaire blanc.

Dans une volute de poussière blanche, une centaine de cavaliers roulaient, criant :

« Allons ! Allons ! *Ialok! Ialok!* »

Ils chassaient devant eux la multitude dépenaillée, qui hurla de joie en les apercevant et se rua sans hésiter à l'assaut de la maison, tandis que les Arabes faisaient pleuvoir, par-dessus leurs têtes, les balles sur les Français.

Mais ceux-ci avaient eu le temps de se mettre à l'abri derrière des meubles, des ballots, des matelas entassés aux fenêtres ; ils commencèrent à tirer tranquillement, en ajustant avec soin chacun un des assaillants ; leur feu régulier, presque infaillible, eut pour résultat d'arrêter instantanément la cohue lancée en avant. Nicolas Goulot conclut :

« En voilà pour un bon moment ; la soupe est trop chaude pour eux ! Ménageons nos munitions, car ils ne vont plus se risquer aussi imprudemment. »

Jean Toucas réclamait :

« Moi, c'est le chef que je voudrais, et je ne le vois pas, malgré ce que nous annonçait l'Auvergnat avec son Arabe au trésor. »

Gossin expliqua :

« Oh ! oh ! bien trop malin qu'il doit être, le moricaud, pour se risquer ainsi de sa personne ; il tient trop à sa peau, maintenant qu'il ne se sent plus protégé par son talisman, et nous ne le verrons sans doute plus jamais à portée; mais ceux-là doivent venir de sa part. »

Une partie de la journée se passa ainsi, les Arabes ayant établi le blocus autour de la maison, ce qu'ils avaient pu faire grâce à son isolement ; on les voyait galoper à distance, sans se rapprocher et sans que leur chef se montrât. Au Caire la bataille continuait.

La nuit fut silencieuse, sinistre de calme. Le lendemain matin ils se retrouvèrent toujours bloqués : des heures s'écoulèrent, n'amenant aucun changement dans la situation, et peu à peu, chose extraordinaire en ce pays, le ciel se couvrit de nuages noirs, lourds d'orage.

Plantin, un peu inquiet de ce siège prolongé, demanda :

« Est-ce que nous sommes dans une souricière ?

— Encore si elle contenait du lard ! grommela Mousson, qui était gros mangeur. L'heure de la soupe est passée ; c'est que maman Pierrette n'avait sans doute pas compté là-dessus avant de faire son marché et que nous n'avons pas de provisions pour plusieurs jours ; ils vont nous prendre par la famine, bien sûr !... »

Un grondement, qui fit trembler la maison, lui coupa la parole.

« Le tonnerre ? » dit Capestang, examinant le ciel de plus en plus sombre.

La cantinière eut un sourire :

« Le tonnerre, pas celui de là-haut, mais celui que j'attendais !... Du moment qu'il s'en mêle, ça va changer de tournure. »

Ragaillardis, les Méridionaux s'égayaient, et Lamalou, un fanatique du héros d'Italie, appuya :

« Pas besoin de demander celui qui prend la parole ? Aussi nous voilà plus à l'aise ! Té ! regardez, ils l'ont bien reconnu aussi, quoique la connaissance date de moins longtemps ; le canon et Bonaparte, c'est tout un pour eux, puisqu'ils l'appellent le Père du Feu, et qu'ils croient qu'il nous fait marcher en tirant un grand cordon blanc qui nous tient tous !... Hé hé ! les amis, ça ne vous va donc plus ? »

En effet, on voyait les fellahs, les Arabes se rassembler par groupes toujours hors de la portée des balles, et montrer par gestes le Caire, où il semblait se passer quelque chose de nouveau. Des détonations retentirent, venant du côté du Mokattam et répondant à celles qui arrivaient de l'Esbekyeh et des rues.

« Ah ! ah ! constata Palavas. La citadelle qui s'en mêle ! Il y a là un certain Dommartin qui connaît rudement son affaire en tant que canonnade et bombardement ; je sais par les camarades de la 32e que c'est lui qui est installé vers cette montagne. »

La lutte prenait une tournure toute différente de celle qui, la veille, encourageait les insurgés à résister. Bonaparte, au début, en entendant la générale et la rumeur sourde qui s'élevait du Caire, avait immédiatement compris ce qui arrivait ; il était accouru en toute hâte de l'île de Roudah, s'était d'abord heurté, sans pouvoir la faire reculer avec sa faible escorte, à la populace soulevée du Vieux-Caire, trouvant impraticables les portes du Vieux-Caire et de l'Institut. Il avait alors fait un détour vers Boulaq, par la place de l'Esbekyeh, envoyant partout des ordres avec cette rapidité de décision qui lui était habituelle, organisant méthodiquement la répression, en indiquant à chacun sa tâche, et plaçant des batteries à l'entrée de toutes les rues principales.

La mort du général Dupuy, celle de son aide de camp favori Sulkowsky, arrivée un peu plus tard, dans la tentative faite pour empêcher l'invasion du Caire par les Arabes et la foule des environs, l'avaient jeté dans une de ces colères contenues qui lui faisaient poursuivre jusqu'au bout la décision à laquelle on l'acculait.

Les premières ouvertures qu'il avait faites n'ayant pas été accueillies, — après la nuit venue, durant laquelle, selon la coutume ottomane, rien ne se passa, — lorsque, le lendemain, devant la répression systématiquement poursuivie de rue en rue avec un égal succès, des députations vinrent lui demander grâce, il refusa.

Froidement il déclara qu'il écraserait complètement l'insurrection, et s'avança par la grande rue, la semant de cadavres.

Quinze mille insurgés s'étaient enfermés dans la Grande Mosquée ; les bombes, les obus, les boulets, la mitraille les inondèrent, lancés de batteries établies par le général Dommartin sur le flanc du Mokattam dominant la ville et de la citadelle. Commencé à une heure de l'après-midi, au moment où le caporal César Capestang croyait à un orage, le feu se poursuivit sans trêve, sans merci, jusqu'à huit heures du soir : à ce moment seulement Bonaparte accorda le pardon, l'*Amman*.

Pendant ce temps, à deux reprises différentes, une attaque désespérée fut tentée sur la maison occupée par la cantinière ; la persistance et l'âpreté de la lutte sur ce point, alors que dans le reste de la ville l'insurrection était déjà aux trois quarts réprimée, semblaient prouver qu'un intérêt particulier s'ajoutait bien certainement pour les assiégeants à la pensée d'exterminer ce petit groupe de Français.

A aucun moment on ne vit le fameux Arabe soupçonné de diriger ces cavaliers épars ; mais André Norcy ne s'y trompait pas et devinait dans cet acharnement son influence, affirmant :

« C'est à moi, et par contre-coup à ceux qui me protègent, qu'on en veut ; certainement l'enlèvement du talisman a été considéré comme un acte sacrilège ; non seulement on cherche à le reprendre, mais plus encore peut-être à punir ceux qui ont commis ce crime ! Sans doute ce chef doit être quelque grand personnage religieux ; je le devine là, caché quelque part, fanatisant ses hommes ! »

Vers cinq heures, au moment où le bombardement était en pleine exécution et où de grands cris, des flammes, montant du quartier de la Grande Mosquée, indiquaient la fin prochaine de la lutte, le caporal Mimizan signala une troupe de cavaliers sortant par l'une des portes du Caire et cria à ses compagnons :

« Voici des gaillards qui vont tailler de rudes croupières aux moricauds ! Les dragons et le général Alexandre Dumas à leur tête ! Ah bien ! Ils vont savoir ce que c'est que de le mettre en colère, celui-là ! Il n'en fera qu'une bouchée !...

— Celui du pont de Brixen, ajouta Plantin; l'Horatius Coclès du Tyrol qu'on l'a surnommé pour avoir tenu tête à lui seul à tout un escadron autrichien. »

André Norcy regarda avec curiosité dans cette direction, ayant entendu souvent parler de ce général héroïque, connu aussi pour sa violence, et dont il avait eu au Caire entre les mains une lettre caractéristique adressée à Bonaparte, à propos des fouilles faites pour découvrir les trésors des Mameluks; il se rappela le début de cette lettre, où l'homme se dépeignait bizarrement lui-même :

« *Le léopard ne change jamais de tache, ni moi de caractère et de principe....* »

On le reconnaissait à dix pas en avant de ses cavaliers, remarquable par son teint cuivré, sa taille de géant, les moulinets de son sabre, auquel rien ne pouvait résister, la vigueur herculéenne avec laquelle il enlevait son cheval de ses cuisses nerveuses, semblant l'emporter plutôt que d'être porté par lui.

En quelques instants, distançant le plus rapide de ses hommes, il tomba au milieu des Arabes et s'escrima d'estoc et de taille, renversant tous ceux qu'il atteignait, en faisant un épouvantable massacre avant qu'ils eussent le temps de se reconnaître.

Nicolas Goulot ordonna :

« Une sortie !... Un coup de main aux dragons, les amis ! Il y a assez longtemps que ces chacals du désert aboient après nous sans nous approcher. Il faut qu'ils apprennent à nous connaître; c'est le moment de leur faire voir de près si nous avons des ongles d'un pied de long, et si nous sommes des monstres, comme le croient ces imbéciles d'*Égypre !*... Sans doute nos baïonnettes, qu'ils prennent pour nos griffes !... Ils verront si l'on peut nous couper en deux comme des pastèques !... En voilà assez de toutes leurs sottises !...

Formée en colonne d'attaque, la petite troupe arriva juste à temps pour barrer la retraite aux derniers Arabes qui se préparaient à fuir dans la direction du désert. Parmi eux un cavalier, au visage voilé de blanc, monté sur un cheval entièrement blanc et accompagné d'un autre qui ne le quittait pas d'un instant, semblant le couvrir de son corps, faisait faire à sa monture des bonds si prodigieux, qu'il était impossible de le mettre en joue.

Il se trouva cependant cerné, d'un côté par Mimizan, Biscarosse et Coucouron, de l'autre par Lamalou, Capestang, Palavas et Toucas, qui parvinrent à l'isoler de ses compagnons ; la baïonnette croisée, le demi-cercle se rétrécissait, l'Arabe reculant toujours, et Cyrille Lamalou cria, le voyant près d'être acculé à un mur infranchissable :

« Rends-toi ! Te voilà pris comme un rat, sang Diou ! »

Le cavalier rassembla ses rênes, murmura quelques paroles basses à son cheval, en même temps qu'il lui sabrait les flancs du tranchant de ses étriers. Le sang ruissela sur la robe immaculée de l'animal, qui hennit de douleur, se cabra presque à la renverse, au moment où les baïonnettes aiguës allaient toucher son poitrail. D'un élan formidable la bête s'enleva des quatre pieds, parut voler à travers les airs et retomba derrière les Français stupéfiés, qui entendirent seulement au-dessus d'eux un cri, un nom :

« Allah ! »

Avant qu'ils eussent eu le temps de se retourner, l'Arabe et son cheval étaient déjà hors de portée. Lamazou fit :

« C'est pas un cheval, j'ai vu ses ailes ! »

Mimizan ajouta :

« Quelles échasses ! Il n'y a pas les pareilles dans nos Landes ; pas vrai, Biscarosse ? »

Et Plantin, qui accourait trop tard, ayant vu de loin ce saut prodigieux, assura :

« Pas possible que ce soit un être humain ! Je le voyais déjà parti pour le ciel ! »

Seul Toucas gronda :

« C'est *lui*, toujours, j'en jurerais ; un vrai démon ! J'ai senti ses yeux à travers le voile, bien qu'il n'ait pas eu aujourd'hui son chameau blanc !... *Lui !* Dire que nous le tenions ! J'aurais dû tirer quand même !

« En voilà toujours un à cha plache, fit une voix réjouie. Je le tiens bien ! Nous l'avons pris, à nous deux Plouhec, comme il che mettait en travers pour protéger chon camarade qui che chauvait !... »

Ambroise Chalinat, aidé de son ami Alain, apportait à bout de bras un grand dégueuillé d'Arabe, aux loques déchiquetées par la lutte et qui hurlait, mêlant quelques mots français aux mots arabes et italiens :

« Amman ! Bons Français !... Pas mal à moi !.. Grâce, signori !... »

Quand on le conduisit à Nicolas Goulot, celui-ci proposa de le livrer au fameux Grain-de-Grenade, le farouche exécuteur des hautes œuvres, Barthélemy, qui procédait lui-même, en cet instant, à la décapitation des cheiks coupables, dans la citadelle transformée en cour de justice sommaire.

Pierrette, émue de ses protestations, de ses prières, intercéda en sa faveur ; André Norcy, songeant à l'avenir, appuya cette supplique de la jeune femme, proposant :

« Gardons-le plutôt ; qui sait ? La reconnaissance nous l'attachera et il pourra nous être utile, comme interprète, comme guide ! »

Lorsque, lui parlant sa langue, il eut fait savoir au prisonnier qu'on lui faisait grâce, l'Arabe, s'agenouillant, prit la main d'André, la porta successivement à son front et à son cœur, jurant :

« Asem à bon Français pour toujours, ne plus quitter jamais ! »

La jeune femme était parvenue à lui glisser quelques gouttes entre les lèvres.

VII

L'ANGE DE LA MORT

« Hé! caporal Plantin, qu'est-ce que tu dirais d'une bonne limonade bien fraîche, qu'on dégusterait là, tout à son aise, sous de grands arbres, à côté d'un ruisseau qui ferait de petits glou glou, glou glou, ou encore d'un sorbet à la neige, comme nous en avions au Caire, hein? une crème de glace qui vous fondrait doucement, tout doucement dans la bouche, glisserait dans le gosier, caresserait l'estomac, et qu'on en aurait froid jusqu'au fond du ventre?.. »

Au moment où, comme pris de vertige, Gossin, d'une voix un peu tremblante, hoquetée de fièvre, lançait subitement cette phrase railleuse, s'attardant à en savourer les syllabes, l'implacable soleil de plomb, qui s'abattait impitoyablement depuis le matin sur leurs têtes, semblait un astre mort, consumé, tellement il blêmissait, devenu de mercure brûlant, au milieu des dunes de sable mouvant où le pied enfonçait ainsi qu'en un sol de cendres fuyantes, avec l'enveloppement d'une atmosphère de flamme donnant aux soldats la sensation d'avancer à travers la gueule embrasée d'une fournaise.

A cette apostrophe inattendue et provocante, il y eut un grondement rauque ; des voix dures, irritées hurlèrent ;

« Tais-toi ! Tais-toi ! »

Mais il insistait, raffinant le supplice :

« On hume à petits coups, là, là, du bout de la langue, pour bien se rafraîchir les joues, le palais ; ça vous humecte la gorge ; ça descend ; on a frais partout ; on....

— T'as pas fini, tonnerre de Mayence !... J'ai la langue qu'on jurerait un copeau ; j'étrangle de soif, et de t'entendre, ça rendrait fou !... »

Nicolas Goulot intervenait, saisissant le Parisien au collet pour arrêter les hallucinantes paroles.

« Hé bien ! Quoi donc ? On ne peut plus rire ! » essayait de gouailler le malheureux, et ses joues creusées lamentablement en puits desséchés, sa bouche aux coins tirés nerveusement montraient qu'il souffrait aussi atrocement que ses camarades, et que, s'il parlait ainsi, c'était en une sorte de bravade désespérée, sous le coup de fouet du délire.

« Rire, quand on va peut-être tous périr de chaleur et de soif, si ça continue encore quelque temps comme cela ! répondit Plantin. Ma foi ! Je n'y ai pas trop le cœur. C'est pire cent fois que ce damné désert de Damanhour, où nous avons failli laisser nos os ; mais, cette fois, si on s'en tire, on sera heureux !... C'est pas des pays possibles, non, là, vrai !...

— Allons ! un peu de courage ! Tiens, avale une goutte d'eau-de-vie, et mâche une balle de plomb, il n'y a rien comme cela pour tromper la soif. »

Pierrette tendait au caporal une gourde, précieusement gardée par elle après l'épuisement de ses autres provisions ; elle ajouta, montrant son âne qui avançait, trottinant toujours du même pas :

« Tu ne vas pas te montrer moins courageux que le bourricot, toi, un homme, un Parisien !...

— Justement, Parisien, ce n'est pas ce qu'il faudrait être en ce moment pour respirer cet air de feu ! Il est du pays, lui, au moins ; il connaît ça ; il nage dans la flamme comme un poisson dans la friture !... Il sait peut-être même bien où nous sommes, et moi je ne serais pas fâché de m'orienter. Hé ! le bourri, parle voir un peu, qu'on apprenne si on arrivera bientôt à cet El-A'rych que nous devons prendre au pacha de Damas, de Saint-Jean d'Acre et autres seigneuries ?... »

C'était encore Gossin qui parlait, et malgré les tortures qu'on endurait, son observation, sa question directe au baudet soulevèrent les rires.

Une certaine gaîté en jaillit autour de lui, comme d'une source bienfaisante, se répandant des uns aux] autres, allant même arracher à leur abattement les gens du Nord, qui souffraient plus que les Méridionaux, le Breton au climat plein de poussière d'eau, l'Auvergnat aux fraîches montagnes, les deux grenadiers de la Somme habitués aux eaux vives et Mousson qui regrettait sa Moselle.

Samois ajouta :

« On s'y serait peut-être fait à habiter le Caire, et ça commençait à ne pas aller trop mal, surtout depuis que le général en chef avait appuyé une si rude leçon à ceux qui se sont révoltés ; mais pourquoi qu'il nous lance encore dans des histoires de pays où il n'y a que du sable à manger et à boire ? Si ça dure, nous serons rincés comme des bouteilles au petit plomb, et secs comme des harengs fumés ! »

Il montra d'un grand geste circulaire et affolé l'étendue qui les enveloppait : du sable, rien que du sable, que le moindre souffle soulevait en spirales légères, une mer illimitée de sable, dont les immenses vagues ondulaient sans fin et semblaient marcher avec eux.

Après le long repos qu'ils venaient de prendre au Caire, où, depuis la bataille des Pyramides, ils s'étaient de nouveau habitués à une vie presque tranquille, sans grosses fatigues et sans grands soucis, n'ayant eu que ces deux fortes émotions : l'une plutôt morale que physique, la nouvelle de la destruction presque complète de la flotte française dans la rade d'Aboukir par l'amiral Nelson ; l'autre, la révolte des habitants du Caire, insurrection qui avait coûté la vie à près de cent cinquante Français, mais que Bonaparte avait étouffée dans le sang de trois mille révoltés : voilà qu'ils se trouvaient lancés dans une seconde expédition, greffée en quelque sorte sur la première et tout aussi aventureuse.

Vers la fin de décembre 1798, lorsque depuis six mois déjà les Français occupaient l'Égypte, s'efforçant de s'y installer d'une manière durable, Bonaparte faisant élever partout des redoutes, des forteresses, à Alexandrie, à Aboukir, à Rosette, à Damiette, au Caire et jusque sur les confins des déserts de l'Arabie et de la Syrie, André Norcy avait eu, pour la première fois, connaissance des projets du général en chef.

A l'Institut d'Égypte, où il travaillait souvent, un des savants qui l'avait pris en affection, lui avait un jour demandé :

« Voulez-vous être de l'expédition de Syrie?

— De Syrie! »

Un rayon de joie avait traversé les yeux bleus du jeune homme, qui questionna avidement :

« On va donc en Syrie?

— Oui, en Syrie, en Palestine! » avait répondu son interlocuteur, qui ajouta, moitié riant, moitié mystérieux : « Peut-être plus loin encore, car, avec Bonaparte, on ne sait jamais où il voudra bien s'arrêter; il faut tout prévoir, une fois en marche, Constantinople, les Indes! »

Aller en Syrie, poursuivre Ibrahim-bey, rencontrer peut-être l'insaisissable Arabe, disparu avec son secret dans les déserts qui séparent l'Égypte de la Syrie et de la Palestine, et dont il n'avait plus entendu parler, depuis que Jean Toucas croyait l'avoir revu, lors de l'insurrection du Caire!

Il sembla à André qu'on lui proposait subitement de le mettre à même de réaliser ses plus chers désirs; il avait murmuré, ravi :

« Qui sait si ce n'est pas là que je retrouverai les traces que je cherche? »

Dans le carnet aux feuillets tachés de sang qu'on avait rendu à la malheureuse veuve de Jules Mathelin, il se souvenait d'avoir lu ces noms de ville, écrits en dernier par le voyageur : Saint-Jean d'Acre, Jérusalem. C'était là peut-être que Mathelin avait succombé, là que lui, son filleul, pourrait avoir les renseignements désirés.

Aussitôt il fit les démarches nécessaires pour être admis à faire partie de l'expédition ; rien ne devait être plus facile, car la cantinière Pierrette Goulot et son escorte avaient été désignées par le général en chef pour prendre rang dans l'armée de Syrie, comme dépendant du quartier général : figurant lui-même dans cette escorte depuis le départ d'Alexandrie, Norcy n'eut donc qu'à faire savoir que, quoique non combattant, il demandait à partir avec ses camarades, au double titre d'aide-médecin et de savant.

Au Caire, tout était mis en œuvre pour activer le départ des troupes et assurer la réussite de l'expédition. Ayant appris de source sûre que la Porte, après lui avoir déclaré la guerre, se préparait à l'attaquer au printemps, Bonaparte, suivant son habitude, prenait l'offensive, et, au lieu de se laisser assiéger en Égypte, allait chercher l'ennemi chez lui, en Syrie.

L'un des premiers jours de février 1799, dès l'aube, au rendez-vous général sur la place de l'Esbekyeh, le sergent-major faisait l'appel de ses hommes, tandis que Pierrette achevait de donner un dernier coup d'œil aux colis de toute nature dont elle avait chargé son âne.

Déjà les têtes de colonnes se massaient dans la direction de Boulaq, et quelques instants plus tard la musique militaire, exécutant une marche allègre, enlevait les divisions Bon et Lannes, qu'avait précédées la division Reynier, partie comme avant-garde le 4 février, pendant que Kléber devait rejoindre directement de Rosette sur

El-A'rych, que Dommartin commandait l'artillerie, Caffarelli du Falga le génie, et le chef d'escadron Lambert les quatre-vingt-huit dromadaires formant le régiment spécial créé par Bonaparte pour poursuivre et mettre à la raison les insaisissables brigands du désert.

« Un moyen de voyager qui ne me va pas plus que le bateau ! » avait fait Samois, en montrant les deux fantassins juchés dos à dos sur la bosse de chaque dromadaire, avec le fusil, la lance, leur veste grise, leur turban et leur burnous, qui les rendaient de loin semblables aux Arabes.

— Oui, riposta Gossin. Il n'y a, parmi nous, que ce loup de mer de Plouhec qui ait pu s'habituer au roulis et au tangage, vous secouant alternativement, quand on se trouve perché là-haut sur cette grande bête. Du reste le vaisseau du désert, qu'on le nomme avec raison : moi, je suis trop fantassin pour jamais aimer à me servir d'autres pattes que des miennes ! »

Tous, en effet, durant le séjour au Caire, avaient essayé cette monture, que Bonaparte ne dédaignait pas d'employer lui-même à l'occasion, et dont il avait su apprécier toute l'utilité pour réduire les Arabes et les Bédouins qui infestaient les environs de la ville; mais ils y avaient renoncé, usant de préférence des ânes, sur lesquels on les voyait courir les rues à toutes les heures du jour. Il n'y eut que le Breton qui, rebelle au mal de mer, appréciât le mouvement balancé lui rappelant un peu les barques de pêche sur lesquelles il passait sa vie dans son petit port des Côtes-du-Nord.

« Ce qui me va, dit Nicolas Goulot, en prenant la tête de son peloton, encadré dans les ambulances et les transports de l'une des divisions, comme pour la marche d'Alexandrie au Caire, c'est que nous allons retrouver Kléber, tout guéri de sa blessure et prêt à faire ces grandes choses dont il a parlé. Possible que le général en chef ne l'aime pas trop, à ce qu'on raconte ; mais toujours il sait ce qu'on peut en tirer, tout rude et peu commode qu'il soit de sa nature d'Alsacien. Pour qu'il l'emmène dans son expédition, il faut qu'il y ait du fameusement dur à faire contre ce pacha de par là-bas!... »

Les étapes avaient commencé, l'armée ne faisant pas plus de six lieues par jour. A midi, le premier jour, on atteignait le lac des Pèlerins, et le soir, vers six heures, on couchait à El-Hanka. Cette partie de la route ne présentait encore aucune difficulté; on traversait des régions pacifiées, fréquemment parcourues par les troupes, constamment occupées par les allées et venues des différentes demi-brigades de la division Reynier campée à Belbeïs et à Koraïm; très violente au début, l'hostilité des villages s'était peu à peu calmée sous l'accoutumance de la conquête et des rapports quotidiens des soldats et des habitants.

Le lendemain on atteignait Belbeïs, à douze heures du Caire, la ville du Soleil, comme on l'appelait autrefois; le caporal Plantin observa :

« La ville du Soleil! Ce serait-il à cause des briques cuites qui forment sa mosquée qu'on l'appelle ainsi? Elle n'a pourtant pas brillante figure avec ses habitations en terre et ses palmiers. »

Mais le ravissement éclata quand, ayant quitté Belbeïs le matin, on atteignit vers deux heures de l'après-midi les jardins, les bosquets d'orangers et de citronniers qui forment un odorant et frais entourage à Koraïm.

« Maman Pierrette, vous devriez demander à ce qu'on s'installe ici définitivement; vous pourriez y établir une cantine de premier ordre, à moins qu'on ne trouve mieux en avançant encore, car, jusqu'à présent, ça ne va pas trop mal et, pour mon goût, je trouve que l'expédition s'annonce fameusement bien! »

Gossin, la face gourmande, exprimait en ces termes son opinion, tout en composant avec du sucre puisé dans son sac, de l'eau fraîche et des citrons une de ces limonades exquises, dont il devait conserver plus tard un persistant souvenir, et qui le remettait instantanément des fatigues des premières étapes.

Samois, incrédule, grogna :

« C'est trop beau; moi j'ai de la méfiance. »

Semblant donner raison dans une certaine mesure aux paroles pessimistes du soldat de la 18e demi-brigade, le jour suivant une assez rude étape, de quatre heures du matin à six heures du soir, les conduisit à Salheyeh, tantôt à travers des sables brûlants, tantôt à travers une végétation dure, rabougrie, qui leur déchirait les jambes, mettant en lambeaux les uniformes de toile de coton bleu que Bonaparte leur avait fait faire pour remplacer les lourds vêtements de drap dont la torture avait été si insupportable au début de la campagne.

C'était la dernière ville d'Égypte sur les confins de la Syrie : au delà le désert, l'inconnu, une immensité désolée.

Les deux grenadiers Bernaville et Fricourt jetaient de ce côté des regards inquiets au moment de se remettre en marche, et Mousson, que la verdure retenait, arrivant près d'eux murmura :

« Diable! Je crains bien que nous n'ayons mangé notre pain blanc le premier! Ça paraît manquer d'ombrage sur la route! »

De nouveau c'étaient les sables, mais des sables différents de ceux qu'ils connaissaient déjà, une poussière fine, irritante, que la moindre brise soulevait en épais tourbillons, bornant l'horizon, et qui, incendiée de soleil, semblait une vapeur de feu.

Pendant deux jours ils marchèrent ainsi, ne trouvant pas de repos, même pendant la dangereuse fraîcheur de la nuit, propice aux ophtalmies.

Il fallut qu'André Norcy les soutînt de son exemple, de ses paroles, disant :

« C'est pour le bien de la Patrie, pour la gloire, mais pour notre salut aussi que nous marchons. Il ne faut pas vous laisser abattre. Songez que si nous ne surprenons pas l'armée ennemie, déjà formée en Syrie, avant l'arrivée des renforts turcs et anglais, c'est notre sécurité qui est atteinte, puisque nous ne pourrions plus ni nous maintenir en Égypte, ni revoir la France.

— Alors, m'sieur Norcy, à votre idée, le général en chef a eu raison d'aller de l'avant et de nous lancer dans toute cette nouvelle misère? » questionna le caporal Capestang.

« Certes, répondit André. Vous avez pu voir déjà combien il avait été bien inspiré en marchant si rapidement d'Alexandrie sur le Caire, sans laisser aux Mameluks le temps d'organiser la résistance.

— Sûr, qu'on a rudement crié contre lui, quand il a fallu faire ces dix-sept jours de désert! ajouta Cyrille Lamalou. Mais il avait son idée, le Petit Caporal.

— Té! C'était la bonne! » conclut Jean Palavas.

André expliquait :

« S'il ne nous avait pas menés si rapidement, pas un de nous ne serait encore ici vivant! C'est la rapidité qui a fait sa conquête; il faut savoir supporter la souffrance passagère pour le résultat : en Syrie, ce sera la même chose. Dans la traversée du désert à Damanhour, on ne savait pas, on pouvait se plaindre. Ici, nous n'en avons plus le droit; nous savons ce qu'il a pu faire avec de la patience, du courage; il faut lui donner crédit. Il sait ce qu'il fait, allez! »

Nicolas Goulot demanda :]

« Vous qui savez tout, m'sieur André, est-ce que du temps des rois en [France, il n'y en a pas un qui a tout manqué, dans ces mêmes pays où nous sommes, pour n'avoir pas été assez vite? »

Norcy répondit en souriant :

« Mais oui, le roi saint Louis, qui est resté un an à Damiette et qui ensuite n'a jamais pu arriver au Caire.

— Pas de danger que le Petit Caporal s'endorme ainsi : il sait trop bien ce qu'il peut faire avec nos jambes, » repartit Capestang.

Cependant, comme pour mettre à l'épreuve la bonne volonté et le courage des meilleurs, les difficultés, les souffrances semblèrent s'accumuler, grandir à mesure qu'on avançait davantage. Quand ils atteignirent Kathièh, à dix-sept lieues environ de Sâlheyeh, ils étaient à bout de forces; pour les remettre un peu, il fallut un repos de deux jours, pendant lequel on distribua des vivres et un peu d'eau saumâtre recueillie dans des trous percés çà et là.

Depuis l'insurrection du Caire, André Norcy s'était pris d'intérêt pour Asem, cet Arabe que Chalinat et Plouhec avaient fait prisonnier lors de l'attaque exécutée par les révoltés contre la maison occupée par la cantinière et son escorte, hors des murs de la ville. Celui-ci, reconnaissant d'avoir eu la vie sauve alors qu'il s'attendait à avoir le cou coupé, s'était attaché à sa personne et semblait ne plus vouloir le quitter. Sur sa supplication expresse, son désir avoué d'être utile, le jeune homme l'avait emmené en Syrie, comprenant tout ce qu'il pourrait tirer d'un homme comme celui-là, connaissant admirablement le désert et les localités de toutes les régions environnantes.

Interrogé par Norcy, Asem fit savoir qu'il n'y avait ni source ni citerne avant d'arriver à El-A'rych, à huit lieues de là, et que c'était la partie du désert la plus rude à traverser : il faudrait deux étapes pour atteindre la fameuse citadelle, premier but de l'expédition.

Nicolas Goulot, tout à la joie de retrouver son chef favori Kléber, son ancien commandant de Mayence et des guerres de l'Ouest, acceptait tout avec un rire satisfait, se sentant de force à braver les privations les plus pénibles ; il parvint à faire partager son optimisme à ses compagnons, jusqu'au moment où la chaleur croissant toujours, l'air s'embrasant de plus en plus, les sables devenant de plus en plus mobiles et fatigants sous les pieds, un immense découragement s'abattit sur cette petite troupe d'élite, d'habitude si résistante, et finit par avoir raison de son énergie.

C'est alors que les uns commencèrent à penser qu'ils devaient tous périr en cet endroit, et que les autres se mirent, comme Gossin, à débiter de ces bravades voisines de la folie.

En cet instant, à peu près dans la direction que Samois venait d'indiquer, en gémissant contre l'idée qu'avait eue Bonaparte de les lancer à travers un pareil pays, de légers nuages de poussière voletèrent à l'horizon, vers le sud.

Avec sa vue merveilleuse, ses prunelles habituées aux étendues marines, Alain Plouhec essaya de percer ce rideau de vapeurs et le montra à ses voisins, en annonçant :

« Les Arabes !

— Si c'était une bonne brise pour nous rafraîchir un peu, » fit Mousson, qui haletait, la respiration courte, la fièvre battant aux poignets et aux tempes.

Mais Asem, qui depuis quelques minutes inspectait tour à tour le soleil, le ciel et les lointains, commença à donner des signes d'inquiétude, regardant autour de lui comme s'il eût cherché un abri. Norcy, remarquant cette agitation tout à fait anormale chez lui, d'ordinaire impassible, lui demanda, guidé par le secret espoir de retrouver l'inconnu :

« Hein ! Qu'y a-t-il ? Sont-ce vraiment les Bédouins ? »

L'autre secoua la tête, expliquant :

« Non, non ! pas Bedaouys !... Khamsyn ! »

Le Khamsyn ! Le vent du Sud ! L'épouvante de ces solitudes terribles !

Bien qu'il n'eût pas assisté encore à une de ces tourmentes du désert, le jeune homme se souvint de tout ce qu'il en avait lu, de tout ce qu'il en avait entendu dire dans le passé et dans le présent ; il se remémora les nombreux voyageurs assaillis et terrassés par le vent de feu ; il évoqua les soldats de Cambyse, les cinquante mille hommes engloutis, disparus à jamais sans qu'on en entendît plus parler, en allant conquérir le Temple d'Ammon !

Au-dessus de l'armée, le soleil dépourvu de rayons semblait avoir pâli, répandant une lueur blanchâtre, sans ombres ; le bleu du ciel se ternissait, jaunissait, sali de vapeurs de plus en plus rousses qui, accourant du Sud, montaient avec une vitesse extraordinaire en un gigantesque rideau tenant toute l'étendue visible entre l'Est et l'Ouest.

En même temps le sol semblait vaciller, s'enfuir sous les pas, et tout à coup la bourrasque folle arriva sur eux en torrent, en avalanche de flammes, les isolant au milieu d'un tourbillon vertigineux, suffocant, qui leur parut composé de sable et de feu.

Déchirant les yeux, pénétrant à travers le tissu serré des vêtements, ce sable terrible justifiait le proverbe arabe qui dit : « La poussière du Khamsyn perce la coquille d'un œuf ».

Un désordre extraordinaire, désordre de sauve-qui-peut, de panique, se mit dans les colonnes, chaque homme fuyant éperdu devant lui, les chameaux enfonçant d'instinct leurs naseaux dans le sable pour ne pas respirer ce vent meurtrier, incendiant la gorge et les poumons.

Se serrant les uns contre les autres, les soldats de l'escorte de Pierrette avaient machinalement cherché un refuge auprès d'elle, comme si, pour tous ces malheureux, elle eût représenté l'asile, le dernier vestige du foyer, l'abri du sein maternel. Des voix de délire appelaient :

« Au secours! »

Des plaintes gémissaient, lamentables; des injures, des exclamations, des cris sans signification se heurtaient, balayés, confondus, roulés dans la trombe hurlante, au milieu du bruit épouvantable de l'ouragan soufflant monstrueusement; et chez certains, songeant au voisinage de la mer Morte, dominèrent les souvenirs d'engloutissements bibliques, des punitions de Sodome et de Gomorrhe, submergées sous la pluie de soufre, de phosphore et de bitume tombée du ciel.

Surpris au moment où il se dirigeait vers ses compagnons pour leur indiquer les précautions à prendre contre l'asphyxie, Norcy avait été renversé.

Il allait peut-être succomber, déjà couché sous un linceul de ce sable mortel, quand l'Arabe Asem, se précipitant vers lui, put l'attirer jusqu'à Pierrette Goulot et lui trouver un abri momentané derrière le corps de l'âne, dont la cantinière avait prudemment enveloppé la tête d'une étoffe préservatrice.

Longtemps la tempête dura; mais la jeune femme, desserrant les dents d'André évanoui, était parvenue à lui glisser quelques gouttes d'eau-de-vie entre les lèvres; pendant qu'elle lui baignait les tempes

Un désordre extraordinaire se mit dans les colonnes.

d'un peu d'eau retrouvée au fond d'une gourde, Asem écartait le col du vêtement, afin d'aider au jeu de la respiration.

Brusquement, comme malgré lui, l'Arabe poussa une légère exclamation de surprise et avança vivement la main pour saisir le sachet de cuir, qu'il venait d'apercevoir, pendu au cou du jeune homme. Ces mots glissèrent de ses lèvres :

« *Mélāk-el-Azraël!* »

André revenait à lui; il comprit les mots arabes et balbutia, croyant qu'ils s'appliquaient à son état :

« L'Ange Azraël!... *Mélāk-el-Azraël!* L'Ange de la Mort!... Oui, je l'ai senti sur moi. J'ai bien cru que j'étais perdu! Alors c'est toi, mon brave Asem, qui m'as sauvé?

— C'est lui, répondit la cantinière; il vous a amené ici, et j'ai pu vous ranimer : tout va bien. »

Mais l'Arabe tenait toujours entre ses doigts le sachet de cuir, ne le quittant pas des yeux avec un air de respect et de crainte, et ne paraissant pas oser l'enlever.

André avait complètement repris connaissance; il observa cette bizarre attitude de son compagnon et demanda, subitement intéressé :

« Connaîtrais-tu cela? »

Tremblant légèrement, Asem appuya son index sur les caractères tracés dans le cuir, répétant :

« *Mélāk-el-Azraël!* »

Autour d'eux les soldats s'étaient groupés, une fois la meurtrière alerte passée, et se remettaient insensiblement de leur frayeur. Nicolas Goulot gronda :

« Eh bien! Quoi! C'est le talisman de ce démon que nous n'avons déjà que trop rencontré! »

André Norcy continua d'interroger, très troublé :

« Tu sais quel est le propriétaire de cet objet? Quel est son nom? »

L'Arabe, sans répondre, indiqua de nouveau les lettres, et le jeune homme, ayant examiné plus attentivement les caractères demi-effacés dont la signification lui avait jusqu'alors échappé, fit tout à coup :

« J'y suis, je comprends : « Allah protège Mél... » c'est-à-dire Mélāk-el-Azraël; l'ange Azraël, l'Ange de la Mort, un surnom probablement! « Allah protège l'Ange de la Mort », c'est assez sinistre cette protection! »

Une terreur sacrée semblait peser sur Asem; il vaticina d'une voix d'inspiré :

« Dieu est Dieu, et Mahomet est son prophète; mais Mélāk-el-Azraël est le descendant de son prophète!... C'est le saint chef devant lequel tous s'inclinent, car il porte la mort partout. S'attaquer à lui, c'est s'attaquer à la mort; il est invulnérable et rien ne saurait l'atteindre; aucune arme ne peut entamer sa chair et les balles tombent à ses pieds! C'est un saint; nul ne sait comment il vit; il se nourrit de rien, en passant seulement son doigt trempé de lait sur ses lèvres : c'est l'Envoyé de Dieu!

— L'envoyé du diable! » riposta Plantin, lorsque Norcy eut traduit à ses camarades les paroles de l'Arabe.

Cyrille Lamalou, caressant la pointe de sa baïonnette d'un air narquois, ajouta :

— Je serais curieux de voir si sa peau résisterait à mon aiguille, toute peau sacrée qu'elle soit! »

Et Jean Toucas termina :

« Té, vé! Je l'ai bien effleuré une première fois cette coquinasse de saint; je la trouverai bien, moi, la balle qui ne tombera pas à ses pieds! »

A mesure que le soleil descendait, la tempête diminuait de violence, les tourbillons de sable s'espaçaient, devenaient moins épais, et les hommes des différentes divisions s'interpellaient, cherchant à se rallier, à rejoindre leurs corps; les attelages de l'artillerie, encore aveuglés par la poussière, se dégageaient peu à peu.

Mais, durant cette bourrasque de longue durée, toute l'eau qu'on avait pu conserver jusqu'alors avait disparu, soit bue par les hommes dans leur affolement, croyant leur dernière heure arrivée et voulant se donner cette suprême satisfaction avant de mourir, soit que les outres eussent été desséchées par le nuage de feu ou crevées à coups de baïonnettes par des délirants.

Maintenant le désespoir écrasait l'armée; ils n'avaient échappé à un danger mortel que pour tomber dans un autre, plus affreux : à quoi bon aller plus loin? mieux valait mourir là, tout de suite!

Un tambour se jeta à plat ventre, fouillant le sable avec ses baguettes, autant pour s'y creuser sa fosse que pour chercher un peu de fraîcheur et adoucir ainsi ses derniers instants; soudain il sentit ses mains s'humecter. Il creusa plus avant, frénétique, et poussa un cri :

« De l'eau! »

C'était de l'eau! Il n'y avait qu'à chercher un peu pour la faire sourdre en nappe mince de ces sables désolés. Ce fut le salut.

Quelques instants plus tard, on avait établi assez de trous, assez de minuscules citernes pour désaltérer et sauver tous ces désespérés. Ils se reprirent à la vie, à l'espérance, à la gaîté. Des chants saluèrent ce retour à l'existence; les souvenirs sentimentaux alternèrent avec les airs républicains.

Le soleil allait disparaître, quand Asem, sortant son bras maigre des plis de son burnous, l'allongea dans la direction du couchant :

« Regardez; le voilà!... Toutes les fois que souffle le vent du Sud, on est sûr qu'il n'est pas loin! »

À l'extrême horizon se détachait une silhouette mince sur un dromadaire blanc, et l'Arabe balbutia :

« C'est lui qui a lancé le Khamsyn sur les Français! »

Samois répondit, saluant ironiquement l'apparition :

« Alors, mon bonhomme, tu as manqué ton coup, puisque nous voilà vivants et rafraîchis! »

Alain Plouhec, crédule aux superstitions des autres pays comme il l'était à celles de sa Bretagne, montra le sachet de cuir porté par André Norcy, expliquant :

« Peut-être aussi à cause de ce talisman qu'il a perdu et qui nous protège !

— Mélāk-el-Azraël ! » murmura sourdement l'Arabe, en jetant un regard mécontent sur les soldats.

Gossin gouailla :

« Pourquoi pas le *Démon des Sables*, s'il commande aux sables du désert ! Dans les *Mille et une Nuits* il y a comme ça un méchant génie qui se montre, sabre en main, pour tout massacrer, au milieu d'un tourbillon de sable, parce qu'un pauvre marchand a jeté devant lui les noyaux des dattes qu'il mangeait ! C'est du monde bien susceptible dans ces pays-ci, faut croire ! Et peut-être que l'un de nous a commis un pareil méfait ! »

Le soleil s'engloutit, absorbant la silhouette de l'Ange de la Mort.

Vers dix heures du soir, on aperçut enfin les murs d'El-A'rych ; le terme de ces rudes étapes du début était arrivé ; le camp s'installa autour de la forteresse, que les troupes du pacha de Saint-Jean-d'Acre avaient récemment occupée sur l'ordre du Grand Seigneur.

L'Arabe s'occupait à faire chauffer une marmite.

VIII

REFLET D'INCENDIE

« Coax, coax, coax!... Coax, coax, coax!... »

Subitement, s'accroupissant sur le sol fangeux et détrempé, ses longues jambes maigres repliées sous lui à angle aigu, les genoux pointant vers le menton, ses bras nerveux étendus, les mains appuyées à plat contre terre, Samois s'enleva comiquement par petits bonds, tandis que sa bouche arrondie dans une figure lamentable, navrée, balayée de pluie, coassait avec une intonation caverneuse et traînante :

« Coax, coax, coax! Coax, coax, coax!...

— Eh bien! Qu'est-ce qui lui prend encore, à ce grand escogriffe? » grommela Nicolas Goulot, tout en égouttant son feutre, dont les cornes amollies semblaient transformées en gargouilles de cathédrale.

Le Parisien, sans quitter sa pose grotesque d'énorme batracien, cligna de l'œil d'un air pleurard, gémissant :

« Ce qu'il y a, c'est facile à voir ; il y a que je deviens grenouille, voilà tout.... Coax, coax, coax!... »

En son idiome picard, le grenadier Louis Bernaville fit :

« Guernouille, je crois bien que nous le devenons tous. »

Étranglé d'un fou rire, Grégoire Plantin approuva :

« Il a, ma foi, raison, le camarade! Ce n'est plus hareng fumé qu'on risque de se trouver pour le quart d'heure, comme on en était menacé dans tous ces sables qu'on a eu à traverser, qu'on aurait juré la poêle à frire du diable, et nous dedans! »

Mais, tout en se secouant comme un chien tombé dans la rivière, Alain Plouhec, qui se dégourdissait de plus en plus, intervint :

« Caporal, il ne s'agit point du diable non plus, vu que depuis des heures et des heures, à ce que nous a appris m'sieur Norcy, qui s'y connaît, nous naviguons en Terre Sainte, c'est-à-dire dans le propre pays au bon Dieu et à la bonne Vierge!

— Tiens! tiens! v'là notre Chouan qui retrouve sa langue pour chanter vêpres, au jour d'aujourd'hui! » s'écria le sergent-major, frappant sur l'épaule du Breton, et il ajouta entre ses dents : « C'est vrai aussi qu'il n'a pas trop tort l'ami Peau-de-Bique, et que ça vous influence de se savoir dans des endroits où s'est promené le Christ et toutes ces bonnes gens dont on nous parlait au village quand nous étions gamins!... Penser que ce Gaza, que nous avons traversé il y a trois jours, est la propre ville aux Philistins, dont le citoyen Samson, un fameux lapin celui-là, a volé les portes!... La Révolution a eu beau nous débarrasser la cervelle de toutes les histoires d'autrefois, ça fait tout de même quelque chose d'être ici!

— Alors, si c'est le pays au Catéchisme et à l'Histoire sainte, s'exclama Gossin, pas étonnant qu'il pleuve comme ça : c'est le déluge qui commence, en v'là pour quarante jours et quarante nuits!... Moi, dans ce cas, je réclame une arche, comme celle au père Noé, parce que, depuis quatre jours pleins que ça dure, ça nous en fait encore trente-six de bouillon de goujon, sans compter les nuits!... Il n'y a plus de raison pour que ça finisse; après avoir failli être grillés vifs, nous voilà en passe de périr noyés! Non, là, vrai, c'est trop, tout l'un ou tout l'autre; on ne sera donc jamais tranquille une pauvre petite fois! »

Sous l'intonation plaisante, on sentait une grandissante mauvaise humeur, la perpétuelle indiscipline du faubourien de Paris, qui menaçait de gagner les autres soldats, d'aller des Parisiens aux gens du Nord, à ceux du Midi, en maladie contagieuse.

« Si encore, ajouta Lamalou frileusement, nous avions nos bons vêtements de drap, qui nous tenaient trop chaud en Égypte, mais qui nous iraient si bien aujourd'hui! Ce n'est pas cette méchante toile de coton bleu, dont on nous a composé nos uniformes avant de quitter le Caire, qui nous empêchera d'être trempés jusqu'aux os! »

Soucieux de sa responsabilité de chef, Nicolas Goulot leur lança un regard mécontent :

« Assez ronchonné, vous autres! Si le citoyen général en chef vous entendait, il ne croirait jamais que vous êtes, toi, le Parisien, de la 88e, et toi, Lamalou, sergent à la 52e, et vous ne seriez pas longtemps à être renvoyés de la garde d'honneur dont il vous a jugés dignes!... Est-ce qu'on est des femmelettes pour jaboter ainsi; c'est pas tout ce que vous direz qui vous séchera, n'est-ce pas? Tâchez donc moyen de tenir un peu vos sacrées langues! »

En se retournant, il aperçut l'Arabe, qui, après avoir aidé Pierrette à décharger l'âne et à s'abriter sous l'un des nombreux oliviers formant une véritable forêt autour de Ramleh, venait d'allumer du feu et s'occupait à faire chauffer une marmite suspendue à trois fortes branches d'arbre entre-croisées; il le montra :

« Tenez! le père Asem est plus malin que vous : pourquoi ne l'imitez-vous pas, au lieu de grogner? »

Gagnant l'asile choisi par la cantinière, le sergent-major y chercha à son tour un refuge contre les torrents de pluie que continuaient à verser les nuages épais qui obscurcissaient de plus en plus cette fin de journée.

Attiré par la cuisine, Gossin s'était approché, cherchant à voir dans le récipient et humant de ses narines curieuses :

« Heum!... Heum!... Ça n'a pas l'air mauvais, ma foi!... On dirait que ça sent la soupe!... Qu'est-ce que tu fricotes là, toi, le moricaud? »

Ambroise Chalinat, qui avait vu faire l'Arabe, expliqua :

« Ch'est de la choupe de chameau ! »

Mousson approuva, secouant la tête d'une mine entendue :

« Un fameux bouillon!... Le grand-major en chef, le citoyen Larrey, en fait prendre aux malades, et c'est pas cette viande-là qui manque. »

Le fait est que les malheureux chameaux, amenés d'Égypte pour le service des transports, ne semblaient pas pouvoir s'habituer au changement de climat auquel ils étaient si brusquement soumis, depuis que, El-A'rych étant pris, on avait traversé la dernière partie du désert séparant l'Égypte de la Syrie, et qu'on s'était avancé en Palestine. Leurs pieds, habitués aux sables, ne pouvaient tenir sur la terre, inondée de continuelles averses, boueuse et glissante; chaque jour il en succombait quelques-uns et leur chair servait de nourriture.

Mais tous les soldats ne pouvaient en obtenir et il avait fallu l'ingéniosité d'Asem, peut-être même sa science de pillard sans scrupule, pour se procurer un morceau suffisant à la nourriture des compagnons de Pierrette.

Indifférent en apparence à tout ce qui se disait autour de lui, insensible à l'orage et au long ruissellement continu de la pluie sur son burnous, il ne semblait occupé qu'à entretenir son feu et à le préserver des rafales.

André Norcy le regardait avec un sourire satisfait. Depuis que, durant la tourmente de sable, Asem lui avait en quelque sorte sauvé la vie, il ressentait pour lui une vive reconnaissance et ne manquait jamais une occasion de manifester sa gratitude. Il dit gaîment à Nicolas Goulot :

« Il n'a vraiment que de bonnes idées; c'est un serviteur précieux et peu gênant, car il ne dit presque jamais rien ».

Le sergent-major rappela :

« C'est comme pour ces cœurs de palmier qu'il nous a appris à manger au commencement du siège d'El-A'rych, alors qu'on n'avait rien à se mettre sous la dent; c'était bien un peu lourd à l'estomac, mais il y en a qui s'en sont régalés, pas vrai, l'Auvergnat? »

Chalinat sourit, montrant ses dents solides :

« Ch'était fameux, à croire qu'on mangeait des noichettes des bois de par chez nous! »

Seule la cantinière, un peu à l'écart, tout en rangeant son matériel sous les arbres les plus touffus, eut une moue de mécontentement en entendant ces éloges et secoua plusieurs fois la tête. Mais ses compagnons ne paraissaient pas partager son avis, car Grégoire Plantin amplifia :

« Ce que je lui connais de plus fort, c'est quand il s'est offert pour guider les camarades, la nuit du 27 pluviôse, et que les deux bataillons de la 9ᵉ et les deux de la 85ᵉ, sous les ordres du général Reynier, ont fait un si beau coup sur le camp des Mameluks!... Je n'ai jamais tant regretté de ne pas marcher avec ma chère 9ᵉ!... Enfin, on ne peut pas tout avoir, n'est-ce pas? et s'il me fallait choisir, c'est encore maman Pierrette que je prendrais. »

La cantinière subit le compliment sans broncher, toute à ses occupations, tandis que Cyrille Lamalou continuait :

« Té! sans ce bandit de chien qui s'est mis à aboyer alors qu'on était à vingt pas des tentes, il n'en réchappait pas un des huit mille hommes d'Abdallah.

— Tout de même, expliqua Bernaville, les citoyens de la 9ᵉ ont eu du plaisir avec ces grands vauriens de Mameluks! Arriver comme cela à pas de loup, quand la lune est couchée, entre minuit et une heure du matin, tous le mouchoir blanc noué au bras gauche pour se reconnaître, quelques-uns munis de lanternes sourdes, remonter durant toute une lieue le ravin de l'Égyptus, en longeant autant dire la ligne des feux ennemis, passer le ravin, puis se former en trois colonnes, l'artillerie dans les intervalles, leur gauche au ravin, leur droite vers la Syrie et tomber en foudre sur la racaille endormie!... Ah! ah! Il me semble que j'y suis avec eux; hein! qu'en penses-tu, Fricourt? »

Doucement, en l'écoutant, son camarade de la même demi-brigade frottait ses fortes mains, semblant y pétrir l'ennemi; il hocha la tête avec satisfaction :

« 500 hommes qu'on leur a tués, 900 prisonniers qu'on a faits, et tous les approvisionnements ramassés, les chevaux, les chameaux, les tentes!... Ah! il en a eu une chance cet Abdallah, de pouvoir se sauver à pied, plus heureux que ses trois kâchefs et que Qassim-bey, embroché au vol par la baïonnette d'un sergent de la 9e, un ami à nous, qui a trouvé sur lui 8 000 livres en or!... Toujours bonne prise, ces Mameluks!...

— Conclusion, appuya Norcy, quelques jours plus tard El-A'rych, désespérant d'être secouru, se rendait et sa garnison se dispersait, ayant la vie sauve, après avoir juré par Moïse, par Abraham et par le Prophète de ne plus servir d'un an contre nous!... C'est donc bien à Asem que nous devons de nous trouver aujourd'hui à plus de trente lieues d'El-A'rych, en possession de Gaza et en route pour Jaffa!... En voilà de chemin parcouru en peu de temps, et que de villes déjà prises, Gaza, Esdrod, Ramleh!...

— Hé! Il ne faudrait pas oublier non plus qu'on a eu du mal pour les dernières étapes, et que c'est encore Asem qui a tiré d'affaire la division Kléber, après qu'elle avait été s'embarquer dans ce grand diable de désert, où elle a failli rester et où nous avons tous manqué la suivre, le général en chef le premier!... Ce qu'on a fait des marches et contre-marches pendant quarante-huit heures, pour se retrouver seulement à deux lieues d'El-A'rych, dont on se croyait déjà si loin!... »

C'était Palavas, qui venait à son tour de rappeler un des épisodes les plus critiques de cette marche de l'armée à travers la dernière mais non la moins dure partie du désert s'étendant entre El-A'rych et Khan Younès, qui formait la limite des sables.

« C'est si vrai, reprit Nicolas, que Kléber, qui a fait fusiller le guide qui l'avait égaré, sans doute volontairement, à le lancer ainsi sans vivres et sans eau en pleins sables, au lieu de le mettre sur la route de Syrie, a demandé une récompense pour Asem, qui nous a conduits tout droit au puits de Zawi. »

Parfois une lueur fugitive passait sur les traits impénétrables de l'Arabe, qui, accroupi par terre, au centre du groupe occupé à faire son éloge, ne paraissait rien voir, rien entendre; mais c'était si rapide, ce frisson courant sur sa face morte, qu'il était impossible de savoir si ce n'était pas l'effet d'une flamme subitement montée du brasier fumeux qu'il surveillait et sur lequel il se penchait à tout moment pour ajouter quelque branchage moins humide ou pour souffler et activer la combustion.

Il paraissait tellement absorbé par cette besogne, qu'il ne relevait pas la tête et que la cantinière, placée en face de lui à une certaine distance et qui eût désiré se rendre compte de ses pensées secrètes durant cette causerie des soldats autour de lui, ne parvenait jamais à rencontrer ses yeux, dans lesquels elle eût voulu plonger ses regards.

Ce visage d'Arabe, sans frémissement de vie, uniformément sombre, desséché par le vent du désert et par le grand soleil africain, l'attirait comme ces eaux mortes, livides, plombées, qui semblent receler quelque mystère de mort, et qu'aucun souffle ne parvient à rider, qu'aucune prunelle ne peut pénétrer.

A voir ses camarades si pleins de confiance en cet homme, si enthousiastes de sa conduite depuis qu'il vivait avec eux, elle s'en voulait, elle cependant qui avait été la première à implorer pour lui la pitié lors de l'insurrection du Caire, de ne pas subir le même entraînement, de revenir sur ses sentiments d'autrefois et de se sentir le cœur serré d'une inexprimable angoisse chaque fois qu'elle le regardait, chaque fois qu'elle se trouvait près de lui.

Cependant pas un des soldats n'était aussi attentionné pour elle que cet Asem; toujours, aux moments difficiles, aux heures de danger, elle le voyait à ses côtés, veillant sur elle avec une sollicitude jamais démentie : elle s'efforçait vainement de voir en lui un protecteur, elle le considérait comme un gardien, comme un fauve surveillant une proie.

S'il avait voulu trahir, rien ne lui eût été plus facile; à chaque instant quelque occasion se présentait, qu'il lui suffisait de saisir. Sans cesse les Arabes, ceux de sa race, de sa religion, voltigeaient autour des colonnes en marche, ramassant les traînards, comme en Égypte, mutilant effroyablement les isolés; pas de jour qu'on ne retrouvât quelque malheureux, de l'une ou l'autre des demi-brigades, criblé de blessures affreuses, décapité.

Il ne quittait pas la cantinière, activant ou ralentissant la marche de l'âne, qu'il soignait avec une entente parfaite de ce qu'il lui fallait; c'était même aux soins intelligents d'Asem qu'on devait la bonne santé, la résistance prodigieuse de l'animal aux fatigues, aux intempéries de la route, car déjà beaucoup d'autres, moins bien traités, avaient péri, surtout lorsqu'on passa du désert au climat humide et pluvieux de la Palestine.

S'ils se plaignaient en ce moment de cette pluie incessante qui les glaçait, ils n'oubliaient pas tous avec quels transports de joie et de reconnaissance ils l'avaient accueillie, la première fois que, depuis qu'ils se trouvaient hors de France, ils l'avaient reçue.

Lorsque, presque subitement, après Klan Younès et les deux colonnes de granit noir qui marquent la limite séparant l'Afrique de l'Asie, au sortir des sables, on avait pénétré au milieu des verdures de la Palestine, Jean Toucas, à l'aspect de ces montagnes, de ce paysage, avait crié en une explosion de joie :

« Té! la Provence!... Me voilà chez moi!... »

Et la plupart croyaient également retrouver la patrie, un climat presque semblable, des arbres pareils aux arbres connus d'eux, et qui n'étaient plus les éternels palmiers, les secs nopals, mais des chênes, des bouleaux mêlés aux oliviers, aux mûriers; c'était presque la France, tout au moins cette Italie qu'ils avaient quittée en dernier lieu pour venir en Égypte, et qu'ils retrouvaient.

Aussi des souvenirs heureux leur revenaient, apportant l'espoir de souffrances moins grandes, plus supportables, plus habituelles, et lorsque le premier orage gronda au-dessus de leurs têtes, lorsque la première ondée s'abattit sur eux, ils ne firent rien pour s'en défendre, rien pour chercher un abri, se laissant inonder avec délices.

Ce ne fut qu'à la longue, en subissant les inconvénients de ces vêtements de toile, qu'ils avaient d'abord été si heureux de porter, qu'ils commencèrent à manifester leur mécontentement, d'autant plus que la marche dans ces chemins boueux, défoncés par le passage des troupes et de l'artillerie, coupés par des torrents plus ou moins profonds, devint des plus pénibles.

Seul André Norcy, constamment plongé dans ses pensées, pris par ses curiosités de savant, de lettré, vivait comme dans un rêve, ayant même momentanément oublié la mission qu'il s'était donnée, pour goûter seulement la joie extatique, profonde, de se trouver dans cette Palestine pleine de souvenirs grandioses, de souvenirs historiques, de souvenirs héroïques, de souvenirs divins.

Si déjà, sur ces humbles soldats qui l'entouraient, les grands noms prononcés par les officiers, par les guides, par les interprètes, par les chrétiens d'Orient, avaient une influence irrésistible, chez lui c'était l'évocation continue, magique et radieuse, de ce triple passé du peuple d'Israël, de Jésus et des Croisades, de celui des conquérants de l'antiquité, les Macédoniens et les Perses. Ces terres, qu'il foulait aujourd'hui, tous ceux qui portent un nom fameux dans l'histoire, dans la légende même, les avaient effleurées de leurs ombres légères de rêve, foulées doucement ou pesamment de leurs pieds nus, de leurs sandales, de leurs chaussures de fer; des chariots, des cavaliers, des fantassins sans nombre les avaient broyées sous leur passage; elles avaient tremblé du choc des batailles et s'étaient arrosées du sang de milliers et de milliers d'êtres de toutes les nations : l'humanité entière les avait engraissées, nourries de sa chair et elles étaient le terreau merveilleux où avait poussé l'Histoire !

Aussi venait-il au jeune homme un courage surhumain pour tout supporter, tout endurer, afin d'aller jusqu'au bout, de ne pas tomber en route et de savourer cette jouissance intime, sans pareille, la résurrection du Passé, dont il sentait autour de lui les chuchotements mystérieux, sur lui l'ineffable caresse.

Cela avait commencé, même avant l'arrivée au château de Khan Younès, avant l'entrée en terre de Chanaan, sur l'antique territoire des Philistins ou Palestins, avant d'atteindre le pays des Douze Tribus d'Israël; à chaque nouveau pas fait, les souvenirs allaient sortir de ce sol miraculeux comme une moisson parfumée de fleurs rares, délicates, magiques, de fleurs révélant le secret des tombeaux dans lesquels plongent leurs racines.

Déjà, au dernier arrêt, encore dans le désert, une voix, s'élevant du milieu d'un groupe de chameliers syriens rangés autour de l'escorte de Pierrette, avait questionné :

« C'est-y vrai, m'sieur Norcy, ce qu'ils nous racontent, ceux-là, que la Vierge et l'Enfant Jésus, en quittant la Syrie pour se sauver en Égypte, se seraient reposés avec saint Joseph à ce puits ? »

C'était le caporal Mimizan, élevé au séminaire en sa petite enfance, et que troublait, comme une évocation vivante et palpable de choses apprises autrefois dans le Nouveau Testament, l'assertion d'un de ces chrétiens de Syrie venus sur le passage de l'armée et qui indiquait, au milieu des sables, un puits auprès duquel Pierrette Goulot renouvelait la provision d'eau portée par son âne.

Légende ou vérité, André avait souri affirmativement, ne voulant pas discuter l'authenticité du fait, ni enlever au naïf et simple Landais une illusion qui paraissait le charmer.

Lui-même subissait déjà sans résistance cette impression mystérieuse, et lorsqu'on avait annoncé Gaza, il avait machinalement cherché des yeux et retrouvé sur la droite la montagne sur laquelle Samson déposa les portes enlevées par lui à la ville des Philistins. Il ne discutait pas; il était en Terre Sainte : il voyait il croyait.

L'influence des lieux, une séduction d'atmosphère, un mirage de souvenirs rendaient pour quelques moments à tous, officiers et soldats, jeunes et vieux, une fraîcheur de sentiments inaccoutumée, quelque chose de leur âme enfantine et croyante d'autrefois, avant la rude épreuve d'épuration, de révolte contre le joug séculaire du passé, provoquée par le grand souffle libre et puissant des années de la Révolution.

Nul ne songeait à s'en formaliser, même les plus farouches, les plus incrédules, les plus gouailleurs, comme les Parisiens de l'attaque de la Bastille, Gossin et Samois, ou celui du bataillon Molière, le caporal Grégoire Plantin.

Moins sceptiques, les provinciaux, eux, se livraient plus naïvement à leur émotion; et quand, au milieu du bois d'oliviers qui enveloppe Ramleh, après cette marche fatigante sous des torrents de pluie, Norcy, prenant part à la conversation engagée, annonça tout à coup à ceux qui si trouvaient avec lui autour du feu allumé par Asem :

« Quand on pense que Jérusalem n'est pas à plus de six lieues d'ici, là, sur notre droite ! »

Il y eut d'abord un silence brusque, respectueux, où l'on sentit l'émoi involontaire, irraisonné, irrésistible de tous ces soldats de la République, placés en face de ce grand nom, de ce souvenir écrasant.

Puis Alain Plouhec, tout bas, murmura un vieux cantique en langue bretonne, aussi pieusement que s'il se fût trouvé dans l'église de son village.

« Jérusalem! fit Gossin, avec une espèce de crânerie, où se débattaient ses scrupules de révolutionnaire. Eh bien! je ne serais pas fâché de m'assurer de ce qu'il en est de cette fameuse Jérusalem, de son Calvaire, de son Sépulcre, et si on y va, j'en suis!... Partons-nous? Six lieues de chemin pour aller, autant pour revenir, ça n'est pas pour me faire peur; même tout de suite, si on veut!

— Bien sûr! riposta Nicolas Goulot. Seulement, il y a un empêchement, et un rude : c'est que le général en chef a défendu d'y aller, et pas plus tard que tout à l'heure encore, quand le général Caffarelli du Falga a demandé à s'y rendre, et qu'il lui a répondu en propres paroles, j'étais là et j'ai bien entendu : « Oh! pour cela non, Jérusalem n'est pas dans ma ligne d'opérations! » Et même il a ajouté des mots sur les montagnards, pas commodes par-là, sur les chemins difficiles, sur la cavalerie; enfin il a terminé tout sec, de son air que vous savez tous : « Je n'ambitionne pas le sort de Crassus! » Paraîtrait que ce Crassus, c'est quelque particulier à qui ça n'a pas réussi d'aller à Jérusalem, vu que plus un des officiers présents n'a bronché et que la *jambe de bois* a baissé le nez illico! »

André se mit à rire à cette appréciation pittoresque du sort du fameux triumvir romain, collègue de César et de Pompée, qui, imprudemment engagé dans les plaines de la Mésopotamie lors de la guerre contre les Parthes, périt, misérablement égorgé par eux, en ces pays qui avoisinent la Syrie, au delà de l'Euphrate.

Il ajouta :

« Ma foi! Il n'a peut-être pas tort, et je ne vois pas bien notre artillerie dans les défilés qui conduisent d'ici à Jérusalem; on pourrait y rester tous, sans aucun profit. Contentons-nous d'avoir sous les yeux Ramleh, en nous rappelant que c'est l'ancienne Arymathie, où se trouve le tombeau de Samuel, le dernier juge d'Israël, la patrie de ce Joseph qui obtint de Pilate le corps de Jésus-Christ, après sa mort, pour l'ensevelir avec l'aide des saintes femmes. N'avons-nous pas vu également des endroits célèbres, Gaza, Ascalon, immortalisé par Godefroy de Bouillon, qui y remporta, lors de la première croisade, la grande bataille qui nous a donné Jérusalem pour cent ans!

— Moi, gronda Samois, en se frictionnant la jambe, ce dont j'ai le mieux gardé le souvenir, c'est d'une méchante petite villasse que nous traversions hier, Ezdod ou Ezdoud qu'on la nomme....

— L'antique Azoth des Philistins, qui y gardaient leur grande idole de Dagon, personnifiée par un Triton », poursuivit le jeune homme.

Mais le Parisien reprit :

« Triton, Dagon, tout ce que vous voudrez!... Fichu souvenir!... C'est tout plein de scorpions; peut-être qu'ils descendent de votre Dagon, et j'en ai eu une rude piqûre au mollet!...

— Plains-toi donc! dit Grégoire Plantin. Maman Pierrette t'a enlevé la douleur et l'inflammation rien qu'en soufflant dessus, qu'on jurerait, avec ce remède donné par le major Larrey.

— Tout simplement de l'eau marinée et des alcalins, expliqua la cantinière. Ces scorpions, c'est plus laid que dangereux!

— Hé! Samois, passe-moi ton briquet, que je m'allume une chandelle, car le feu d'Asem fait plus de fumée que de lumière, et il commence à faire noir, qu'on n'y verrait pas la queue d'un de ces scorpions dont vous causez; en même temps, ça nous réchauffera et nous séchera un brin. »

Tranquillement, montrant d'un grand geste la nuit qui se faisait de plus en plus épaisse au-dessus d'eux, Gossin battit sa pierre à fusil sur une pincée de poudre et mit le feu à un des oliviers placés près de lui.

La flamme crépita au contact des feuilles, glissa de branche en branche avec une sorte de douceur, comme si l'huile dont l'arbre se trouvait imprégné, eût ralenti et guidé l'incendie; en quelques instants ce fut une torche énorme, un candélabre géant, autour duquel les soldats groupés formaient des ombres bizarres, frappées de reflets dansants.

On eût dit un ordre donné : la même idée se communiquant instantanément de peloton en peloton, de demi-brigade en demi-brigade, de division en division, 10, puis 50, puis 100, bientôt 1000, 2000, 5000 flambeaux semblables s'allumèrent, et toute la plaine devant Ramleh fut une forêt de flammes, agitant dans les ténèbres 10 000 torches, 10 000 oliviers en feu.

Gossin exultait, triomphant :

« Hein ! Quel succès, mon lampion ! En v'là une illumination de taille ! comme on n'en a pas souvent vu, même à Paris !... Frrrit !... Frrritt !... Ce que ça flambe, ah ! là là !... On a chaud, on se sèche et on y voit mieux qu'en plein jour : c'est tout plaisir et tout bénéfice ! »

Maintenant, les flammes ayant achevé leur œuvre, dévoré l'aliment léger des feuilles et des brindilles, supprimé la masse épaisse des frondaisons pour ne laisser que le squelette des oliviers, chaque arbre se dressait incandescent, avec ses grosses branches, ses rameaux immobilisés en braises rougeoyantes, pleines d'étincelles et de moires mouvantes ; c'étaient 10 000 ifs énormes, 10 000 candélabres aux innombrables ramifications, dont l'huile retardait la combustion trop rapide et qui, longtemps encore avant de tomber en cendres, conservaient leur forme primitive, dessinant, sur le fond d'encre de la nuit, de durables et énigmatiques caractères de feu.

Personne ne s'inquiétait plus d'Asem, resté assis à la même place, pendant que tous, debout, allant et venant, admiraient l'étrange et magique spectacle.

Pierrette, machinalement, le regarda.

Elle resta saisie, ne le reconnaissant plus, et retint un cri de terreur.

Elle voyait, éclairé en plein par ce reflet d'incendie, le visage de l'Arabe, redevenu un visage de fanatique, avec le blanc de ses yeux, le blanc de ses dents de chacal, que laissaient apercevoir ses lèvres entr'ouvertes par un rire sinistre, sa face soudain embrasée, mobile, significative, toute allumée d'une fièvre de meurtre, et surtout ses prunelles noires, inquiétantes, cruelles, où dansaient des torches.

Jamais elle ne l'avait vu ainsi : jamais lignes de la figure humaine n'avaient, devant ses regards, revêtu une pareille expression de basse sauvagerie, d'implacable barbarie.

Asem était resté assis

Cela lui rappela ces mufles de hyènes, de panthères, ces masques crispés de fauves sanguinaires des féroces révoltés du Caire, qui, les prunelles hors des orbites, les dents au vent, se ruaient sur les Français comme pour les dévorer, en sectaires fanatisés de l'Islam.

Leurs yeux se rencontrèrent, et immédiatement l'homicide et farouche physionomie d'Asem reprit son immobilité, sa gaine de marbre sombre, sans reflets, sans vie, muette; mais la cantinière murmura :

« Oh! cette figure!... Un démon pire que l'autre, le Démon des Sables que nous ne pouvons approcher! Celui-là est près de nous, avec nous, et j'ai vu, j'ai bien vu!... »

Chalinat faisait admirer une merveilleuse pelisse de soie.

IX

MAMAN !

A quelque distance du campement que Nicolas Goulot avait installé dans un des merveilleux vergers qui formaient à la ville de Jaffa une ceinture de verdure odorante et exquise, à l'ombre de groupes épais d'orangers, Pierrette Goulot arrêta André Norcy, au moment où il s'apprêtait à se diriger vers ses camarades.

« Enfin, m'sieur André, puisque je vous assure que j'ai lu dans ses yeux, à ce moment-là, comme je lisais dans les vôtres, à vous que je connais depuis que vous étiez si petit, et que ce que j'y ai trouvé, c'est plus pour trembler que pour être rassuré. »

Le jeune homme sourit, secouant la tête :

« Des idées à toi que tout cela, ma bonne Pierrette. C'était cette lueur d'incendie qui rendait sauvages et féroces les visages les plus pacifiques ; nous avions tous l'air de diables, éclairés ainsi par toute une forêt en feu, avec nos vêtements en lambeaux, nos tenues de brigands et nos cheveux collés par la pluie!... Pourquoi veux-tu que ce malheureux Asem soit notre ennemi? Ne le traitons-nous pas comme un des nôtres? D'où lui viendrait sa haine contre nous, qui l'avons épargné au Caire, quand tout lui faisait croire qu'on allait le mettre à mort? Comment, depuis tant de mois écoulés, n'eût-il pas trouvé le moyen de satisfaire cette haine que tu es seule à lui supposer? »

Levant les épaules, la cantinière répondit :

« Je ne sais pas, moi! Je ne pourrais pas vous dire! C'est quelque chose de plus fort que moi qui m'oblige à penser ça tout bas et à le crier tout haut pour vous mettre en garde, vous, m'sieur André, et les autres aussi, tout comme si vous étiez mes enfants et que je sente sur vous un péril; mais rien de rien ne pourra m'enlever de la tête que cet Arabe-là nous veut du mal!

— Allons, allons! Tu es injuste envers lui, parce que tu n'aimes rien de ce qu'on voit et de ce qu'on rencontre dans ce pays où tu ne retrouves ni tes habitudes, ni tes figures de Paris; jusqu'à présent il ne nous a prouvé qu'une chose, c'est qu'il ne pensait qu'à se dévouer pour nous, pour moi, pour toi-même!... En somme, il m'a sauvé la vie, et....

— Belle affaire! gronda Pierrette. Avec ça que vous ne lui aviez pas préservé la sienne, sa pas grand'chose d'existence! Et que sans vous, sans moi aussi, c'est vrai, le beau Grain-de-Grenade, comme l'appellent les dames du Caire, le bourreau enfin lui eût coupé le cou comme aux autres révoltés?...

— D'accord!... Nous ne nous devons plus rien; nous voilà quittes, lui et moi, si tu veux; alors qu'est-ce qui l'oblige à nous rendre service à présent? Son intérêt, penses-tu. Quel intérêt? Tiens, encore: depuis ce dernier siège de Jaffa, si terrible celui-là, et la prise de la ville, n'a-t-il pas été des premiers à indiquer à nos compagnons où se trouvait le meilleur butin à faire? N'a-t-il pas apporté lui-même des étoffes, des vêtements précieux, toutes ces pelisses, tous ces caftans brodés d'or, dont ils sont en train de se couvrir comme de grands gamins, joyeux de faire carnaval, de se costumer en Maugrabins, en Arnautes, en Turcs, en pachas? »

Il montra Chalinat, faisant admirer sur ses épaules, à Palavas et à Fricourt, une merveilleuse pelisse de soie, bordée de fourrures, que l'Arabe venait de l'aider à revêtir, et que les trois hommes essayaient tour à tour avec une mimique des plus réjouissantes.

« Regarde-les tes gardes du corps et dis-moi si tu connais quelque part des enfants plus heureux que ceux-là?... Hein! Va donc leur dire du mal de leur camarade Asem : tu seras bien reçue, ma pauvre Pierrette!...

— Oui, je sais bien, je suis seule à penser ainsi ; quelquefois je me le reproche, je me trouve absurde, folle, et pourtant.... »

Au même moment, vers le sud-ouest, d'où le vent soufflait, un roulement sourd arriva jusqu'à eux. André eut un soubresaut, le front soudain plissé de tristesse, s'exclamant :

« Oh encore!... C'est épouvantable!... Quelle atrocité que la guerre!... »

Mais la cantinière qui observait Asem déployant précautionneusement ses étoffes, qu'il s'appliquait à tenir éloignées de lui, fit :

« Tenez! Regardez donc vous aussi, en ce moment!... Ah! trop tard ; il a déjà vu que je l'examinais. Il sourit maintenant ; mais j'ai bien distingué, moi, dans ses yeux la flamme de l'autre soir, les torches maudites de la haine, du massacre, de la vengeance!... Il a entendu comme nous, m'sieur André! Il a bien compris ce qui se passe là-bas sur la plage, depuis ce matin ; il sait qu'on fusille ses compagnons, des musulmans comme lui, et que ce sont ceux qu'il appelle, au fond de son cœur, des chiens de chrétiens qui exécutent ainsi des prisonniers rendus et espérant avoir la vie sauve. »

D'autres grondements retentirent lointains, roulants feux de peloton à la sinistre signification, apportés par les vagues de l'air des rivages de la mer, des grands terrains sablonneux, où Bonaparte, après avoir longtemps hésité, partagé entre l'humanité et les implacables nécessités de la guerre, après avoir attendu trois jours et réuni trois fois ses généraux en conseil de guerre, avait donné l'ordre de conduire pour une extermination complète les trois mille Maugrabins, Arnautes, canonniers turcs et janissaires que ses soldats, las de tuer, épuisés et écœurés par trente-six heures de massacre, lui avaient amenés, le lendemain de la prise de Jaffa, sous la conduite de ses aides de camp Beauharnais et Croizier.

Norcy essaya de démêler, dans les lignes placides de la physionomie de l'Arabe, l'impression que, selon Pierrette, devait lui faire l'écho de ces sanglantes exécutions; mais, soit que la cantinière se fût trompée, soit que véritablement Asem ne fût nullement influencé par le misérable sort de ces malheureux, pas un muscle de son visage ne tressaillit tandis que les dernières fusillades se faisaient entendre. Il continuait, indéchiffrable, impassible, à remuer autour des trois soldats les costumes précieux qu'il sortait du bout des doigts, de peur de les abîmer sans doute, d'un énorme ballot déposé devant lui.

« Je crois bien, Pierrette, que tu te trompes; il ne montre ni colère, ni plaisir, ni aucune autre préoccupation de ce qui se passe là-bas. Que lui importe, du reste? Ce ne sont pas les siens, ces Kourdes, ces Alepins, ces Arnautes, ces nègres; je les ai vus, il n'y a pas un Arabe parmi eux.

— Arabes ou non, eux et lui, c'est également musulmans, c'est tous des enragés de fanatisme; on les a bien vus, à la défense de leur Jaffa, hurlant le Coran et nous traitant de chiens, de réprouvés, de maudits! »

Comme, depuis quelques instants, on n'entendait plus rien, ils virent arriver Nicolas Goulot, le caporal Plantin, Gossin, presque tous les hommes de l'escorte et Samois. Ce dernier fit, en voyant le jeune homme :

« Ah! m'sieur Norcy, vous avez bien fait de ne pas venir avec nous; ce n'est pas beau, ce qu'on fait là-bas! Quand on pense que ce sont les camarades de la 18e qui travaillent à c't'heure!... On n'est pas des poulets, n'est-ce pas? et on sait bien ce que c'est que la mort, pour l'avoir assez souvent regardée en face ; mais comme ça, brrrou, on en a le cœur qui lève!...

— Oui, expliqua Plantin, comme on a peur de manquer de cartouches, c'est l'arme blanche qui termine la besogne : il y en a douze cents qu'on expédie à la baïonnette! Ça c'est dur!...

— Cela ne nous portera par bonheur! » termina Pierrette avec un frisson d'horreur.

Son mari leva douloureusement les épaules :

« Que veux-tu? Comme l'a dit le Petit Caporal, en voyant tous ces misérables qu'on lui amenait, tandis qu'assis sur un canon devant la brèche, il causait avec le général Lannes :

« Que veulent-ils que je fasse de tant de prisonniers? Ai-je des « vivres pour les nourrir, des bâtiments pour les déporter? »

— Si on les avait lâchés, ils nous seraient tombés sur le dos à la première affaire : c'était rudement embarrassant! expliqua Cyrille Lamalou.

— On dit aussi, ajouta Gossin, que c'étaient précisément ceux d'El-A'rych à qui on avait fait grâce et qui étaient revenus, malgré leur serment! Même qu'on soupçonne qu'il devait y avoir des traîtres qui leur avaient conseillé cela, là-bas, lorsqu'on les a lâchés sur parole, sous couleur qu'on ne tenait pas parole à des maudits comme les Français!

— Des traîtres! c'est bien possible. »

En prononçant ces mots, la cantinière avait jeté un regard soupçonneux dans la direction de l'Arabe; elle souffla à Norcy :

« Il me semble qu'à El-A'rych Asem a servi d'interprète lors de la reddition de la place. »

Mais André protesta :

« Que vas-tu encore imaginer, ma pauvre maman Pierrette? C'est de la persécution, décidément; tu lui en veux trop; tu l'accuses de tous les crimes!

— Ah! murmura la brave femme, je ne lui en veux pas assez,

je le crains bien, car je ne devrais demander conseil à personne et agir.... Je ne sais ce qui m'empêche !... »

En dépit de ses préventions, en effet, elle avait, par moments, comme un remords de cet acharnement qu'elle se sentait contre lui, en le voyant toujours si plein de prévenances, d'attentions pour elle; mais, ainsi qu'elle l'avait dit, un instinct, plus fort que tout raisonnement, la dressait en gardienne vigilante, en protectrice, en véritable mère sentant ses enfants menacés et devinant peut-être le danger que nul d'entre eux ne prévoyait, que nul ne soupçonnait, que même les mieux avertis ne voulaient pas voir. Une angoisse frémissait incessante au fond d'elle, angoisse qu'elle n'avait jamais ressentie avant la présence de l'Arabe dans son petit état-major, angoisse qui la tenait éveillée, inquiète, ne se laissant rassurer ni par les actes, ni par les paroles.

Cette escorte d'honneur, ces gardiens qu'on lui avait donnés, tous ces solides gaillards, endurcis par les années de campagne, par les rudes fatigues de la guerre plutôt que par l'âge, elle les considérait comme à elle, son bien, ses enfants, sur lesquels elle devait exercer une protection incessante : il lui semblait, renversant les rôles, que ce n'était pas elle que le général en chef avait confiée à eux, mais eux dont il lui avait remis le soin et la garde.

Et, de ce petit noyau d'hommes choisis, sa sollicitude allait à tous, à ceux des autres demi-brigades, même à ceux qu'elle n'avait jamais vus; tous la connaissaient, tous la saluaient de ce nom de maman Pierrette, qui lui semblait le plus beau des noms, la plus réconfortante des appellations : elle, cette jeune femme de trente ans, leur sœur plutôt que leur mère, elle était fière d'être la Maman !

En cet instant sa tendresse s'émouvait plus encore que d'habitude, comme si elle eût pressenti un danger plus grand, un péril tout proche, plus redoutable que tous ceux qu'ils avaient jusqu'alors affrontés : au risque de se faire moquer d'elle, elle eût voulu crier ses pressentiments, avec cette divination de maternité de la poule, qui sent un ennemi dans l'épervier, même la première fois qu'elle le voit, sans qu'on lui ait jamais appris que c'était son plus cruel ennemi, l'ennemi de ses petits.

En se trouvant au milieu de ces hommes de toutes les régions de de la France, elle éprouvait un véritable sentiment d'orgueil à les voir tous solides, bien portants, à peine éprouvés par quelqu'une de ces inévitables maladies du pays, ophtalmies, dysenteries ou fièvres.

Cependant ils venaient de prendre une part plus active que d'habitude aux opérations de l'armée, car, sortant de leur rôle de simples défenseurs de Pierrette Goulot, ils avaient été, par le hasard des choses, engagés presque parmi les premiers dans l'attaque suprême qui, après quatre jours de combats et de tranchées, avait décidé de la prise de Jaffa, triomphant enfin par un coup d'audace de la résistance acharnée de cette ville.

En effet, pendant que la division Lannes, composée de la 22ᵉ légère et de la 69ᵉ de ligne, attaquait de front, à l'endroit le plus élevé, sur l'ordre exprès de Bonaparte voulant par cette audace frapper la garnison d'épouvante, les hautes murailles de pierre, Jean Toucas, ayant suivi ses amis de la 69ᵉ par curiosité, découvrait du côté de la mer un point qu'on ne gardait pas, le jugeant suffisamment défendu par la difficulté naturelle de l'approche, c'est-à-dire la profondeur de l'eau.

« Boun Diou! s'exclama-t-il. Suivez-moi : je crois que les *Turs* sont pris! »

Ayant de l'eau jusqu'aux aisselles et tenant son fusil au-dessus de sa tête, il s'aventura intrépidement dans la mer; derrière lui, quelques grenadiers de la 32ᵉ, appartenant à la division Bon, se pressèrent, enthousiasmés, désireux de gagner des récompenses; puis Cyrille Lamalou, César Capestang et enfin le sergent-major entraînant le reste de ses hommes.

Ils pénétrèrent ainsi brusquement dans la ville, dont tous les défenseurs se portaient en ce moment aux remparts pour repousser la terrible attaque dirigée par le général Lannes; mais les grenadiers, plus imprudents, s'aventurèrent trop loin en criant : « Ville prise ! » et furent presque tous massacrés.

Cependant cette heureuse diversion, détournant l'attention des assiégés, permit aux colonnes d'assaut d'atteindre la crête des murailles, de s'y maintenir, et déjà les premiers grenadiers de la 69ᵉ s'avançaient de maison en maison par les toits, pendant que le reste de la division Bon, suivant le chemin indiqué par Jean Toucas, et désireux de venger ceux qu'on avait tués, envahissait du côté de la mer les rues de Jaffa avec une force irrésistible.

Ne se séparant pas, les soldats de Nicolas Goulot s'étaient peu à peu avancés, sous les coups de feu partant de toutes les maisons ; mais désormais, malgré cette fusillade désespérée, la ville était conquise, et la résistance suprême des assiégés n'allait plus que servir de prétexte au plus effroyable carnage.

En même temps que la tête de colonne de la 69ᵉ, ils atteignirent une maison d'où s'élevaient des cris terribles ; les grenadiers exaspérés s'élançaient, baïonnette baissée, lorsque Nicolas Goulot se plaçant devant eux cria :

« Pas ici ; ce sont des Français, des femmes, des enfants ! »

Il fallut que tout le peloton se joignît à lui pour empêcher les infortunés négociants habitant cette maison d'être massacrés par leurs propres compatriotes ; ceux-ci, que le sang, la poudre et la fureur du combat aveuglaient, étaient en outre comme rendus fous par les quatre jours de siège et par l'égorgement du premier parlementaire envoyé, dont la tête leur avait été rejetée du haut des remparts, en signe de défi.

Durant trente-six heures on tua et on pilla ; toute la nuit, mêlés aux coups de feu, aux détonations de l'artillerie, aux crépitements de l'incendie, les hurlements, les cris de rage ou de détresse s'élevèrent de la malheureuse ville abandonnée à la frénésie meurtrière des vainqueurs. Ce fut la lassitude plutôt que la pitié qui fit cesser le massacre et laissa la vie à ces misérables, dont le général en chef devait se trouver si cruellement embarrassé.

Lui-même, dès le début de l'assaut, au moment où, monté sur l'épaulement d'une batterie, la 22ᵉ légère déjà massée en colonne derrière un pli de terrain pour l'élan définitif, il indiquait au colonel Lejeune ce qu'il devait faire, avait failli être tué.

André Norcy se trouvait à quelques pas du colonel, examinant avec intérêt ces préparatifs auxquels il n'avait jamais assisté, lorsqu'une balle partie des remparts enleva le chapeau de Bonaparte, le trouant à trois pouces de sa tête, et tua raide le colonel, dont la taille dominait celle de son interlocuteur. Se tournant, impassible, vers ceux qui étaient les plus rapprochés de lui, le général dit simplement :

« Voilà la seconde fois, depuis que je fais la guerre, que je dois la vie à ma taille de cinq pieds deux pouces ! »

Presque aussitôt le signal de la charge avait été donné et toutes les musiques de l'armée avaient joué, soutenant les efforts des colonnes lancées à l'assaut décisif.

Deux jours plus tard, au réveil, André Norcy se remémorait encore avec horreur le terrible spectacle que lui avaient montré les rues de Jaffa encombrées de cadavres, les dunes bordant le rivage, où s'entassaient les corps des malheureux prisonniers fusillés et toutes les épouvantes de la guerre sous sa forme la plus monstrueuse, lorsque Pierrette Goulot, s'avançant précipitamment vers lui, annonça :

« M'sieur André, je crains bien que nous ne soyons éprouvés : nous avons des malades chez nous ce matin.

— Rien de grave ? balbutia-t-il, effrayé cependant par la physionomie bouleversée de la cantinière.

— Je voudrais bien pouvoir vous le dire, mais je ne sais pas ; vous qui vous connaissez un peu en médecine et en maladies, vous verrez peut-être mieux !... »

Étendus sur des couches improvisées de feuillage, placés l'un près de l'autre, trois hommes gisaient, tandis que leurs camarades, à quelque distance, causaient entre eux, par groupes. En passant près de ceux-ci, André entendit Samois grommeler :

« Du vilain mal qu'ils ont là! J'aime pas beaucoup ces taches rouges, qu'on dirait que le sang veut sortir de la peau. »

Gossin répondait :

« La fièvre, bien sûr, mais une mauvaise fièvre comme je n'en ai jamais vu jusqu'à ce jour; il faut qu'elle soit diablement méchante pour vous faire pousser ces boutons noirs, un vrai charbon!... »

En entendant ces mots, le jeune homme réprima un léger frisson et dut faire un violent effort sur lui-même pour dominer son émotion, vaincre l'instinctif sentiment de terreur qui glissa sa glace dans ses veines.

L'exemple de Pierrette, déjà agenouillée près d'un des malades et lui soulevant sans peur la tête de ses deux mains, lui rendit toute son énergie; il se pencha, attiré par une horrible curiosité et contempla ce visage baigné de sueur, décomposé, dont les yeux larmoyants, ternes, perdus dans quelque atroce vision intérieure, ne reconnaissaient personne. La jeune femme dut dire pour qu'il sût quel était le soldat :

« Celui-là, c'est Palavas, le premier frappé, ce matin au réveil, en coup de foudre. Voyez là, près de la lèvre, ce bouton noir. Il a essayé de se lever, il est tombé, les jarrets coupés, et depuis ce moment il n'a plus bougé. »

Derrière eux une plainte monta :

« Maman!... Maman!... »

Vivement Pierrette se redressa, courant au malade, faisant :

« Oui, oui, me voilà, mon pauvre enfant! Allons, un peu de courage, Ambroise, toi si solide! Est-ce qu'on se laisse abattre comme cela? T'es donc une poule mouillée à c't'heure, mon garçon?

— Maman! » redit l'Auvergnat.

Dans sa souffrance, il ne trouvait plus que ce seul mot, que ce souvenir chéri, l'image de celle qui là-bas, au village, l'attendait et peut-être ne le reverrait jamais plus.

A genoux près de Chalinat, qui geignait lamentablement, en tout petit enfant réclamant sa mère, Alain Plouhec, sans souci de ce qu'on pouvait penser autour de lui, égrenait un chapelet, mystérieusement tiré des cachettes profondes de ses poches et récitait une prière, qu'il interrompait de temps en temps pour porter une gourde aux lèvres sèches du fiévreux.

Mais André Norcy n'avait pas eu le temps d'arriver à lui, qu'un autre appel le faisait tressaillir, presque à ses côtés, venant de la couche de douleur du troisième :

« Maman !... »

Celui-là aussi, et non plus « maman Pierrette », comme d'habitude, aux heures de bonne humeur, de gaîté, mais seulement « maman! » l'appel plaintif de la souffrance, le cri naturel des heures de maladie, de tristesse.

A son geste d'étonnement, la cantinière, les yeux humides, répondit doucement :

« Oui, voyez-vous, m'sieur André, c'est leur seul gémissement à tous, leur seule demande : Maman!... Alors je viens, et tout de suite ils sentent qu'elle est là, près d'eux, la maman, la même pour tous, la seule qu'ils connaissent et qu'ils désirent, la maman laissée au pays, la maman qui les a mis au monde, nourris, bercés, aussi bien celui-ci Victor Fricourt, le Picard, que Jean Palavas du Languedoc ou Chalinat de l'Auvergne. Je ne sais pas si c'est à ma voix qu'ils entendent, à ma jupe qui les caresse, ou à ce que je les aime bien, qu'ils voient cela; mais je comprends que dès que je suis là, près d'eux, ils en éprouvent du soulagement, même si je ne leur fais rien; ils ne se trouvent plus aussi isolés, aussi loin de celle à laquelle ils pensent toujours tous au fond du cœur, si dur qu'ils soient au mal ou à la fatigue, mais plus peut-être maintenant qu'ils souffrent!... Et, à la pensée de la leur amener ainsi auprès d'eux, cette maman que je ne connais pas, cette maman qu'ils croient revoir en moi, eh bien! ça me fait comme si j'étais la vraie maman à chacun d'eux! »

Une flamme de dévouement, d'extase, brillait dans les yeux de Pierrette, tandis qu'elle prononçait ces paroles, jaillies d'elle-même, presque sans qu'elle en eût conscience, comme de la source même de la maternité.

André eut un mouvement pour lui saisir les mains, pour les élever jusqu'à ses lèvres, malgré le danger de ce contact en un pareil moment, car il savait bien, lui, quel était le nom véritable de cette maladie, dont aucun des symptômes ne lui était inconnu, dont il avait déjà entendu parler plus d'une fois depuis le commencement de l'expédition, et qui, nuage noir, nuage terrible, planait sur l'armée depuis son départ du Caire, la suivant dans sa marche, se préparant à s'abattre sur tous, en cyclone de mort. Et il savait aussi que l'humble héroïne le connaissait, qu'elle n'ignorait pas la grandeur du dévouement dont elle faisait preuve en ce moment. Aussi eût-il voulu baiser ces saintes mains de dévouée, ces doigts courageux de femme qui osaient toucher les chairs frappées par le terrifiant fléau, et répéter comme une adoration le mot des pauvres malades, appel de douleur et cri de reconnaissance à la fois :

« Maman ! »

Ce n'était plus la cantinière parfois un peu rude, un peu triviale, plus même la femme courageuse et hardie, compagnonne intrépide de ces soldats obscurs, c'était maman !

Songeant à sa mère, il comprit combien pour tous, pour lui aussi, elle était la maman toujours présente, si loin en réalité, et tout près aux heures d'angoisse, d'agonie, de mort, la Mère, comme le drapeau était la Patrie !

Et, en effet, cette Pierrette, tout humble qu'elle fût, peut-être même à cause de cela, était la mère dans toute son abnégation, dans toute sa noblesse, dans tout son héroïsme simple, la maman qui veille aux durs chevets, qui console, qui soulage, la maman prête à donner tout son être et tout son sang pour ses enfants.

Bien qu'il la connût depuis longtemps, bien qu'il eût été souvent à même de savoir de quoi elle était capable et qu'il eût déjà pu la voir à l'œuvre, depuis plus de huit mois qu'ils vivaient ensemble de cette existence intime au milieu de dangers renaissants, de continuelles souffrances, il lui semblait qu'il venait seulement de la découvrir, que c'était une révélation et qu'on devait se prosterner devant elle comme devant la personnification même de la maternité.

Il eut honte d'avoir reculé un moment, d'avoir hésité en face de ces malheureux, quand elle lui donnait un tel exemple, et lui saisit la main d'un élan irrésistible, y appuya ses lèvres, disant doucement :

« Maman ! »

Elle essaya de se dégager, frissonnant de ce geste imprudent, objectant à mi-voix avec un regard terrifié, un regard qui avouait qu'elle aussi savait :

« Vous n'avez donc pas vu ? »

Il murmura la gorge serrée, pâle mais résolu :

« La peste !... Je sais. »

Elle eut un sourire douloureux, baissant affirmativement la tête, un sourire où il y avait toute sa souffrance de voir frappés de ce terrible mal ses compagnons les plus chers, mais où il y avait aussi comme un défi à la maladie, car elle ajouta :

« Je les sauverai. »

André affirma, avec un élan de foi profonde :

« Nous les sauverons. »

A partir de ce moment, tous deux à tour de rôle veillèrent les trois malades, après avoir eu soin de faire écarter leurs camarades afin d'éviter la contagion ; conformément aux ordres de Desgenettes, le médecin en chef, ils avaient été transportés à l'ambulance installée dans Jaffa, et où l'on réunissait tous ceux qui étaient atteints du même mal.

En même temps des indications étaient données aux troupes, mesures d'hygiène, précautions à prendre pour éviter la contagion, et, en première ligne, l'ordre de brûler les vêtements des pestiférés, ainsi que tous les objets, étoffes, costumes, ayant appartenu aux assiégés et provenant du pillage de Jaffa.

Lorsque Pierrette eut connaissance de cette dernière particularité, elle ne put s'empêcher de dire au jeune homme :

« Vous rappelez-vous, m'sieur André, ces pelisses, ces cafians turcs qu'Asem a donnés lui-même à nos camarades après la prise de la ville? C'est drôle tout de même que des dix-sept que nous sommes, il n'y ait que Chalinat, Palavas et Fricourt que le mal ait frappés, juste ceux qui ont essayé ces vêtements! »

Norcy involontairement balbutia :

« C'est vrai, je me souviens. »

Mais aussitôt il protesta :

« Qu'est-ce que cela signifie ? Lui-même était aussi exposé qu'eux; il n'a rien eu et se porte aussi bien que nous. »

Pierrette marmotta entre ses dents :

« Il semblait bien précautionneux en les touchant; peut-être aussi qu'il a des moyens d'échapper à la contagion, quelque secret des médecins de leur pays! Et puis, il ne les a pas mis, lui, ces costumes! On ne me tirera pas de l'idée qu'il savait ce qu'il faisait ce jour-là! »

Malgré les objections les plus logiques et les plus sages opposées par le jeune homme, elle s'obstina, têtue, dans son soupçon, sans qu'il pût parvenir à la détromper.

Malheureusement la peste avait pris des proportions terribles; après les trois hommes du petit groupe, elle s'était abattue sur les demi-brigades, frappant de six à quinze soldats par jour.

La terreur fut au camp, malgré le soin pris par le quartier général, le médecin en chef Desgenettes et le chirurgien en chef Larrey, de démentir que ce fût la peste, et d'annoncer que ce n'était que la fièvre à bubons.

Il fallut, pour rassurer l'armée, que Desgenettes arrivât un matin à l'ambulance et prît la résolution courageuse de frapper les esprits par un acte inoubliable : s'approchant du lit d'Ambroise Chalinat, en ce moment convalescent au premier degré, il plongea sa lancette dans un bubon du pestiféré et se fit deux légères piqûres, l'une à l'aine, l'autre à l'aisselle.

Lorsque, le lendemain, on vit qu'il continuait à se porter aussi bien que d'habitude et qu'il soignait toujours les malades avec le

Tous deux veillèrent les trois malades

même calme, il y eut chez tous une réaction salutaire ; la plupart ne crurent plus à la contagion, et à peine à la maladie.

Le général en chef, à son tour, visita les pestiférés ; se dégantant, il toucha de sa main nue la peau et les bubons de Palavas, puis de Fricourt, leur disant à tous deux :

« En attendant que vous soyez tout à fait guéris, je vous confie à celle qui vous a si bien soignés jusqu'à ce jour et qui, elle aussi, sait qu'il suffit de ne pas avoir peur pour échapper à la maladie. Soyez vite sur pied pour venir me rejoindre à Saint-Jean-d'Acre, où j'aurai besoin de vous !

— Citoyen général en chef, tu peux compter sur eux et sur moi ! fit Pierrette confiante. Nous serons tous à Saint-Jean-d'Acre dans quelques jours ! »

Alain Plouhec marchait en tête avec Asem.

X

UN ÉCHO DU PASSÉ

Un peu avant le lever du soleil, au matin du 9 germinal, la cantinière et son escorte longeaient les sables de ce même rivage où les Phéniciens découvrirent autrefois la fabrication du verre, et suivaient la route de Haïfa à Saint-Jean-d'Acre, cherchant un moyen de traverser l'embouchure du Kerdaneh, le Bélus des Anciens, quand Alain Plouhec, qui marchait en tête avec l'Arabe Asem servant de guide, indiqua à son conducteur une masse sombre, à demi immergée et que les vagues semblaient ballotter légèrement :

« Ma Doué ! Qu'est-ce cela ? Une roche tremblante comme il y en a chez nous, qu'on croirait ? Ça va, ça vient, et on jurerait pourtant un brisant ! »

Mais son compagnon, dont la vue était meilleure, ou plus au courant des habitudes du pays, répondit avec un léger tressaillement :

« Non, pas rocher!... Rien!... Rien!... »

Il paraissait vouloir passer outre, lorsque le Breton aperçut d'autres ombres semblables, qui commençaient à se distinguer plus nettement, à mesure que, derrière les montagnes détachées de l'Anti-Liban, derrière la cime neigeuse de l'Hermon, derrière la haute tête en pain de sucre du Mont-Thabor, vers le lac de Tibériade, l'aube devenait plus claire et que pâlissait au-dessus de Nazareth l'étoile du matin.

Il s'exclama, attiré, se souvenant des grèves de son pays et sentant remuer dans ses veines son sang de naufrageur, le sang des ancêtres pilleurs d'épaves :

« Oh! diable! En voilà d'autres, de flottantes et d'échouées, de ces choses!... Ce n'est plus des roches, bien sûr!... Épaves à la côte!... Hardi les gars!... Fameuse affaire pour nous!... C'est peut-être bon à prendre!... Il y aura eu quelque grand bâtiment en perdition par ici!... »

Il courut, avide, et s'arrêta devant un énorme sac de cuir lié d'une corde, grommelant :

« Ça vient d'un naufrage!... Qu'est-ce qu'il peut y avoir là dedans? »

D'un coup sec de son sabre ayant coupé la corde, il ouvrit le sac, se pencha, curieux, et recula brusquement, poussant un cri d'horreur :

« Un mort! »

Par le col béant de l'outre, une tête apparaissait, hideuse, les yeux troués, les oreilles et le nez coupés, les dents blanches montrées en un rictus affreux.

Redevenu impassible, l'Arabe regardait; son compagnon questionna :

« D'où vient cela? »

De son doigt maigre Asem indiqua droit devant eux la ville, étrange, inquiétante, pleine de menaces avec ses créneaux, ses tours carrées, la ligne mince d'un haut minaret dominant la Grande Mosquée, et dont la silhouette se profilait, se dégageant des vapeurs de la plaine et de la mer :

« Acre !...

— Et qui a fait cela ?

— Djezzar-pacha !... »

Déjà le reste de la petite troupe avait rejoint les deux hommes et contemplait avec épouvante l'horrible trouvaille ; deux sacs, dix sacs, puis d'autres encore, d'autres toujours, les uns flottants, roulés, comme bercés par le flot, les autres à demi enfoncés dans le sable, apparaissaient : aussi loin qu'on pouvait voir, à travers les brumes indécises du matin, on en apercevait, sinistrement alignés le long du rivage.

Chacun d'eux contenait quelque corps affreusement mutilé, des torses sans bras ni jambes, des faces grimaçantes, encore tordues par une longue agonie, des hommes, des femmes, des enfants, des vieillards.

André Norcy jeta un cri de révolte :

« Le boucher !... Le boucher !... Oh ! ce *Djezzar !* »

Ainsi c'était exact ce que, le soir, dans les cantonnements se racontaient les soldats sur cet ancien Bosniaque, ayant fui sa patrie après un assassinat, s'étant vendu lui-même à Constantinople comme esclave, puis, converti à l'islamisme, devenu mameluk et le bourreau ordinaire d'Ali-bey, sur ce monstrueux exterminateur et tortureur des Druses, sur cet Ahmed, surnommé Djezzar ou le Boucher !

Ainsi rien n'était imaginaire, de sa haine personnelle contre les Français, de ses soixante ans, de sa barbe toute blanche épandue sur sa poitrine, tandis qu'un modeste costume de simple Arabe le revêtait habituellement, des audiences qu'il donnait, assis sur une natte dans une chambre sans meubles, n'ayant pour tout insigne de son rang, de son pouvoir absolu, que le riche poignard garni de diamants passé dans sa ceinture, mais conservant toujours à sa portée un pistolet à quatre coups, une carabine à vent, une hache, un long sabre, et passant son temps à découper avec des ciseaux des figures de papier !

C'était vrai qu'un pareil monstre existait, semblable à ces empereurs romains voués à une éternelle exécration, à ces tyrans aux noms légendaires, dont le souvenir surnageait sur des océans de sang ! C'était réel, ce Djezzar, dont tous les serviteurs étaient mutilés de sa propre main, l'un privé d'un bras, l'autre d'un œil, le troisième d'une oreille ou du nez, et qui faisait ferrer les hommes comme des chevaux !

Il leur sembla qu'il se dressait, farouche, ruisselant de sang, devant eux.

Ils comptèrent près de deux cents de ces lugubres épaves que la mer n'avait pas voulu garder et qu'elle rejetait sur le rivage, à la fois comme une menace, une vengeance et un défi : c'était la réponse de Djezzar aux premières opérations tentées contre Saint-Jean-d'Acre par Bonaparte, le massacre de tous les négociants européens établis dans la ville.

Des soldats, qu'ils rencontrèrent bientôt sur une route transversale permettant de contourner les marais de l'embouchure du Kerdaneh, leur apprirent que, la veille, le général en chef, ayant d'abord nettoyé le village et les jardins des troupes ennemies qui les occupaient dans la plaine, avait fait donner l'assaut à la place, sans pouvoir l'enlever, comme il l'espérait, après la prise relativement rapide et facile de Jaffa.

Ils les suivirent, traversant quatre branches ou affluents de la rivière sur des ponts jetés par les Français, et arrivèrent derrière le coteau du Turon, à mille ou douze cents toises d'Acre, à l'emplacement où campaient les divisions.

D'une petite hauteur, appelée Mont de la Mosquée, où les Turcs avaient ébauché quelques retranchements, immédiatement abandonnés, et que les hommes de Nicolas Goulot venaient de gravir, ils purent admirablement voir la ville. On distinguait les minarets, les remparts nettement dessinés, la langue de terre sur laquelle se dressait Saint-Jean-d'Acre, enveloppée de trois côtés par la mer, et, sur la droite, la chaîne du Liban.

En apprenant l'insuccès de l'assaut, la cantinière, se souvenant des exécutions qui avaient suivi la dernière victoire, murmura, tout assombrie :

« J'avais bien dit que ça nous porterait malheur! Depuis ce moment tout va mal : d'abord cette peste qui dévore tant de pauvres jeunes hommes là-bas dans nos ambulances, et puis cet échec, et ces misérables que nous venons de voir au bord de la mer! Ah! la colère du ciel est sur nous; prenez garde, c'est peut-être ici que nous trouverons la punition! »

Mais Gossin gouailla, montrant les murailles crénelées, d'où jaillissait à chaque instant quelque bref éclair rouge, aussitôt noyé dans une fumée blanche, tourbillonnante :

« C'est nous qu'on attendait, maman Pierrette, et on n'a pas voulu manger le gâteau sans nous! Moi, je compte bien m'en offrir une tranche, de ce pâté-là! Ça donne fameusement envie de mordre dedans une bonne croûte comme celle qui l'enveloppe!

— Elle est un peu dure tout de même, riposta un soldat, sortant d'une sorte de terrier garni de branches vertes, pour venir au-devant des nouveaux camarades qui arrivaient.

— C'est donc la 69ᵉ qui était de la fête? questionna Jean Toucas, reconnaissant un grenadier de sa demi-brigade.

— Comme de juste, et il en est resté pas mal dans un scélérat de fossé que personne ne soupçonnait, et dans lequel il a fallu descendre avec des échelles pour remonter ensuite à pic, de façon à atteindre la brèche. Diable d'affaire! On y a laissé le chef d'état-major Mailly, les adjudants-généraux Escale et Logier, et le drapeau de la 75ᵉ a été un moment perdu!

— Hein! gronda Nicolas Goulot, avec un tremblement de douleur et de colère. Mon drapeau, perdu!... Celui qui *arrive et bat l'ennemi*. C'est impossible! »

Mais le grenadier termina :

« C'est un sergent-major de la 52ᵉ qui l'a repris, un nommé Beausoleil. »

Cyrille Lamalou s'écria :

« Té ! mon propre chef que c'est, un rude soldat et un bon supérieur ; il a justifié une fois de plus notre inscription à nous, et la 75ᵉ a pu dire, tout comme le Petit Caporal :

« *J'étais tranquille, la brave 52ᵉ était là.* »

Nicolas s'attendrit, grommelant :

« Beausoleil, un ami ; faudra que je lui rende ça au camarade ! Ah ! ah ! Entre la 75ᵉ et la 52ᵉ, il y avait déjà une rude amitié, mais nous v'là à la vie, à la mort !

— V'là un Beausoleil qui me réjouit le cœur, c'est le cas de le dire ! » ajouta en riant l'incorrigible Gossin, malgré le regard de travers que lui lança le sergent-major.

C'est ainsi que, dès leur arrivée, ils furent immédiatement mis au courant des derniers événements qui venaient de se passer autour de Saint-Jean-d'Acre.

Comme l'avait promis Pierrette Goulot, avec cette belle confiance, ce courage et ce sang-froid en grande partie cause, non seulement de la guérison complète de Chalinat, Fricourt et Palavas, mais aussi du salut de ses autres compagnons, à qui elle avait enlevé toute crainte du fléau, dès qu'ils avaient pu se tenir debout, on était parti de Jaffa pour rejoindre l'armée, en suivant les étapes des divisions.

Grâce à Asem, à qui la cantinière, malgré ses précédentes objections et sa constante méfiance, avait dû finir par rendre une sorte de justice, ils avaient pu échapper aux attaques des Arabes, dont se trouvaient généralement victimes les isolés. Traversant d'abord la forêt de Merski, la célèbre forêt enchantée du Tasse, la plus grande forêt de la Syrie, ils avaient gagné la tour de Zeitah, Haïfa, auprès du Mont-Carmel ; ensuite, franchissant sans dommage le territoire situé entre la rivière Nahr-el-Maketh, au sortir d'Haïfa, et le Kerdaneh, toujours le long du rivage de la mer, en échappant, à la faveur de la nuit, aux brigands kourdes, les Garans, qui infestent cet endroit, et à la vue des bâtiments anglais de Sidney Smith, embossés entre le Carmel et Acre, ils parvenaient enfin au camp français.

Convalescents, les trois malades furent encore pour quelque temps placés en observation à l'écart, dans un petit cantonnement où seuls André Norcy et Pierrette avaient le droit de les visiter, de manière à éviter toute contamination.

Du reste, ce n'était plus qu'une exagération de précaution, car tout autour d'eux déjà des ambulances avaient dû être installées un peu partout, une sur le Kerdaneh, dans une ancienne étable de Djezzar-pacha, une autre à trente toises des murailles, d'autres encore aux environs, pour recevoir soit les blessés, soit les pestiférés que chaque jour le mal frappait, continuant depuis Jaffa de faire des victimes, et de se propager à travers les demi-brigades, en dépit du dévouement infatigable de Desgenettes, de Larrey et de leurs aides.

La journée se passa pour eux à se familiariser avec les abords de la place, à se présenter au quartier général, dont ils dépendaient directement, et à choisir un endroit pour s'établir.

Ce fut à proximité du Mont de la Mosquée, près de la division Bon, placée tout à fait à la gauche de l'armée et du coteau du Turon, qu'ils fixèrent leur campement, à l'imitation des troupes de toutes armes qui s'étaient creusé des habitations souterraines avec des lits de feuilles et d'herbes sèches.

Les autres divisions suivaient : vers la droite, la division Lannes, la division Reynier, le quartier général, entre les guides à pied et à cheval, le génie et l'artillerie, tandis que le magasin aux vivres, la manutention, occupaient les derrières d'une mosquée sur la hauteur, et la division Kléber, Murat et ses cavaliers formaient la droite, dans le voisinage de l'aqueduc.

Çà et là, des bancs de gazon avaient été formés avec la terre provenant des fouilles; des soldats ingénieux avaient composé des massifs de fleurs, de verdure, pour égayer un peu la monotonie du camp, auquel deux ruisseaux fournissaient une eau assez limpide, mais moins saine que celle de l'aqueduc.

Il fallut peu de temps à Nicolas Goulot et à ses hommes pour imiter ceux qui les avaient précédés et fouiller à leur tour le sol, de manière à créer une succession d'abris confortables, où ils pourraient supporter la longueur de ce siège qui s'annonçait comme devant durer plus qu'on ne l'avait cru.

La première nuit, ils dormaient tous profondément, fatigués de leur dernière étape et des travaux de terrassiers auxquels leur journée tout entière avait été employée, lorsqu'une effroyable série de détonations les mit sur pied.

« Hein! Qu'y a-t-il? On nous attaque? » questionna Mousson, encore mal éveillé, sautant hors de son terrier, fusil au poing, et cherchant à travers les ténèbres l'ennemi qui s'annonçait aussi bruyamment.

Les grondements continuèrent. Gossin montra, sur la gauche, la mer que des flammes aveuglantes illuminaient au large :

« C'est de ce côté que ça vient!... Une descente peut-être? Diable! J'aurais cependant bien aimé dormir, après une journée comme celle que nous avons eue! »

Apercevant une sentinelle de la division Bon immobile à son poste et qui ne paraissait nullement s'inquiéter de ce tapage, Samois questionna :

« C'est-y les Turcs, hé! là-bas, le camarade? »

Celui-ci, un homme de la 18ᵉ, se retourna et, reconnaissant le questionneur :

« C'est toi, Samois! Oh! bien, tu peux faire un à-droite et retourner te réintégrer dans tes draps; c'est pas les Turcs, c'est les Anglais, et, tiens, écoute, voilà la fin!... »

Un dernier jet de flamme raya l'obscurité, suivi durant un moment de roulements prolongés comme ceux du tonnerre; la sentinelle expliqua :

« Une manière qu'ils ont comme ça de nous annoncer qu'il est minuit. Toutes les nuits, c'est la même comédie ; le *Tigre* et le *Thésée*, leurs deux plus grands vaisseaux, envoient chacun leurs deux bordées, une façon qu'ils ont imaginée de crier : « Sentinelles, garde à vous ! »

Gossin grogna :

« C'est peut-être commode pour ceux qui ont besoin de remettre leur montre à l'heure, mais c'est rudement désagréable pour ceux qui ont sommeil !

— Bah ! philosopha la sentinelle, on finit par s'y faire : au camp, leur tintamarre n'éveille déjà plus personne. »

Rassurés, ils reprirent leur somme interrompu, après avoir fortement invectivé ces Anglais, qui ne pouvaient jamais laisser les gens tranquilles et qui, non contents d'avoir détruit presque toute la flotte française à Aboukir, d'avoir capturé la petite escadre destinée à ravitailler l'armée de Bonaparte à Saint-Jean-d'Acre, venaient donner l'appui de leurs canons à ce féroce et barbare Djezzar pour combattre et arrêter les Français.

Au réveil, ils en parlaient encore, lorsqu'ils virent le camp peu à peu envahi par une foule de gens des montagnes et des villages environnants, chargés de provisions de toute espèce.

« Eh bien quoi ! qu'est-ce que c'est que ceux-là ? questionna Samois. Ça n'a pas trop l'air d'ennemis, ces Turcs et ces Arabes-là, bien que ça porte des costumes sur lesquels j'ai toujours envie de tirer avant toute explication !

— Fais pas ça, mon bonhomme ! intervint Gossin qui, depuis la première heure, n'ayant pu dormir, avait été renouer connaissance avec d'anciens camarades des différentes demi-brigades. Il paraît que c'est des amis, tout ce qu'il y a de plus amis avec nous et que ça déteste à mort le pacha d'Acre ! »

Déjà plusieurs d'entre eux entouraient Pierrette, lui montrant des fruits, des œufs, du beurre, des légumes, des figues, des raisins, du vin, de l'eau-de-vie et des pains plats semblables à des galettes. Nicolas Goulot exultait, s'exclamant :

« Du vin, tonnerre de Mayence! Depuis le temps que je ne bois que de l'eau, et quelle eau! il est rudement l'heure pour moi de goûter un peu aux crus de par ici, si je ne veux pas cesser à tout jamais de rester Bourguignon!

— Le fait est, repartit Gossin, désignant le visage bronzé, tanné et presque noir du sergent-major, qu'on ne peut plus dire que ton nez soit à la Côte-d'Or! Il tourne plutôt à la Côte-Nègre! »

— Oui, mais ils ne le donnent pas, leur vin, non plus que leurs autres provisions! reprit la cantinière, révoltée des prix que les nouveaux venus osaient demander de leurs denrées.

— Hé bé! ajouta Cyrille Lamalou, fouillant ses poches. C'est encore les Mameluks qui payent, on peut y aller! On n'a pas pu tout dépenser depuis la bataille des Pyramides, et en campagne il ne faut pas faire d'économies!

— C'est vrai! conclut Mousson. On le regretterait trop si on était tué demain! »

Attirés par la vue de l'or, dont les compagnons de la cantinière étaient largement approvisionnés, les villageois et montagnards, pour le plus grand nombre Motoualis, Grecs, Druses, s'installèrent de préférence autour du campement de celle-ci, qui devint en quelques instants comme le centre d'un petit marché plein de gaîté et de mouvement, où les enchères, les achats, les demandes et les réponses se faisaient plus encore par gestes que par paroles. Lorsque quelque difficulté un peu sérieuse s'élevait, André Norcy et Asem intervenaient, servant d'interprètes et empêchant les soldats de se laisser trop exploiter par ces marchands plus ou moins avides.

Toute cette animation, qui rompait la monotonie du siège et enlevait à la guerre son côté simplement sanglant et atroce, intéressait André Norcy, un moment arraché à l'horreur des champs de bataille, des ambulances et des hôpitaux, pleins de malades et de blessés, quand un groupe qui sortait de la tente du général en chef accapara tout à coup son attention.

Un vieillard, portant le costume des Druses, s'avançait, se préparant à passer à proximité du cantonnement où se trouvait le jeune homme ; une barbe d'une blancheur éblouissante tombait presque jusqu'à sa ceinture ; près de lui, soutenant sa marche, un solide garçon d'une vingtaine d'années ; deux autres hommes, l'un vieux, l'autre en pleine vigueur, le suivaient et derrière eux un certain nombre de serviteurs et de femmes.

En les voyant, André, songeant aux noms célèbres que portaient les villes, les villages, les montagnes qui les entouraient, ne put s'empêcher de penser aux patriarches de la Bible. Lorsque ce groupe majestueux et vénérable arriva devant lui, il fit d'instinct un pas en avant, comme pour demander sa bénédiction à cet homme dont la physionomie, à la fois imposante, tranquille et douce, évoquait à ses yeux Abraham ou Jacob.

Asem, occupé à régler un marché entre la cantinière et un des marchands, n'avait pas vu venir les Druses ; il se trouva subitement en face d'eux, au moment où Norcy entrait en conversation avec le jeune homme, qui répliquait à une question du Français :

« C'est mon arrière-grand-père : il a cent quinze ans. Voici mon grand-père, mon père, ma femme et nos serviteurs. Nous regagnons Sahfed, où nous habitons. »

Il expliqua ensuite qu'ils venaient tous d'aller saluer le grand chef Bonaparte, le sultan du feu, le libérateur de leur pays, venu pour les venger et pour châtier Djezzar-pacha, le bourreau de leur peuple. Ils étaient parents très proches du fameux Dâher, autrefois possesseur d'Acre et de tout le pays, que les Turcs avaient vaincu et tué.

Tandis qu'ils échangeaient ces paroles, l'Arabe était demeuré immobile, ne pouvant se dissimuler derrière ses voisins, comme il avait paru un instant en manifester le désir, en voyant les nouveaux venus.

Le jeune Druse acheva de raconter leur entrevue avec Bonaparte :

« Le sultan du feu a dit à mon arrière-grand-père qu'il devait être satisfait d'avoir tant vécu pour voir de si heureux changements dans son pays; je lui ai répondu que, comme Siméon, il mourrait content, puisqu'il avait vu le Messie! »

Impassible, comme détaché de tout sentiment humain, semblant déjà appartenir plus au ciel qu'à la terre, le patriarche avait écouté, sans prononcer une parole, ce que disait son arrière-petit-fils. Il se préparait à poursuivre sa route, lorsque subitement ses prunelles demi-éteintes parurent s'éclairer d'une lueur intérieure; son bras lentement soulevé venait de se diriger vers Asem, et des syllabes confuses s'égrenaient de ses lèvres :

« Abou... Abou... êl... Hoûl!...

— Hein! Quel charabia est-ce là? Quand on pense que m'sieur Norcy comprend ça et que ça signifie des vrais mots, des mots de français! intervint Gossin, toujours prêt à rire de tout. Ah! ah! elle est fameuse, celle-là!... Abou... Aboul, qu'il marmotte l'ancêtre!... Maboul! quoi! Ça veut dire fou, qu'on m'a enseigné au Caire!... »

André Norcy avait fait un mouvement brusque, étonné, murmurant à mi-voix :

— Abou-êl-Hoûl! Mais c'est le nom que les Arabes donnent au grand Sphinx, qui semble à la fois le gardien des Pyramides et du désert. Abou-êl-Hoûl, le Père de la Terreur!... Que signifie? Est-ce une hallucination? un souvenir peut-être? »

Il s'adressa au jeune Druse :

« Que dit-il? Que veut-il dire? »

Ses regards allaient du visage pétrifié, muet d'Asem, au visage couvert de rides remuantes du patriarche.

Mais l'Arabe n'avait pas fait un mouvement, pas laissé échapper un mot, comme indifférent, étranger à ce qui se passait, et déjà les prunelles du vieillard redevenaient ternes, sans flamme d'intelligence; son bras était retombé et il ne paraissait plus voir personne, enlevé de nouveau sur le char de feu du prophète pour les régions éternelles, comme Élie sur le mont Carmel.

Connaissait-il Asem? Avait-il cru retrouver dans ses traits une ressemblance avec le fameux Sphinx? Cela semblait bien improbable, impossible : l'image de pierre élevée par les Pharaons et la face sérieuse de l'Arabe n'avaient aucun rapport.

Lorsque Norcy questionna Asem, celui-ci sourit avec gravité, montrant tour à tour son front et le ciel, comme s'il eût voulu expliquer par la folie l'incohérence des paroles du centenaire.

Cependant le jeune savant sembla traversé par une pensée soudaine; laissant l'Arabe, qui ne chercha nullement à rester davantage, retourner auprès des marchands, il accompagna durant quelques pas les Druses, réfléchissant profondément. Puis, s'adressant au père du jeune homme, il lui demanda s'il n'avait jamais entendu parler d'un voyageur, venu dans ces contrées quelques années auparavant, un Français nommé Jules Mathelin.

L'homme secoua la tête; il ne se souvenait pas; son père non plus ne savait rien; quant à l'arrière-petit-fils, il était trop jeune pour pouvoir se rappeler.

Peut-être, en effet, Mathelin, bien que se rendant à Jérusalem et ayant passé par Saint-Jean-d'Acre, n'avait-il pas traversé Sahfed, l'ancienne Béthulie; cependant le nom du lac de Tibériade figurait sur le carnet.

Machinalement, André avait tiré du sachet de cuir la montre du voyageur et l'avait ouverte, relisant le nom gravé dans le boîtier, le montrant aux Druses, lorsque le centenaire poussa une exclamation brusque, les yeux redevenus vivants, et son doigt tremblant se posa sur le nom que Norcy venait de lire tout haut. Le même balbutiement glissa, forçant la prison de ses lèvres sèches :

« Abou êl... êl... Mathelin!... Mélâk-el-Azraël!... »

André eut un sursaut; distinctement le vieillard avait articulé le nom, « Mathelin »; il avait donc connu, lui; il savait peut-être!

Un flot de pensées contradictoires heurta les parois de son crâne. Comment ce nom aurait-il été su par le Druse? Était-ce de l'avoir entendu prononcer par Norcy? Cela se pouvait, mais ne suffisait pas à expliquer comment de lui-même il avait rapproché les deux noms de Mathelin et de Mélâk-el-Azraël, ni surtout pourquoi cette émotion qui l'avait remué en voyant la montre. Il voulut interroger : de nouveau la taie épaisse de l'oubli était retombée sur les yeux un instant lucides; de nouveau toute expression avait disparu du regard.

Étonnés, les autres Druses cherchaient à comprendre cette scène; le petit-fils ajouta :

« Mon pauvre grand-père est souvent ainsi, comme retourné à son berceau de petit enfant; cela date de quelques années, depuis un massacre auquel il a assisté près de la mer Morte, du temps où Mélâk-el-Azraël avait paru dans la région. Ce jour-là aucun de nous n'était avec lui.

— L'Ange de la Mort! vous le connaissez donc aussi? » s'écria André, stupéfait d'entendre prononcer ce nom, déjà tombé de la bouche du centenaire.

Le Druse poursuivit, plein de terreur :

« Le connaître, moi, oh non! Quand on le voit, la mort est sur vous! On nous a dit qu'on l'avait revu, qu'il allait reparaître dans le pays!... Chaque fois que le sang coule à flots quelque part, il est là!... Chaque fois que les sables du désert sont soulevés par le vent meurtrier du sud, il est là, les poussant devant lui de son haleine de flamme! »

Longtemps après que le centenaire eut disparu, entouré des siens, André Norcy resta à la même place, immobile, cherchant à suivre à travers ses pensées le fil qui devait le conduire à un but qu'il semblait entrevoir, et qui sans cesse le fuyait. Une obscure sensation lui faisait croire qu'il s'était trouvé quelques secondes sur la piste longtemps cherchée.

A travers ces choses confuses, incohérentes, qui paraissaient des mots et des phrases de cauchemar, il avait la persuasion qu'une lueur avait un moment brillé, pour s'éteindre presque aussitôt. Jules Mathelin avait traversé ce pays, il le savait; qu'y avait-il donc d'étonnant à ce qu'il trouvât des traces, des souvenirs de son passage? Était-ce dans ce massacre aux alentours de la mer Morte qu'il

Son doigt tremblant se posa sur le nom.

avait perdu la vie? Les victimes du guet-apens étaient-elles lui et son escorte? Cela devenait possible, probable même, puisque c'était ce fameux Mélâk-el-Azraël qui, au dire des Druses, en était l'auteur, et que la montre du malheureux voyageur était tombée entre ses mains. Il y avait là pour André comme une première certitude.

Il regagna, rêveur, le campement de Pierrette Goulot : là le mouvement avait cessé; il ne restait plus que quelques Druses et Grecs, assis paisiblement et fumant leur pipe, en contemplant tour à tour les soldats français et les remparts de Saint-Jean-d'Acre.

Lorsque Asem aperçut Norcy, il alla à lui, la physionomie aussi calme, aussi sereine que d'habitude, et dit seulement, faisant allusion au centenaire druse, à son intelligence éteinte :

« Trop d'années, c'est comme pas assez d'années! »

Ce fut à qui s'empresserait pour ramasser des boulets.

XI

LE SAUT DE JEAN TOUCAS

Dès qu'une brume qui couvrait tout le rivage et cachait la plaine eut été chassée par le vent soufflant de la mer, le soleil, invisible depuis son lever, fit flamber la bande de sable étendue depuis les murs de Saint-Jean-d'Acre jusqu'à l'embouchure du Kerdaneh.

Une troupe d'une vingtaine de soldats, jusqu'alors cachés par le brouillard du matin, se détacha nettement sur une seule ligne; ils étaient occupés à des travaux de fortification, de retranchements pour protéger le camp, dans la crainte de quelque débarquement des Anglais sur le flanc gauche des parallèles qui enveloppaient étroitement la ville depuis la Tour du Diable sur la droite et qui suivaient le fossé de l'ancienne enceinte de la vieille Ptolémaïs, pour finir à gauche au village enlevé par les Français, village précédant la place.

De ces soldats, les uns levaient à deux bras quelque pioche, d'autres se courbaient, fouillant le sol de leur pelle, et plusieurs se dressaient de toute leur hauteur, paraissant regarder du côté de la pleine mer, tandis qu'au milieu d'eux un véritable géant, sur le corps mince duquel flottait un long manteau, tendait au bout d'une hampe démesurée un drapeau, dont les trois couleurs ondoyaient et claquaient sous la brise.

Aussitôt, vers la haute mer, le *Tigre* se mit en mouvement, hissant ses voiles, ainsi que le *Thésée*. Les Anglais avaient remarqué ce qui se passait sur la plage, et sans doute un ordre se transmettait rapidement, car on vit les pavillons monter et descendre, échangeant des signaux; le chébec l'*Alliance Corse*, suivit l'exemple des deux grands vaisseaux, se rapprochant à son tour de la côte; la *Négresse*, la *Notre-Dame-de-Grâce*, la *Marianne* se couvrirent de toile, tandis que les deux pontons, placés assez près de terre, viraient un peu sur eux-mêmes pour présenter le flanc.

Arrivant à bonne portée, brusquement le *Tigre* ouvrit le feu, commençant à couvrir le rivage de boulets.

Aucun émoi ne se manifesta parmi les courageux travailleurs, qui demeurèrent impassibles, immobilisés dans leur besogne, défiant la canonnade. Alors les autres bâtiments vinrent à tour de rôle tirer chacun leur bordée, pendant que le *Tigre* d'abord, le *Thésée* ensuite viraient de bord, pour présenter leur autre flanc au rivage.

Quelques boulets mieux pointés frappèrent en pleine ligne des soldats; un ou deux tombèrent. Les autres, avec une intrépidité extraordinaire, ne paraissant même pas s'en apercevoir, ne se détournèrent pas un instant de leur besogne pour les secourir ou les ramasser, et, sans peur, face à l'ennemi, le géant maintint toujours aussi haut son audacieux et provocant drapeau.

Cette attitude exaspérant probablement les Anglais, ce fut durant quelques instants une canonnade effroyable, comme s'il se fût agi de repousser et de détruire un corps d'armée massé sur la grève; la mer se couvrit de jets de flammes, des sifflements stridents dirisèrent les ondes atmosphériques, et des fumées roulèrent, tourbillonnant en masses cotonneuses sur le dos des vagues, pour venir mollement se dissoudre au-dessus du camp français.

Sous cette épouvantable trombe de fer, de plomb, de mitraille, la ligne des hommes occupés à la tranchée se brisa, trouée en plusieurs endroits ; bientôt il ne resta plus que deux ou trois soldats isolés, et parmi eux l'héroïque porteur du drapeau, agitant les lambeaux de son étendard percé de trous.

Il y eut, pendant quelque temps, une sorte d'accalmie à bord des vaisseaux anglais, lorsqu'ils se furent rendu compte de cet heureux résultat.

« Hé bé ! cria une voix joyeuse, ce qu'on en a eu du plaisir !... Cré coquinasse de Parisien, c'est pourtant lui, boun Diou, qui l'a eue, cette idée de génie ! »

Se hissant hors du terrier, où il se tenait caché à une courte distance de la plage, Jean Toucas émergeait tout à coup ; puis, se précipitant sur un magnifique boulet de 36, arrivé à quelques mètres de lui, il l'enleva à deux mains, tout fier de sa trouvaille, et ajouta :

« Té ! En voilà un qui vaut ses vingt sous à l'état-major ! »

Gossin se montra à son tour, la voix larmoyante, essuyant d'un revers de manche une larme imaginaire :

« Tout de même, il y en a eu du massacre parmi les camarades ! Il n'y a que le grand qui ait tenu bon jusqu'au bout ; on jurerait qu'il sait qu'il porte le drapeau ! »

Il salua militairement, terminant :

« Honneur aux braves !

— Les pauvres ! les pauvres ! fit Palavas, montrant les formes étendues çà et là !

— Si on allait ramasser les morts ? questionna Bernaville se dirigeant vers la tranchée.

— Ouais ! objecta égoïstement Samois. Commençons par ramasser les boulets, c'est le plus pressé ; sans quoi ce n'est pas nous qui aurons le bénéfice de l'invention de Gossin. Tenez! v'là déjà tout le camp qui s'amène par ici ; si nous attendons, il ne nous restera que les cadavres, et c'est maigre ! »

On voyait, en effet, comme d'une cité de marmottes, sortir des têtes de tous les trous ; déjà des soldats des différentes demi-brigades se hâtaient de courir vers la grève, sans trop se préoccuper de la canonnade qui continuait, intermittente maintenant, depuis que les Anglais ne voyaient pas se reformer la ligne des travailleurs.

Nicolas Goulot expliqua :

« Allez vite, avant qu'on ne vous chipe votre cueillette ; vous savez tous quels sont les termes de l'ordre du jour daté du quartier général, 15 germinal an VIII; les voici pour ceux qui l'auraient oublié : *Tous les militaires qui, dans les journées d'aujourd'hui et de demain, porteront à l'état-major des boulets trouvés dans la plaine, seront payés, savoir : pour chaque boulet de 36 ou de 33, vingt sous; pour chaque boulet de 12, quinze sous; pour chaque boulet de 8, dix sous! — Par ordre du général en chef.* Or c'est aujourd'hui qui est le demain de cet ordre, c'est-à-dire le dernier jour, vu que nous voilà au 16 germinal, et on n'a plus que cette journée pour faire la récolte : avis aux amateurs! »

Ce fut à qui s'empresserait pour ramasser des boulets ; André Norcy, Pierrette elle-même luttèrent d'émulation avec leurs compagnons, chacun rapportant ce qu'il avait trouvé, à un tas commun à la petite troupe, un amoncellement de projectiles formé auprès des trous qu'ils avaient creusés la nuit pour y attendre à l'abri et sans danger le résultat de la canonnade.

Gossin, lui, s'était dirigé vers la ligne des travailleurs, et, planté devant le géant, l'apostrophait d'un ton de général en chef :

« Tu seras porté à l'ordre du jour, oui, mon vieux lapin, pour ta crâne tenue devant le feu! Tu as tout mérité, vois-tu, grenade d'honneur, sabre d'honneur, fusil d'honneur !... Ah! ils ne t'ont pas fait courber la tête, les Anglais! Ils ne se doutent guère de quel bois tu es, un vrai cœur de chêne, quoi!

— Oh! ce Gossin, ce Gossin, il n'y a que lui! » s'exclamait, pris d'un fou rire, Samois, se redressant chargé de boulets qu'il venait de ramasser autour du porte-drapeau, un point où les projectiles abondaient, comme si les pointeurs anglais l'eussent pris pour principal objectif.

Ambroise Chalinat s'émerveillait, retournant sans façon les cadavres pour mieux fouiller dans le sable :

« Ch'est tous des boulets de 36 et de 33! Autant de pièches de vingt chous!

— Sans compter le plaisir qu'on aura à renvoyer ça aux canonniers anglais servant les pièces turques des remparts! grommela Alain Plouhec, avec sa haine vivace contre l'éternel ennemi de la Bretagne.

— Enfin, dis-nous un peu d'où ça t'est venu, cette imagination de fabriquer des mannequins pareils? » questionna le caporal Plantin frappant en riant la perche gigantesque, coiffée d'un bonnet à poil, entortillé d'un manteau de cavalier, après laquelle Gossin avait artistement attaché la hampe énorme d'un drapeau composé de trois morceaux d'étoffe bleue, blanche et rouge, cousus par la cantinière.

Le Parisien fit le modeste :

« Oh! pas de moi, bien sûr, mais du général en chef lui-même!

— Le Petit Caporal, ça ne m'étonne pas! s'exclama Capestang. Il sait tout! »

Gossin continua :

« Vous ne vous souvenez donc plus, devant El-A'rych, le 29 pluviôse an VIII, lorsqu'il a inventé la chose? J'en sais encore toutes les paroles, à les réciter, tellement ça m'avait empoigné :

« *Le général en chef ordonne qu'avec des perches et un morceau en travers sur lequel on mettra un mauvais sarrau de soldat et une espèce de bonnet ou chapeau, vous fassiez faire une vingtaine de mannequins qu'on placerait dans différents coins, pour faire croire à l'ennemi que ce sont des sentinelles ou des postes, faire consommer leurs munitions, les dégoûter de tirer sur nos sentinelles, les voyant invulnérables.* »

« Pour lors, j'ai pensé que ce qui était bon à El-A'rych serait encore plus fameux à Saint-Jean-d'Acre, et qu'il valait mieux offrir ces citoyens-là comme cible à Sidney Smith que notre propre peau, laquelle a bien sa petite valeur ; pas vrai, les enfants ? »

Une explosion de rires et de bravos accueillit ces paroles.

En ce moment, un soldat de la 15e demi-brigade, qui avait déjà ramassé pour quatre-vingts francs de boulets à lui tout seul, eut le bras brisé en voulant arrêter un boulet qui passait et cria, furieux :

« Diantre ! En v'là un qui me coûte cher ! »

Nicolas Goulot observa à ses hommes :

« Si vous restez là, vous allez faire les mannequins à votre tour ; v'là la grêle qui recommence ! »

En effet, les Anglais, distinguant de nouveaux groupes de soldats sur le rivage, recommençaient à tirer et les boulets ronflaient de plus en plus serrés autour d'eux ; ils se hâtèrent de redresser les mannequins effondrés, d'en consolider d'autres, puis regagnèrent leurs cachettes, en attendant le moment propice pour recommencer leur fructueuse récolte, leur piège à boulets mis en place.

C'était en voyant diminuer les munitions de l'artillerie, et en attendant les approvisionnements qu'on devait lui expédier de Jaffa, que Bonaparte avait fait publier cet ordre du jour, car le siège se poursuivait sans grands progrès de la part des assiégeants, les assiégés ayant la faculté de se fournir par mer d'autant de troupes fraîches, de vivres et de munitions nouvelles que cela leur était nécessaire.

A quelques jours de là, ce qui mit le comble à l'indignation du sergent-major fut d'apprendre que le principal défenseur de Saint-Jean-d'Acre était un Français. On venait de lui annoncer cette nouvelle, lorsqu'il rencontra André Norcy, de retour des ambulances, où ce dernier avait accompagné Pierrette dans sa visite quotidienne aux malades et aux blessés :

« Comprenez-vous cela, m'sieur André, un ingénieur français, un homme comme vous et moi de cette brave terre de France, où on déteste tant les traîtres, et qui s'allie aux Anglais, bien plus à un brigand de l'espèce de ce Djezzar!... Encore pour les Anglais, c'est des gens dans notre genre, et nous avons déjà vu ça en Vendée; mais pour l'autre, le Turc, le Sauvage, le Boucher!... Ah! je donnerais mes galons, je donnerais ma grenade, bien gagnée cependant, je donnerais mon sabre d'honneur de l'armée d'Italie, tout enfin, pour me trouver nez à nez sur la brèche avec ce Phélippeaux, qu'on le nomme, pour lui cracher son fait à la figure et lui enlever l'envie de recommencer!... »

Le brave homme écumait, les larmes aux yeux; Norcy fit un mouvement, le cerveau frappé d'un souvenir :

« Phélippeaux, as-tu dit? Mais c'est bien plus que cela encore c'est un ancien compagnon du général Bonaparte, un officier du génie émigré; je me souviens bien de ce nom. Il était à Paris à l'École Militaire dans la même classe que Monge et Bonaparte: il a été examiné le même jour que notre commandant en chef par Laplace et est entré avec lui dans le corps de l'artillerie. Ce ne peut être que lui! Il a émigré, et, fait plus probant encore, c'est lui qui a fait échapper de la Conciergerie le commodore sir Sydney Smith; ainsi s'explique leur complicité!... On m'avait bien dit qu'il était colonel au service des Anglais dans le Levant : c'est lui!... Contre nous, contre son collègue, son camarade!... Oh! un Français, c'est abominable! »

Avivé encore par la résistance rencontrée par les Français devant Saint-Jean-d'Acre, tout le patriotisme d'André se révoltait contre ce fait monstrueux, plus odieux même que de voir une nation civilisée comme l'Angleterre secourir des barbares, des Turcs à demi sauvages et surtout ce pacha qui avait mérité le nom de Boucher.

C'est en vain qu'il essayait de secouer la mélancolie, l'espèce de désespérance qui l'envahissait chaque jour un peu plus, à mesure que se prolongeait ce siège qu'on avait cru d'abord ne pas devoir durer plus que ceux d'El-A'rych ou de Jaffa. Il se sentait immobilisé là dans une impasse. Sans progresser en rien, ni au point de vue des connaissances nouvelles à acquérir, ni au point de vue de ses recherches particulières pour retrouver les traces de Jules Mathelin. Cette fois Bonaparte semblait se heurter à une barrière que toute sa science ne parvenait pas à briser et contre laquelle sa volonté demeurait impuissante. Chaque jour amenait quelque déconvenue nouvelle, quelque assaut infructueux, quelque tentative brillante que toujours un hasard imprévu faisait échouer.

Le contre-coup s'en fit sentir dans l'armée, où les plaintes augmentaient, où le désespoir grandissait, à mesure que les blessés et les malades emplissaient davantage les ambulances, bien qu'on en évacuât constamment, à Haïfa, à Sahfed, dans les monastères transformés en hôpitaux, à mesure aussi que les morts s'entassaient dans les sinistres boyaux des parallèles, charniers d'où montait une odeur épouvantable.

En vain la cantinière, aidée de son jeune et courageux acolyte André Norcy, se multipliait; chaque semaine ils apportaient à leurs camarades quelque nouvelle désolante qui jetait son ombre même sur la gaîté vivace et renaissante de Gossin, dont les rires, les plaisanteries, l'ingéniosité sans cesse en éveil soutenaient ceux qui les entouraient : c'étaient les sorties multipliées et renouvelées des assiégés, chaque fois qu'ils recevaient quelques renforts nouveaux, les assauts incessants qui portaient les héroïques grenadiers au sommet de l'imprenable tour par le creux de la brèche, leur donnant un moment l'illusion de la victoire, de la ville presque prise, pour se voir ou mal soutenus par leurs camarades défaillants, ou décimés et repoussés par les troupes fraîches lancées sur eux de l'intérieur de Saint-Jean-d'Acre.

Les uns après les autres les officiers tombaient; leurs seuls noms formaient déjà une liste terrible, que les soldats se répétaient avec épouvante, et que rendait plus inoubliable encore le tombeau de l'un des plus braves et des plus connus, le général Caffarelli du Falga, élevé au pied du coteau du Turon, près de la route du Liban et de la ligne de l'aqueduc.

André, depuis que la rencontre du centenaire druse avait réveillé en lui le souvenir un moment assoupi de son tuteur et fait revivre plus intense le serment prononcé sur les marches du Panthéon, oubliait, malgré ses péripéties et ses périls renaissants, l'expédition dont il avait accepté de faire partie, pour songer surtout à la manière dont il pourrait accomplir la mission dont il s'était chargé.

Bien que les paroles des Druses l'eussent à peu près convaincu que le malheureux Mathelin avait dû autrefois traverser les régions mêmes où il se trouvait, c'était principalement l'étrange et insaisissable Mélâk-el-Azraël qu'il désirait retrouver et dont le visage mystérieux, voilé, le hantait.

Or, d'après les récits de tous, d'après ce qu'il avait pu constater lui-même, tant qu'il resterait devant Saint-Jean-d'Acre, il n'avait aucun espoir de le revoir : c'était au désert, sa demeure habituelle, c'était à travers les solitudes sablonneuses qu'il devait poursuivre cet ennemi bizarre, certainement possesseur du secret qu'il cherchait, ce Démon des Sables, comme l'avaient assez justement nommé les défenseurs de Pierrette, à l'instigation du Parisien Gossin.

Pour cette raison, plus encore qu'à cause des assauts constamment avortés de Saint-Jean-d'Acre, André Norcy n'avait plus qu'un désir, qu'une pensée, aller dans les endroits où il pourrait rencontrer Mélâk-el-Azraël; mais personne ne pouvait lui apprendre où ce dernier se tenait en ce moment, quand un fait assez bizarre se produisit.

Bien que leur service auprès de Pierrette Goulot leur prît à peu près tout leur temps et qu'ils eussent eu plusieurs fois l'occasion de se joindre aux détachements envoyés dans les tranchées pour repousser les fréquentes sorties de la garnison assiégée, les compagnons de la cantinière avaient parfois une sorte de nostalgie des batailles, surtout lorsqu'ils apprenaient les beaux faits d'armes accomplis ou les échecs subis par l'une ou l'autre des demi-brigades auxquelles ils appartenaient.

Chez certains ce sentiment avait été si violent, que, vers le milieu de floréal, Bonaparte ayant créé des compagnies d'éclaireurs pour marcher en tête des colonnes d'assaut avec les grenadiers, Jean Toucas, jaloux de se distinguer, obtint d'en faire partie; il expliqua :

« Au moins je pourrai en tuer, moi aussi, de ces *Turs* qui nous font tant de misères sans qu'on puisse leur répondre. Dire que depuis plus d'un grand mois que nous sommes ici, je n'ai pas encore pu me rencontrer sérieusement avec eux! Té! c'est agaçant à la fin de voir les camarades toujours s'amuser sans vous! Quand on pense qu'il y a déjà eu six assauts et ces deux grandes batailles de Nazareth et du Mont-Thabor, auxquels on a oublié de nous inviter!... »

Quelques jours après, arrivait au camp la grosse artillerie, amenée d'Alexandrie à Jaffa à travers les croiseurs anglais par le contre-amiral Perrée, et immédiatement mise en batterie contre la terrible tour qu'on ne parvenait pas à détruire, la tour indestructible construite au neuvième siècle par Ahmed-êbn-Touloun et qui arrêta si longtemps les Croisés.

« Enfin, gronda le sergent-major, en caressant de la main une des nouvelles pièces, c'est à notre tour de faire pan, pan, pan!.. On n'entendra plus leurs canonniers se moquer de nous en criant : « Sultan Sélim, pan, pan, pan!... Bonaparte, pin, pin, pin! » Ils auront fini de railler nos malheureuses pièces de 12 et de vanter la grosse voix de leurs canons!... Et cette fois ce sera pour de bon! »

Une même conviction venait à tous que, en effet, ce serait la fin et qu'on triompherait de la résistance de la ville.

Aussi fut-ce avec une joie enthousiaste que, le 18 floréal, vers cinq heures, à la fin de la journée, lorsque six brèches eurent été pratiquées dans les remparts par cette puissante artillerie, Jean

Toucas quitta ses camarades pour aller prendre sa place de combat parmi les éclaireurs de la division Lannes, qui marchaient en tête de la première colonne d'assaut avec le général Rambeaux.

Du reste, toutes les divisions devant prendre part à l'action, Nicolas Goulot avait amené sa petite troupe et Gossin cria à Toucas, en brandissant son fusil :

« Rendez-vous général à la Grande Mosquée, hein, c'est entendu ! »

Avec un élan irrésistible, la ruée des jours de victoire, les troupes surmontant tous les obstacles, franchissant le fossé, s'engagèrent dans la brèche principale et escaladèrent les remparts, malgré le feu épouvantable qui pleuvait sur eux. Des cris de triomphe retentirent ; pour la première fois les Français pénétraient dans Saint-Jean-d'Acre.

Une lutte héroïque s'engagea avec les défenseurs, qui durent céder à cette furie ; lancés au pas de course avec le général Rambeaux, éclaireurs et grenadiers atteignirent une place où Jean Toucas, enfonçant d'un coup de crosse la porte d'un café, y entra le premier, s'écriant :

« Hé bé ! Nous y sommes !... Je savais bien, moi, qu'une fois que j'en serais, tout irait bien ! Maintenant, attendons les camarades !... C'est ville gagnée !... Hé ! zou ! Vive la France !... »

Rapidement ils mirent le café en état de défense, les meilleurs tireurs placés aux fenêtres treillissées, la porte barricadée, tandis qu'une foule hurlante envahissait la place et les criblait de coups de feu.

Les minutes se passèrent ; il leur sembla que peu à peu l'intensité de la canonnade et de la fusillade diminuait ; en même temps une clameur courut dans la direction des remparts, dominant tous les bruits. L'éclaireur écouta, anxieux :

« Hein ! Qu'est-ce cela ? « Sauve qui peut ! » qu'on jurerait entendre. C'est pas les *Turs*, c'est du français, cela ; c'est les nôtres !... Boun Diou ! Nous voilà jolis garçons, pauvres que nous sommes!... Des rats dans la souricière, té!... Il va falloir faire payer sa peau ce qu'elle vaut, et elle vaut fameusement cher! »

Le tumulte du combat s'éloignait insensiblement; autour du café le cercle menaçant grossit et les balles sifflèrent, plus nombreuses, s'écrasant sur les murs, trouant le mince treillis des fenêtres et faisant des victimes parmi les Français entassés derrière ce fragile abri.

Au loin, dans la plaine, des clairons sonnèrent la retraite, et les notes grêles, de plus en plus faibles, tintèrent en glas de mort aux oreilles des vainqueurs d'un moment.

Puis des vociférations éclatèrent, mêlées de mots français; une foule nouvelle se rua, semblant arriver des remparts; des torches incendièrent la nuit subitement venue; des armes brillèrent, ensanglantées; des lances portaient des têtes coupées : parmi ces affreux trophées, Jean Toucas reconnut les traits pâles et énergiques du général Rambeaux. Il était parmi ceux qui avaient succombé avant d'atteindre le café.

« A mort, à mort les Français! »

Déjà la porte cédait; il n'y avait plus qu'à mourir, lorsqu'un mouvement se produisit au milieu des massacreurs, et, fendant les rangs pressés, une troupe de marins anglais parut, dirigée par des officiers anglais et turcs. Le pacha, à la prière de Sidney Smith, informé de ce qui se passait, laissait la vie à l'héroïque petite phalange, mais la faisait prisonnière.

Jean Toucas, ainsi que ses camarades, fut contraint de rendre ses armes. Il eut la douleur, pendant le reste de la nuit et la matinée du lendemain, d'assister à l'échec des assauts tentés de nouveau par les troupes françaises, et de reconnaître, parmi les cadavres qui parsemaient les approches de la brèche, à l'intérieur de la ville, le corps sans tête du général Rambeaux et ceux de beaucoup de ses camarades les éclaireurs et les grenadiers.

Si Djezzar avait épargné les Français renfermés dans le café près de la mosquée, ce n'était qu'à une condition : c'est qu'ils s'employassent aux travaux destinés à défendre la ville. Comme les autres prisonniers, Jean Toucas dut porter des sacs de terre ou des balles de coton pour boucher les brèches.

N'ayant pas perdu tout espoir, confiant dans la persévérance, dans le succès final de Bonaparte, il accepta sans révolte son misérable sort, se promettant d'en profiter pour s'instruire, examiner ce qui se passait autour de lui et tâcher d'en faire profiter ses compatriotes.

Mais les jours succédèrent aux jours, les assauts se renouvelèrent, aussi meurtriers, aussi infructueux; les Turcs, enhardis, tentèrent des sorties, et Toucas constata avec douleur que les choses ne semblaient pas plus avancées qu'au moment où il avait été fait prisonnier; de plus, d'incessants renforts arrivaient à cette ville, ouverte du côté de la mer, et un convoi venait de lui apporter douze mille hommes.

Quelquefois, du haut des remparts, en roulant ses balles de coton, en plaçant ses sacs de terre, le malheureux Provençal examinait le camp français, essayait de se rendre compte des différents mouvements exécutés, et distinguait, le cœur serré, l'âme douloureuse, l'emplacement occupé par la cantinière, par ses camarades.

Que faisaient-ils? Que pensaient-ils de son absence? Certainement ils devaient le croire mort. Et, parmi eux, quelques-uns n'avaient-ils pas succombé lors de cet assaut fatal, ou dans quelqu'une des autres attaques? Souvent il voyait les Turcs revenir, après quelque combat sanglant, portant des têtes qu'ils avaient coupées sur des cadavres français, et toujours il tremblait, n'osant regarder, terrifié à la pensée de reconnaître les traits aimés d'un camarade ou d'un ami.

Rassurés par la résignation apparente avec laquelle les prisonniers semblaient, à la longue, accepter leur sort, les gardiens ne veillaient plus sur eux avec la même sévérité que durant les premiers jours; du reste, l'impossibilité pour eux de s'évader était telle, que sans doute les Turcs pensaient qu'ils ne devaient même pas en avoir l'idée : aussi avaient-ils fini par pouvoir aller et venir sur la crête des remparts à peu près à leur guise, même la nuit.

Plusieurs fois, au moment où les ténèbres se faisaient le plus épaisses, Jean Toucas avait cru distinguer une silhouette d'Arabe glissant dans les fossés et s'entretenant avec les sentinelles avancées, puis regagnant les lignes françaises. Il crut d'abord s'être trompé, car il paraissait impossible de circuler entre les deux armées sans s'exposer à recevoir quelque coup de feu de l'un ou de l'autre côté.

Observant mieux, il remarqua que le fait se passait toujours au même endroit, que l'Arabe surgissait brusquement de terre comme un fantôme quand il arrivait, et s'engloutissait de même au départ. Cela lui parut singulier.

En même temps il constata que, régulièrement, quelque sortie de la garnison ou quelque assaut des Français coïncidait avec ces apparitions, comme s'il y avait corrélation entre la venue de cette espèce de spectre et les combats qui suivaient.

De phrases ramassées çà et là, et dont il comprenait certains mots, parmi lesquels le nom de Mélàk-el-Azraël, il arriva à conclure qu'un espion, peut-être ce fameux Ange de la Mort lui-même, devait tenir les assiégés au courant de tout ce que projetaient les Français, de manière à faire échouer les tentatives d'assaut et à provoquer ces sorties toujours très meurtrières.

La partie du rempart en face de laquelle le phénomène se produisait, très élevée, n'était gardée par aucune sentinelle, en raison de cette hauteur même. Après l'avoir soigneusement mesurée du regard pendant le jour et avoir remarqué que le fossé placé immédiatement au-dessous semblait marécageux, le Provençal s'y rendit mystérieusement par une nuit très sombre, au moment où un engagement assez vif retenait les défenseurs sur un point éloigné.

Il savait trouver là quelques-unes de ces énormes balles de coton dont on se servait pour boucher les brèches ; il en apporta trois, qu'il lia autour de son corps à l'aide d'une corde, puis il se laissa résolument tomber, préférant la mort à une plus longue captivité.

Il se laissa résolument tomber.

La précaution ingénieuse prise par lui avait considérablement amorti la chute; cependant il perdit connaissance et ne revint à lui qu'au bout d'un temps dont il ne put juger la durée. Il faisait toujours nuit, mais le combat avait cessé; une fraîcheur lui fit comprendre qu'il était envasé jusqu'à la ceinture dans le sol mou du fossé.

A part des meurtrissures et l'ébranlement causé par un pareil saut, il n'éprouvait pas de douleurs aiguës; ses bras, ses jambes remuaient facilement : il n'avait aucune fracture.

Rapidement il se débarrassa des ballots protecteurs, gravit le fossé et chercha à s'orienter, marchant droit devant lui. Il avait à peine fait quelques pas, qu'une flottante ombre blanche passa, le frôlant, puis disparut brusquement. Le fantôme, l'espion, bien certainement!

Il avança, le poursuivant, et tomba dans une sorte d'excavation; des parois humides s'étendaient sous ses mains; il continua de marcher, enveloppé d'une odeur de cave, allant doucement, tâtonnant toujours prudemment, et, après de longues minutes, après avoir senti ses pieds clapoter dans un ruisseau, il déboucha tout à coup en plein air.

L'aube commençait à éclairer vaguement les objets; il reconnut le coteau du Turon, la mosquée auprès de laquelle se trouvaient la manutention et le magasin aux vivres, un petit monument, qui était le tombeau de Caffarelli du Falga; plus loin des tentes, des grenadiers, des cavaliers pansant des chevaux.

Il sortait par un trou invisible sous les ronces, les végétations d'herbes et de plantes, de l'aqueduc souterrain alimentant autrefois Saint-Jean-d'Acre : il était tout près du camp français, de la division Kléber et de la cavalerie de Murat. Tout péril avait définitivement disparu pour lui.

Quelques instants plus tard il rejoignit le campement de ses camarades; Alain Plouhec l'aperçut le premier et recula, épouvanté, criant :

« V'là l'*intersigne* à Jean Toucas! Je savais bien qu'il était mort! »

Et le Breton superstitieux sortait à demi son chapelet de sa poche, pensant voir le fantôme du Provençal, selon la croyance de son pays de légendes.

« Vivant que je suis, et rudement vivant, boun Diou! » s'exclama Toucas.

Pierrette Goulot, l'apercevant à son tour, fit, avec un bon sourire de joie, comme si elle eût toujours pensé le revoir :

« C'est toi, Jean Toucas!... Eh bien! tu arrives à temps, mon garçon; nous venons de recevoir l'ordre de nous préparer au départ. Oui, on lève le siège! Le Petit Caporal en a assez de Saint-Jean-d'Acre : nous retournons en Égypte. »

Le sergent-major, sans s'émouvoir de cette apparition inespérée et tout à la pensée de la levée du siège, expliqua :

« Moi, je suis de l'avis de mon camarade de Mayence, de Kléber. Il a dit en plein conseil : « Généraux, je compare la ville d'Acre à une pièce de drap. Lorsque je vais chez le marchand pour l'acheter, je demande à la palper; je la vois, je la touche, et si je la trouve trop chère, je la laisse! » Eh bien! Acre est trop chère pour nous: il n'y a plus qu'à s'en aller : Kléber est bon juge là-dessus!

— C'est mon avis aussi, et c'est le bon, car j'en viens de cette ville de malheur et je sais des choses.... »

Jean Toucas s'avançait, en prononçant ces mots, les bras tendus vers ses compagnons, quand une forme blanche attira ses regards : c'était l'Arabe Asem, assis sur un sac de farine.

Machinalement il examina les sandales de l'Arabe, ses jambes couvertes de boue, puis reporta ses yeux sur ses propres chaussures que la même boue semblait revêtir.

Il balbutia :

« L'aqueduc!... La forme blanche! Est-ce que?... »

Il se retourna vers Pierrette, désignant l'Arabe et questionna :

« D'où vient-il? »

La cantinière répondit, en reprenant son ouvrage et sans remarquer l'agitation de Toucas :

« Qui cela? Asem? Mais du moulin de Kerdaneh, pour chercher de la farine. »

Impassible, l'Arabe regardait Jean Toucas en face, sans qu'un trait de son visage remuât.

La halte terminée, on se remit en route.

XII

MIRAGE !

« En pleins sables que nous voilà encore ! Comme si nous n'en sortions pas ! » grogna la voix découragée et pâteuse de Victor Fricourt, qui, la salive épaissie par la sécheresse, le gosier en feu, épongeait la sueur ruisselant sur son visage et s'éventait de son pesant feutre noir, afin de combattre un peu l'ardeur cuisante du soleil, dont les rayons augmentaient de force pénétrante à mesure que, à peine dégagé des vapeurs de l'aube, son globe s'élevait au-dessus de la ligne d'horizon, au delà de la mer Morte, dans les solitudes désolées de l'ancien pays de Moab, de l'Arabie.

La mémoire pleine de regrets à la pensée des paysages verts de la Meurthe, de la Moselle et de la Meuse, Mousson appuya :

« Il a raison, le Picard !... Pour moi, entre Khan Younès et El-A'rych, quand j'ai vu qu'il fallait recommencer les étapes infernales, j'ai bien cru que c'était déjà fini et que je n'avais échappé à la peste, aux bombes et aux sabres turcs que pour laisser mes os dans cette poussière de malheur!... Dix heures de marche dans un pareil pays, on sait ce que ça vaut!... Ah! misère!

— Hé! riposta César Capestang, assurant la bretelle de son sac sur ses dures omoplates, cette fois, c'est pour le retour, et nous savons aussi ce qu'il y a au bout; tandis que tant plus on avançait par là, vers les Jaffa, les Haïfa et les Saint-Jean-d'Acre, tant plus on pouvait croire qu'on n'arrêterait jamais de prendre des villes, de se battre, de s'empoisonner, de crever de toutes les manières, jusqu'au fin fond des Indes et d'un tas de pays que personne ne connaît; tout ça, sans espoir de jamais revenir! On rentre au gîte, je n'en demande pas plus. Hé! houp-là, ça me va, moi, le retour au foyer, que ce soit le Grand Caire ou une autre ville d'Égypte, en attendant mon Languedoc, ma vraie patrie! »

C'était à la fin de la première halte, sur un petit monticule au delà d'El-A'rych, dans ce désert épouvantable aux terrains poudreux, fuyants et mouvants, dont les vallonnements s'étendent sur quarante lieues avant d'atteindre Sâlheyeh, soit vingt-deux lieues jusqu'à Kathièh, simple oasis au milieu des sables, puis dix lieues de Kathièh à Sâlheyeh.

Ils se retrouvaient de nouveau en butte aux souffrances et périls que tous connaissaient pour les avoir, une première fois, supportés en allant en Syrie, mais qui leur paraissaient plus rudes, plus effroyables à affronter au sortir des eaux vives, des fruits abondants, des verdures et des ombrages de la Palestine, surtout après les fatigues incessantes, les veilles continuelles, les alertes, les longues heures de tranchée, après aussi les deux mois d'immobilisation forcée qui les avaient arrêtés devant l'imprenable place de Saint-Jean-d'Acre.

Avec la vigueur d'un clairon sonnant la charge, un organe tonitruant domina les plaintes :

« Hé là! Hé là! De quoi vous plaignez-vous, tas de freluquets, de muscadins !... Avez-vous peur de griller un peu plus vos jolis museaux, comme si le soleil ne vous avait pas tanné le cuir, qu'on pourrait en faire des souliers? N'êtes-vous pas heureux de vous retrouver tous ensemble réunis comme par le passé autour de notre maman Pierrette, pour la première fois depuis la mauvaise nuit de cauchemar et de dispersion où il nous a fallu lever le siège de cette mécréante de villasse, cette bicoque, comme l'a appelée le général en chef? Ah! celle-là, par exemple, que le grand diable d'enfer, qui la tient sous son infernale protection, la conserve donc à tout jamais, avec son digne représentant sur la terre de Syrie, le Djezzar-pacha, et qu'il y installe sa marmite de damnés ! Ce n'est pas moi qui redemanderai jamais à aller goûter au bouillon qu'il y confectionne ! Tonnerre de Mayence !... »

De la rancune montait peu à peu dans l'intonation de Nicolas Goulot, qui, tout en aidant la cantinière à affermir le chargement de son âne, promenait de l'un à l'autre ses yeux brillants, dont la moquerie s'effaçait, remplacée par la colère.

Il continua plus gaiement, oubliant que lui-même venait de grommeler assez vivement :

« Il n'y a pas matière à gémissements de chouette comme ceux que vous poussez, à me faire croire que je me trouve encore dans les bois de la Vendée et du Bas-Maine; car, enfin, nous v'là tous à c't'heure comme au départ de Toulon, avec nos quatre membres bien solidement emmanchés dans le corps, et notre tête droite sur nos épaules; quand il y en a tant et tant, qu'on ne saurait les nommer, des plus fameux encore, qui sont restés en route, à Alexandrie, aux Pyramides, au Caire, à Jaffa, et là-bas surtout, dans les lignes de tranchée ou sur cette brèche de la tour Maudite que rien n'a pu démolir, une vraie tour du démon, et que plus d'un de ces pauvres corps que nous avons enterrés n'avait plus de tête, grâce à ces bandits de Turcs, race de bourreaux !... »

Puis, se tournant successivement vers chacun de ses hommes, comme pour une revue de détail, il énuméra :

« C'est d'abord le Jean Toucas, un vrai revenant de l'autre monde, celui-là, le seul qui puisse se vanter d'être entré dans Saint-Jean-d'Acre et d'en être ressorti vivant; c'est pas trop l'habitude de ces sauvages de vous renvoyer sans qu'il vous manque les bras, les jambes, et surtout la tête!... Aussi n'a-t-il pas volé le fusil d'honneur qu'on lui donnera, l'un des deux cents fusils garnis d'argent que le général Bonaparte, le 14 pluviose, au quartier général du Caire, avant le départ, avait promis aux plus méritants de l'expédition. Ça lui fait ses deux sous de haute paye par jour; le v'là riche!... Ensuite nos trois pestiférés qui n'ont jamais eu le teint plus frais et plus clair qu'aujourd'hui, comme si la peste les avait nettoyés à fond, et garantis à jamais contre toutes les maladies, même contre les blessures. Hein! Dites un peu le contraire, Ambroise Chalinat, Jean Palavas, et toi, grenadier Victor Fricourt, un homme de grenade, c'est-à-dire un brave entre les braves, qui oses encore te plaindre, parce qu'il fait un peu plus tiède et moins humide que dans l'endroit d'où nous venons? »

Une gaîté communicative commençait à secouer les hommes réunis autour du sergent-major, tandis qu'il poursuivait :

« Hé! ce n'est toujours pas Alain Plouhec, Samois, Biscarosse, non plus que notre excellent sergent Cyrille Lamalou qui s'en plaindront, bien sûr, de cette chaleur et de cette sécheresse, vu que si leurs blessures se sont si rapidement cicatrisées, qu'on jurerait qu'il n'y a eu qu'à souffler dessus, c'est rapport à cet air sec et chaud, comme le chirurgien en chef a eu l'honneur de l'expliquer; pas vrai, m'sieur André?

— La propre vérité », approuva le jeune homme, qui tenait le propos de Larrey lui-même.

La dernière tentative désespérée faite pour enlever Saint-Jean-d'Acre, et à laquelle Nicolas Goulot avait pris part avec ses hommes, avait, en effet, assez fortement éprouvé la petite troupe, à peu près indemne jusque-là.

Il était quatre heures du soir, et l'action, d'abord vigoureusement engagée, semblait faiblir; les grenadiers de la 25ᵉ demi-brigade, engagés les premiers, et ne se sentant pas suffisamment soutenus, restaient immobiles, se défendant sans gagner de terrain, ce qui encourageait la résistance des assiégés; vainement les officiers criaient : « En avant! » Bonaparte, qui assistait à l'attaque, impatienté, s'écria : « Grenadiers, avancez ou retirez-vous! ». En cet instant, le chef de brigade d'artillerie Fouler, qui venait d'être nommé adjudant général, se jette au milieu des soldats, saisit le drapeau et, franchissant la brèche, le plante au-dessus. Il tombe foudroyé sous une grêle de balles, et le drapeau se trouve en danger.

A cette vue, Ambroise Chalinat et Mousson se précipitent pour sauver le drapeau de la demi-brigade à laquelle ils appartiennent.

Nicolas Goulot lance un cri de ralliement, rassemble ses hommes, et ce groupe héroïque fait une trouée irrésistible qui le porte au sommet de la brèche autour de l'étendard un instant menacé. Une mêlée désespérée roule dans le même tourbillon Turcs et Français.

Le Breton Alain Plouhec, arrivé le premier aux côtés de son ami Chalinat, avait été presque aussitôt renversé d'un coup de sabre qui lui balafra tout un côté de la face; il ne dut son salut qu'à la force musculaire, au dévouement de l'Auvergnat, qui, l'enlevant sur son dos, put l'emporter avant que les Turcs eussent eu le temps de lui couper la tête.

Quelques instants plus tard, Biscarosse avait l'épaule droite traversée d'un coup de feu, qui heureusement n'intéressa que les chairs sans briser l'os. Quant à Samois, une lance lui trouait la cuisse, au moment où Cyrille Lamalou, en train de rallier, à quelque distance du fossé, un groupe de soldats de la 32ᵉ, dont le chef venait d'être tué, tombait atteint d'un éclat de mitraille.

Ç'avait été l'assaut suprême, celui-là même à la faveur duquel Jean Toucas avait pu exécuter son formidable saut et arriver à temps au camp français pour revenir avec ses camarades.

Le lendemain, 1ᵉʳ prairial, d'après les ordres de Bonaparte, à la tombée de la nuit, pendant que les batteries écrasaient les remparts de bombes et de boulets, que toutes les pièces accablaient la ville de mitraille, on évacuait rapidement les ambulances, les hôpitaux, et les divisions se mettaient successivement en marche, profitant des ténèbres pour lever le camp et reprendre la route du Caire.

La division Lannes partit la première, précédée de son chef blessé ; la division Reynier conserva ses positions dans la tranchée, de manière à couvrir la retraite et repoussa vers le matin la dixième sortie des assiégés, puis se replia silencieusement à son tour, en emportant son artillerie de campagne, la seule qui fût conservée, celle de siège devant être précipitée à la mer ou enfouie sur la plage de Tentourah.

A partir du moment où les ponts jetés sur le Kerdaneh eurent été coupés derrière les derniers soldats de l'arrière-garde, placée sous les ordres de Kléber, Pierrette Goulot et les hommes valides de son escorte s'étaient trouvés séparés de leurs camarades blessés, Plouhec, Biscarosse, Samois et Lamalou, qu'on avait évacués avec les hôpitaux de Kerdaneh et du mont-Carmel, et qui, portés sur les chevaux et les ânes réquisitionnés à cet effet, étaient encadrés dans la division Lannes, tandis que la cantinière restait avec la division Kléber.

Ce fut avec l'avant-garde qu'ils continuèrent donc d'avancer, et ce n'avait été qu'à El-A'rych que, presque complètement guéris de leurs blessures, dont les plus graves étaient celles de Lamalou et de Samois, ils avaient enfin pu se réunir de nouveau.

La chaleur étant très forte, les étapes, dès le départ de Saint-Jean-d'Acre, avaient été extrêmement pénibles, et l'armée en arrivait à regretter les pluies et les orages qui l'incommodaient tant lors de sa marche en avant.

Kléber et son arrière-garde eurent la mission de ramasser les blessés ou les soldats de toute arme qui, dès le premier jour, d'Haïfa à Tentourah, tombaient sur la route : à Tentourah il fallut enterrer le général Bon, mort de la terrible blessure qu'il avait reçue au dernier assaut.

Plus d'une fois le zèle, le dévouement de Pierrette Goulot et de son escorte furent mis à contribution. Les jours, les nuits de la cantinière se passaient à adoucir des agonies, à sauver des désespérés, à soulager des souffrants, et Kléber, dont le grand cœur savait apprécier et reconnaître de pareils mérites, la signala à plusieurs reprises au général en chef, qui répondit, ayant bien compris ce qu'on pouvait tirer de ce cœur de femme, une véritable mère pour tous ces grands enfants de France :

« Elle est pour eux le foyer domestique, le souvenir le plus précieux de la patrie ; je le savais, je l'avais justement prévu, et c'est pour cela que j'ai voulu qu'elle fût défendue et entourée par une troupe d'élite ! »

Elle se dérobait du reste aux éloges, ripostant à ceux qui la complimentaient :

« Maman Pierrette qu'ils me nomment ; c'est tout ce que je leur demande, être leur mère, quand ils en ont besoin !... Il n'y a donc pas à me remercier de les traiter comme je le fais, puisque ce sont mes petits ! »

Ils l'avaient bien vu, ils le savaient bien qu'ils étaient ses petits, tous ceux qu'elle avait soignés. Aussi, à la première souffrance, la réclamaient-ils, et, dès qu'elle arrivait, beaucoup, par sa seule présence, se sentaient déjà mieux ; beaucoup aussi mouraient plus doucement, sans trop de révolte, sans trop de regret, si c'était entre ses bras ; ils avaient l'illusion d'emporter dans leurs troubles prunelles d'agonisants l'adorable vision de la maman restée en France, comme si elle fût venue auprès d'eux un instant, par quelque miracle sublime, pour les assister à l'heure dernière, à l'heure rude du suprême adieu.

Le moment le plus atroce pour elle fut celui où, dans l'hôpital de Jaffa, il lui fallut quitter les quelques malheureux pestiférés que le salut de l'armée empêchait d'emmener avec les troupes, à cause de leur état désespéré.

Plus tard, à ce sujet, des bruits d'empoisonnement, des histoires d'opium administré à ces malheureux, coururent, propagés sinistrement, transmis de soldat à soldat, dans le délire de l'épouvante, dans l'égarement de la souffrance, peut-être dans l'intuition de quelque vérité lugubre, fatale.

Déjà cette ville de Jaffa avait laissé dans les esprits un souvenir de cauchemar, et ce fut avec un frisson que, le jour du départ, leur petite troupe défilant le long des grèves qui avoisinent la ville, André Norcy montra à Nicolas Goulot des amas d'ossements, des lambeaux de vêtements, des formes confuses, sinistres, qui trouaient les sables du rivage. L'irréparable était là : la preuve effroyable subsistait, semblant poursuivre l'armée de ses blancheurs sépulcrales.

La cantinière avait suivi le geste du jeune homme ; elle secoua douloureusement la tête, faisant avec un adieu vers Jaffa, vers l'hôpital aux moribonds abandonnés :

« Aujourd'hui le châtiment de ce qui a été fait ici ! »

Mais ce qui bouleversait Pierrette, c'était la dévastation systématique que, depuis le départ du Saint-Jean-d'Acre, les Français accomplissaient sur leur parcours, ne laissant derrière eux que des ruines et des cendres ; d'Acre à Jaffa, tout avait été détruit, incendié, habitations, moissons ; de Jaffa à Gaza, même ravage impitoyable.

Cependant il était impossible de faire autrement, elle dut le reconnaître elle-même, quand son mari le lui eut expliqué :

« Si nous leur laissions de quoi se nourrir et se loger, tous ces mauvais gredins d'Acre et d'au delà seraient déjà sur notre dos à nous tailler des croupières, et jamais nous ne pourrions arriver jusqu'au Caire. Le général en chef l'a bien compris ; pour sauver son armée, il faut qu'il ajoute autant de désert de Gaza à Acre qu'il y en a de Gaza au Caire. Notre salut est là.

— Je n'avais jamais vu la guerre si horrible ! » dit-elle, songeuse.

Les véritables souffrances pour l'armée en marche ne commencèrent que le jour où, Khan Younès dépassé, il fallut dire adieu à la Terre Sainte pour entrer dans le désert.

Le souvenir des tortures autrefois éprouvées, des camarades laissés dans ces sables dévorants, revint à tous les esprits, aussi net que si plus de trois mois et des événements terribles ne les en séparaient pas. Instantanément la soif, le soleil, les tempêtes de sable brûlant se représentèrent devant eux avec toute l'horreur du passé, accrue du désespoir d'avoir encore à affronter la mort, et une mort particulièrement atroce, au moment de toucher au but, de retrouver ce Caire, dont leur imagination faisait, par la comparaison, un lieu de délices et de complet repos.

C'est alors que, même parmi les soldats d'élite qui composaient l'entourage de Pierrette Goulot, il y avait eu des défaillances, surtout chez les hommes du Nord, comme Mousson, Fricourt, Bernaville, tandis que les Méridionaux se montraient plus résistants ou plus résignés.

André Norcy, lui aussi, se fût peut-être laissé gagner par cette espèce de désespoir, s'il n'avait été soutenu par l'espoir mystérieux que cachaient pour lui ces sables ; un mirage flottait devant ses yeux, l'empêchant de sentir trop violemment la souffrance, l'hypnotisant en quelque sorte, et, bien que ce mirage de son imagination, semblable à celui du désert, ne cessât de le fuir, il le poursuivait toujours avec la même ardeur.

Il était à peine huit heures du matin quand, la halte terminée, on se remit en route avec plus de courage, après les quelques mots qui venaient d'être échangés entre les compagnons de Pierrette, les plaintes de Mousson et les exhortations du sergent-major. Égayé, André Norcy rappela :

« Vous savez que Bonaparte s'appelle aussi Napoléon, de son nom de famille, et que Napoléon signifie *Lion du désert*.

— Pas étonnant alors qu'il l'aime tant son désert et qu'il le traverse, autant dire, sans s'en apercevoir! fit Gossin.

— Bah! ajouta Pierrette, on peut faire une chose et ne pas l'aimer pour cela; car je ne suppose pas que m'sieur André, qui a surtout des goûts de savant et qui n'est pas militaire, aime beaucoup la guerre : cependant, l'autre soir, au dernier assaut, il en était!... »

Ce jour-là, en effet, entraîné par l'exemple, honteux de rester inactif, André Norcy avait voulu se joindre à ses camarades. Sans le sergent-major, il eût même été victime de son dévouement : plus préoccupé de ceux qui se trouvaient avec lui que de lui-même, il se baissait pour ramasser Samois blessé, oubliant que ce n'était pas comme infirmier ou médecin qu'il se trouvait là, mais comme combattant, quand un canonnier turc leva une hache sur sa tête sans défense.

Nicolas Goulot intervint avec un petit rire, coupant la parole à sa femme :

« Il en était, oui; mais heureusement que je me tenais à côté de lui et que j'ouvrais l'œil fortement, attendu que j'avais remarqué combien il était imprudent!... Heureusement aussi que ma baïonnette était réglementairement aiguisée sur ses trois arêtes, conformément à l'ordre du jour du 27 floréal, un ordre, presque du jour même, lu dans tout le camp et signé du général en chef!... Ah! ah! Elle a été aussi vite retirée qu'entrée dans le corps de ce maudit!... Bonne idée qu'il a eu là, le Petit Caporal, de nous faire donner le fil à nos aiguilles à tricoter, sur les trois côtés!... Dorénavant je n'y manquerai plus. »

Il passa d'un air satisfait son doigt sur les tranchants de sa terrible baïonnette.

« Faut dire aussi, sans te flatter, que tu sais fameusement la manœuvrer ta lardoire! » appuya Gossin.

Le sergent-major releva ses moustaches d'une moue contente :

« Dame! Ce n'est pas pour rien qu'on a été en apprentissage sur de bons champs de bataille : il en reste toujours quelque chose.

— Il reste surtout que je te dois la vie, mon excellent ami, et cela je ne l'oublierai jamais. »

Les yeux un peu humides, André serrait énergiquement la main du soldat, qui essayait vainement de dissimuler son émotion, en tiraillant sa longue moustache, murmurant :

« On a promis de veiller sur vous, m'sieur André! Faut bien faire honneur à son engagement et vous ramener, non seulement vivant, mais tout entier, comme on vous a emmené! C'est juré à votre maman, à votre marraine, et à certaine petite demoiselle qui m'en voudrait trop d'oublier ma parole!

— Oui, oui, répondit mélancoliquement le jeune homme, si nous revenons jamais; car qui sait ce que nous deviendrons dans ce pays, maintenant que nous n'avons plus de flotte, que les Anglais tiennent la Méditerranée et que nous ne recevons plus de nouvelles de France! Pauvre adorée maman, pauvre chère marraine, chère Juliette!... Ah! si je n'avais pas cet espoir, si je n'avais pas fait ce serment que moi aussi je veux tenir, que je tiendrai, coûte que coûte!... Mais aussi, quand et comment retrouver ce Mélâk-el-Azraël?

— Mélâk-el-Azraël?... Té! c'est par ici qu'il nous attend, nous ne pouvons donc manquer de le revoir bientôt!... Foi de Provençal, je suis aussi désireux que vous de le rejoindre, et j'ai toujours en réserve la balle qui ne tombera pas à ses pieds, je le jure, boun Diou! »

André se retourna vivement; Jean Toucas lui souriait, montrant son fusil; il se rapprocha de lui :

« Que dis-tu? D'où tiens-tu cela? »

Après avoir soigneusement regardé autour de lui et constaté que Norcy et lui marchaient à une assez grande distance des autres pour que ses paroles ne fussent pas entendues, il poursuivit :

« Hé bé! C'est dans cette Acre, du temps que j'étais prisonnier des *Turs*, que, à travers leur baragouin, comme il y avait de ces mots d'italien qu'on reconnaît en Provence, j'ai compris qu'ils causaient assez souvent de ce Mélâk-el-Azraël, même qu'un moment j'ai pensé le voir ; mais ce n'était pas ça, depuis j'ai réfléchi : ils avaient de ses nouvelles, voilà tout, par... par quelqu'un.... »

Les yeux du Méridional, passant par-dessus l'âne, allèrent se poser sur Asem, qui cheminait auprès de la cantinière; André, qui avait suivi ce mouvement, demanda :

« Quelqu'un?... Qui donc?... Tu soupçonnerais?... »

Jean Toucas haussa les épaules avec dépit :

« Oh! personne, rien!... Est-ce qu'on sait jamais?... On cherche, on croit trouver, et puis zou! C'est envolé!... On pense mettre la main sur un homme, et c'est sur un sac de farine!... Alors, c'est pas la peine ; et puis, vous, m'sieur Norcy, vous avez pleine confiance en celui que je voudrais dire; du moment qu'on n'a pas de preuves palpables, mieux vaut se taire....

— Parle, au contraire, tu me rendras service, insista André.

— Té! Je continue donc. Les *Turs*, ils en parlaient de ce Mélâk-el-Azraël pour dire qu'il se tiendrait dans les déserts entre la Syrie et l'Égypte, afin que jamais les Français ne pussent rentrer au Caire, voilà!... Et encore des choses que je ne comprenais pas bien, vous savez; enfin, d'un lieutenant qu'il aurait, d'un exécuteur de ses ordres, dévoué jusqu'à la mort, capable de tout pour lui!... Alors, je ne sais pas pourquoi, j'ai pensé à Asem! »

Le jeune homme objecta posément :

« Es-tu bien sûr d'avoir compris? Lorsqu'on ne sait que quelques mots d'une langue, le sens est souvent tout différent de ce qu'on croit deviner. Les Mameluks ne sont guère les amis des Arabes cependant. Que crois-tu qu'Asem fasse contre nous qu'il n'ait eu le loisir de faire s'il était ce traître, ce sectaire que tu soupçonnes? »

Jean Toucas baissa le front, marmottant en lui-même :

« Je surveillerai seul, voilà tout. »

Il lui sembla inutile de parler de cette forme blanche qu'il avait aperçue ou cru apercevoir au pied des remparts de Saint-Jean-d'Acre, qu'il avait pensé surprendre et qui lui avait paru s'engloutir dans l'aqueduc. Ayant inutilement questionné Pierrette Goulot, pourtant peu favorable à l'Arabe, il convaincrait plus difficilement encore André Norcy, qui lui était favorable.

Du reste, déjà le jeune homme, ne songeant plus qu'à la rencontre possible de celui qu'il cherchait, semblait se désintéresser, les yeux fouillant les étendues; brusquement il tendit le bras, s'exclamant :

« Le voilà! »

Très loin, à l'horizon, se dessinait devant ses prunelles une forme bien connue de lui, un Arabe au flottant vêtement blanc, monté sur un dromadaire blanc; il le montra à ses compagnons et annonça :

« Mélâk-el-Azraël. »

Balançant son fusil devant lui, Ambroise Chalinat chercha, disant :

« Le dromadaire au tréchor, où cha? »

Mais Asem promena son regard tranquille sur l'immensité des sables, et, souriant, répondit, semblant effacer de la main le dangereux fantôme :

« Mirage! »

Essayant vainement de distinguer quelque chose, ils pensèrent, en effet, avoir été trompés par l'irritant phénomène qui tant de fois avait égaré leurs regards autrefois durant la marche inoubliable d'Alexandrie au Nil.

Déjà on ne voyait plus rien que de fumeuses et vacillantes vapeurs violacées qui s'épaississaient, unissant ensemble l'extrême limite où se confondaient le ciel et la terre.

Asem affirma de nouveau avec une gravité tranquille :

« Mirage! »

Tous les jours désormais, le matin souvent, le soir surtout, aux heures indécises et troublantes du crépuscule, dans des visions de magie, sur la ligne implacablement droite de l'horizon, la forme glissa, irritant les yeux de Norcy, sans que jamais la marche pût le rapprocher de la vision reconnue; il en arriva à dire comme l'Arabe :

« Mirage! »

C'était sans doute la puissance de l'obsession, la puissance créatrice de l'idée fixe qui évoquait constamment devant lui la forme désirée; car le 24 prairial ils arrivaient à El-Qobbeh, puis entraient au Caire, et Mélâk-el-Azraël disparaissait sans qu'André eût pu l'atteindre.

Il poussa un cri.

XIII

LA RÉVÉLATION DU BARABRAH

« Cette fois nous y voilà dans la ville des Mille et une Nuits!...
Il faut croire vraiment que je n'avais pas su la voir ni l'apprécier
jusqu'à c't'heure! » s'écria Gossin, enveloppé d'une superbe
pelisse, s'interrompant un moment de sucer avec volupté le bout
d'ambre d'un long narguilé placé auprès du divan où il s'allongeait
paresseusement, les deux coudes et tout le haut du corps enfoncés
dans d'énormes coussins moelleux.

Le sergent-major, en train de se raser en face d'une petite
glace pendue près de la fenêtre, dans la grande salle de la
maison du Caire où il avait réinstallé ses hommes, répondit :

« Il te fallait la petite promenade que nous venons de faire en
Syrie pour t'éclaircir les idées et te faire goûter ce que tu dédai-
gnais autrefois, mauvaise tête de Paris, va!... »

Le Parisien lança deux ou trois bouffées d'une fumée odorante qui l'enveloppa d'un nuage au milieu duquel il disparut ; sa voix, comme celle des dieux, arriva du sein des nuées :

« Je ne sais pas ; mais je serais pacha que je ne me trouverais pas mieux. Il me semble que je suis le sultan Schabriar lui-même et je m'étonne de ne pas entendre ma belle-sœur Dinarzade dire à ma femme Scheherazade : « Ma sœur, si vous ne dormez pas, je vous supplie, en attendant le jour, qui paraîtra bientôt, de me raconter un de ces beaux contes que vous savez ! »

Un soupir de bien-être paresseux souleva sa poitrine et il continua :

« Plus de soleil qui vous tape sur le crâne à vous le cuire comme un œuf, en quelques minutes ! Plus de sable où on enfonce jusqu'aux genoux ! Plus de faces féroces vociférant des injures à travers des créneaux qui crachent des balles, des boulets, de la mitraille ! Plus de dégelées de coups de sabre, de ces sabres qu'ils ont et qui vous coupent un chrétien en deux morceaux, le temps de crier ouf !... Ah bien ! tout de même, on trouve du plaisir à vivre, à fumer une bonne pipe, à boire frais, à se reposer tout le long du jour, sans penser à rien, sans remuer pieds ni pattes !... Si ça continue, je crois bien que je vais engraisser ; car voilà quinze jours et plus que cela dure, et il n'y a point de raison pour que ça finisse, puisque tout est tranquille !... Nous sommes en place repos pour de longs jours et ça me va fameusement cette existence de couleuvre !

— Eh bien ! mon garçon, maintenant que tu as repris des forces, de la santé et de la graisse, je crains bien qu'il ne te faille prochainement aller promener de nouveau tout cela au soleil, et recommencer à fondre ! »

Pierrette Goulot, qui venait d'entrer sans qu'on l'eût entendue pendant cette conversation entre son mari et le Parisien, interpellait ce dernier avec une mine de mystère.

Gossin fit un soubresaut si violent, que le tuyau du narguilé, lui échappant, se déroula le long du divan comme un serpent :

« Hein! Quoi! Le soleil! Une histoire que tu me contes là, maman Pierrette! Te voilà faisant ta Scheherazade?... »

La cantinière secoua la tête :

« Je ne te conte rien du tout qui ne soit l'exacte vérité!... J'ai dit du soleil, et du fameux encore, du plus chaud que tous ceux qui nous ont déjà brûlé la peau!... »

La face encore tout ensavonnée, Nicolas, s'examinant dans le miroir, s'écria :

« Et moi qui me trouvais le cuir déjà pas mal noir comme cela!

— C'est donc nègres qu'on nous veut! fit comiquement Gossin. Quand je pense que les camarades du Caire, en nous voyant revenir de cette Syrie, s'ébaubissaient de nos museaux tout calcinés, surtout auprès de leurs figures restées blanches dans l'ombre de ces rues d'où ils n'avaient pas bougé.

— Possible! Mais là où m'sieur André parle de nous conduire, c'est comme qui dirait tout à fait du côté de l'entrée de l'enfer, au plus loin dans le fond de cette Haute-Égypte, où se trouve encore le général Desaix.

— Le général Desaix! Les amis de la 88e!... Ma foi! v'là qui enlève bien des épines à la rose que tu nous offres, maman Pierrette!... On aura plaisir à retrouver les compagnons qu'on n'a pas vus depuis des siècles! acheva le Parisien, que la perspective de revoir sa demi-brigade semblait consoler de cette nouvelle inopinée de prochain départ.

— Mais enfin, qu'est-ce qui se passe?... On ne parle pourtant pas de bataille en ce moment; tout est au calme, à la tranquillité; il n'y en a même plus que pour les savants, à l'heure d'aujourd'hui, à faire croire que nous autres, les soldats, nous avons fini de servir à quelque chose de bon!... Leur Institut d'*Égypte*, leurs morceaux de pierre avec un tas de fariboles dessus, leurs empaillés qu'ils vont chercher dans des trous et qui sont emmaillotés comme des poupons!... On ne cause plus que de cela depuis notre retour de Syrie!... Alors, quoi! ça va changer, on se rebat? Raconte-nous ça, la maman; je suis curieux de savoir ce qui.... »

Le sergent-major n'arrêtait plus, tout grommelant, en continuant de sabrer à grands coups de rasoir ses joues raboteuses, hérissées d'un chaume épais.

Une voix doucement railleuse arriva de la porte, dans l'encadrement de laquelle venait de se dresser la stature élégante d'André Norcy :

« Tu les arranges bien, mon vieux Nicolas, ces infortunés savants!...

— M'sieur André!... »

De surprise il faillit trancher son grand nez friand :

« Vous étiez là à écouter mes sottises!... Mais vous n'en êtes pas vous, de ceux que je dis!... Les savants, c'est les autres, vous pensez bien, ceux de l'Institut, quoi!... Un tas de... enfin pas comme vous; d'abord, vous êtes plus jeune, et puis, à l'occasion, vous vous battez en vrai soldat, en vrai fils de celui de Valmy, votre pauvre papa; et puis... brûmm! brûmm!... »

Il toussa, embrouillé dans ses phrases, avalant de la mousse de savon.

« Eux aussi, ils se battent, tu le sais bien. Rappelle-toi l'insurrection du Caire, où ils ont fait si héroïquement leur devoir; et le combat de Chebreïs, sur le Nil, où Monge et Berthollet ont été admirables; et tant d'autres occasions, où ils ont montré que s'ils étaient des savants, ils étaient aussi des Français et des braves!... »

Une ardeur soulevait l'âme enthousiaste du jeune homme, qui poursuivit :

« Tu ne connais pas Vivant-Denon, toi, un simple artiste un savant également, et pas jeune celui-là, déjà mûr, un homme de cinquante au moins!... Je viens de le quitter et d'entendre le récit de ce qu'il a fait en Haute-Égypte, pendant que nous étions en Syrie, en Palestine; c'est superbe!... Pendant qu'on se battait, sous les balles, sous les boulets, sous la mitraille, partout enfin, il dessinait tranquillement, ne pensant qu'à la science, qu'à l'art, à rapporter le plus de croquis, de dessins, de documents possible!... Crois-tu que ce ne soit pas du courage celui-là, et du plus merveilleux, que de s'installer ainsi avec un carton, du papier, des crayons et des pinceaux, et de froidement représenter les paysages, les monuments, les gens qui se battent, en risquant intrépidement sa vie?... Si je te citais encore tous les endroits périlleux où il s'est aventuré tout seul, sans se préoccuper des pillards, des bandits, des assassins du désert, et cela pour rapporter la vue d'une ruine inconnue, d'un objet précieux seulement pour les savants, pour les historiens!

— Bien sûr, m'sieur André! fit Goulot un peu confus. Il est certain que je ne me vois pas trop dans cette position et que si je n'avais pas entre moi et l'ennemi la pointe de ma baïonnette ou la lame de mon sabre, je ne serais peut-être pas trop rassuré. »

Norcy lui posa la main sur l'épaule :

« Toutes les bravoures se valent, c'est bien certain, et la tienne non plus n'est pas en cause; mais si je te parle ainsi, c'est que j'ai un grand service à te demander. Veux-tu m'accompagner en Haute-Égypte? Le général Bonaparte m'autorise à m'y rendre avec une escorte à mon choix. Mais je dois te prévenir que c'est dans un but plutôt scientifique que guerrier!... C'est comme savants que nous irons là-bas, non plus comme soldats.

— Comme savant, moi aussi, m'sieur André? questionna Gossin, allongeant son museau simiesque.

— Toi aussi, et tous les autres, si cela ne les effraye pas, et maman Pierrette, à qui j'ai déjà raconté mes projets!... Si elle veut....

— Si je veux? Ça serait fameux que vous alliez tous quelque part où je n'irais pas! Je ne lâche pas mon état-major comme cela, moi, et si le Petit Caporal s'y oppose, je lui dirai.... »

Elle se dressait, la figure empourprée; André l'arrêta :

« Il ne s'y oppose nullement : c'est convenu ! Crois-tu que je saurais me passer de notre maman Pierrette ? Tu nous seras plus nécessaire que jamais là où nous devons aller, et je t'emmène. N'est-ce pas à toi, du reste, que j'ai fait la première confidence de mon dessein ? »

Dès son retour de Syrie, de cette expédition dont il avait demandé à faire partie, plutôt par élan d'enthousiasme à la pensée des contrées qu'il pourrait voir, la Palestine, Jérusalem, les Lieux Saints, que par réelle nécessité pour la réalisation de sa mission, bien qu'il eût été entraîné un peu aussi par le mirage de Mélâk-el-Azraël, en se retrouvant au Caire avec les savants, il se sentit immédiatement dans le milieu qui lui convenait.

Il sortait d'un véritable cauchemar, de ce tourbillon des luttes brutales, sans merci, les sièges, les assauts, les massacres, de l'enveloppement continu de la mort sous ses formes les plus hideuses et les plus violentes, pour rentrer dans l'atmosphère élevée et intelligente qu'il aimait. La science le reprit tout entier, avec sa séduction sans rivale, son influence puissante, cette délicieuse griserie qui lui faisait oublier tout ce qui n'était pas elle. Il avait pu, pendant un certain temps, vivre de la vie bestiale et primitive qui est l'existence ordinaire du soldat ; il n'en goûta que mieux l'existence que lui réservait le séjour du Caire, quand il eut retrouvé ses compagnons de cerveau, ses maîtres de l'Institut d'Égypte.

Tandis que l'expédition de Syrie n'avait eu d'autre résultat que d'arrêter pour quelque temps l'invasion musulmane et de retarder la lutte qui devait fatalement se produire entre les forces du Grand Seigneur, aidé par les Anglais, et les conquérants de l'Égypte, les travaux de la Commission scientifique, se poursuivant imperturbablement au milieu des événements graves et des luttes sanglantes, avaient eu les résultats les plus inespérés pour les progrès de la science et les découvertes historiques.

Justement, Vivant-Denon, l'antiquaire érudit, le savant dessinateur et aquafortiste, ami du peintre David, qui lui avait sauvé la vie pendant la Révolution, ayant suivi Desaix dans la Haute-Égypte, venait de revenir avec ses cartons pleins de dessins et d'aquarelles, d'après les monuments millénaires que personne n'avait pu encore approcher, ni surtout copier aussi soigneusement. Il les ouvrit devant son jeune camarade.

A la vue de ces merveilles, l'imagination de Norcy flamba; il lui sembla qu'aucun de ces combats prodigieux, de ces assauts épiques, de ces marches extraordinaires que venaient de supporter et d'accomplir ses compagnons, ne pouvait approcher de la gloire de ce héros modeste et pur de tout sang humain.

De nouveau devant ses yeux brilla cette lumière éblouissante qui pour lui s'était levée du côté de l'Orient dès qu'il avait compris qu'il était question d'aller en Égypte, lumière qui l'avait guidé de découverte en découverte, telle autrefois l'étoile conduisant les rois mages vers l'Enfant divin de Béthléem et de Nazareth, vers la rénovation sociale de l'humanité.

Lui aussi avait marché; c'était la Basse-Égypte d'abord, puis la Syrie, la Palestine, avec une vision devinée de Jérusalem, le mirage de l'Inde, et maintenant la direction, c'était la Haute-Égypte. Successivement le rayon lumineux se déplaçait, toujours aussi attirant, avec la même force de séduction sur son âme éprise de mystère. Là était la véritable conquête à faire, la seule légitime, la seule durable, la conquête à la fois idéale et positive, non pas de sang et de territoires pris à leurs possesseurs naturels, mais de ce qui appartient à tous, de ce qui peut aider au progrès, la conquête de science et d'art, pour la recherche de la vérité!

En plus de ses dessins, Vivant-Denon rapportait des objets trouvés dans les tombeaux qu'il avait explorés, statuettes de toutes formes, pierres couvertes d'hiéroglyphes; cela suggéra au jeune homme l'idée de lui montrer le fameux sachet de cuir qu'il portait toujours sur lui.

Le savant confirma l'hypothèse que Norcy avait dès le premier jour émise, en faisant de ce sac aux caractères arabes un de ces talismans dont les nomades du désert sont toujours munis ; mais la vue du scarabée et son examen lui arrachèrent un cri :

« Ah ! par exemple, voilà qui est bizarre ! Je possède le pareil, exactement, et il est d'une pierre spéciale, d'un feldspath qui ne se trouve, je l'ai constaté, que dans les hypogées funèbres de Thèbes. »

A la suite de la comparaison faite entre les deux scarabées, absolument identiques, André Norcy questionna, remué par une émotion violente :

« Vous êtes sûr ? »

Devant ce doute, le dessinateur ajouta :

« Tenez ! Voulez-vous une autre preuve ? J'ai en ce moment comme domestique un de ces nègres voisins des cataractes, un Barâbrah ; il pourra vous confirmer la réalité de mon assertion. »

Il appela : un Barâbrah s'avança.

Sans aucune trace de chair ni de graisse, tout en muscles, en tendons, avec sa peau luisante d'un noir transparent, semblable à du vieux bronze, le corps grêle et nerveux sous la pièce de laine blanche qui lui servait de vêtement, c'était bien un de ces êtres doux, à l'allure lente et paresseuse, quoique actifs et lestes, qui habitent les cantons de la Haute-Égypte et les îles voisines de la cataracte de Syène.

Ils quittent volontiers leurs rochers sauvages de la Basse-Nubie, leurs misérables huttes en boue bâties entre le granit des montagnes et le Nil, pour venir se placer au Caire, principalement comme portiers ; leur fidélité est très grande. Celui-ci semblait particulièrement attaché à Vivant-Denon, qui l'avait ramené de son exploration.

Sous ses sourcils baissés, ses yeux étincelants se fixèrent sur le scarabée qu'on lui montrait, avec une expression de surprise joyeuse ; ses larges narines frémirent, et sa bouche évasée aux lèvres pas trop épaisses grimaça une sorte de sourire, comme devant un souvenir retrouvé ; il fit :

« Bybân-el-Moloûk ! »

Au même instant, ses regards tombant sur le sachet de cuir placé à côté, il poussa un cri rauque, l'examina durant quelques secondes, et, tressaillant, murmura d'une voix toute changée :

« Mélâk-el-Azraël ! »

André Norcy eut un sursaut d'étonnement, demandant avec un geste pour montrer le talisman :

« Hein ! Tu le connais ?... Tu connais l'Ange de la Mort !... »

— Là où Mélâk-el-Azraël,... le massacre, le sang... la mort !... »

Il semblait que sans cesse il dût se heurter à ce nom, à cette évocation sinistre.

Après tout, le malheureux pouvait avoir eu à subir les razzias des Arabes, et il n'y avait rien d'étonnant à ce qu'il connût ce grand chef redouté que tout le pays connaissait, et dont la renommée faisait une sorte de saint farouche.

Mais, en soulevant le sachet pour le lui montrer, le jeune homme mit à découvert la montre de Jules Mathelin ; le Barâbrah jeta une nouvelle exclamation, tendant le doigt vers la relique :

« Ça, homme blanc !... Homme blanc de Bybân-el-Moloûk ! »

Cette fois, André éprouva une commotion profonde, tandis que le savant surpris essayait de comprendre ce qui se passait devant lui.

En quelques mots Norcy mit Vivant-Denon au courant de la pieuse mission qu'il s'était donnée en suivant l'armée française en Égypte, de la manière dont cette relique du grand explorateur était tombée entre ses mains, enfin des inutiles tentatives qu'il avait faites jusqu'à ce jour pour retrouver l'endroit où l'infortuné avait trouvé la mort et pouvoir recueillir ses ossements, afin de les rapporter en France.

Les quelques mots prononcés devant Saint-Jean-d'Acre par le centenaire Druse lui avaient persuadé que Jules Mathelin avait péri dans un massacre exécuté par les Arabes et par Mélâk-el-Azraël auprès de la mer Morte, et voici que l'incident du scarabée d'abord, l'exclamation du Barâbrah ensuite, lui prouvaient qu'on avait dû le voir, à une époque indéterminée, dans la Haute-Égypte. Était-ce avant? Était-ce après?

Interrogé par son maître et par le jeune homme qui le pressait de questions ardentes, suppliantes, le Barâbrah s'efforçait de répondre de son mieux; mais son intelligence primitive ne permettait pas de tirer grand profit de ce qu'il disait; il parlait par monosyllabes, avec une crainte visible de quelque puissance supérieure, mystérieuse.

André demanda :

« Y a-t-il longtemps que tu as vu cet homme blanc dont tu parles? »

Le nègre, baissant son menton aux courts flocons de laine noire, sembla compter sur ses doigts; il essaya à plusieurs reprises de faire quelque calcul compliqué, puis dit :

« Homme blanc... Bybân-el-Moloûk... longtemps... longtemps....

— Combien d'années? Que faisait-il? Comment est-il mort? »

Le Barâbrah secoua sa tignasse crépue, clairsemée :

« Grand sorcier!... Tout le monde peur!... Pouvoir pas savoir!

— Où était-il, la dernière fois que tu l'as vu?

— Tombeau! »

Le jeune homme, qui peut-être gardait un secret espoir, sentit toute espérance s'évanouir en présence de ce mot sinistre, abattu sur lui comme la lourde et définitive pierre du sépulcre; il fit une dernière tentative :

« Dans quel endroit repose-t-il? »

Alors la même phrase revint, comme stéréotypée dans les souvenirs, sous le crâne épais de l'habitant de la Basse-Nubie :

« Homme blanc, Bybân-el-Moloûk!

— Allons! murmura Norcy avec découragement, c'est là, dans la vallée des Tombeaux des Rois qu'il me faudra aller le chercher! »

Certainement, après l'avoir tué, puis dépouillé de cette montre que les gens du pays devaient avoir vue quand il vivait encore, puisque le Barâbrah en avait gardé une si vivace mémoire, Mélâk-el-Azraël avait enfoui le corps de Mathelin en l'un de ces hypogées thébains, tombeaux de bien d'autres imprudents explorateurs, assassinés par les Arabes.

Des souvenirs lui revenaient de voyageurs qui avaient péri dans des conditions semblables, les habitants et les Arabes s'opposant par tous les moyens possibles à l'exploration de ces sépultures qu'ils considèrent comme leur appartenant et qu'ils supposent pleines de trésors cachés. Sans doute, puisque, suivant le dire du Barâbrah, il avait pu arriver jusque-là, Jules Mathelin avait été victime de cette croyance sauvage, de cette barbarie.

A la mémoire d'André revenait cette aventure du poète anglais Aaron Hill, qui, voyageant en Égypte, une soixantaine d'années auparavant, en 1740, avait pris un guide pour se faire descendre avec deux amis dans l'un de ces hypogées et avait découvert au fond deux squelettes ; près de l'un d'eux, des tablettes relataient les dernières pensées de ces malheureux ensevelis vivants par les Arabes, qui, après les avoir conduits jusque-là et abandonnés, avaient refermé sur eux cette tombe épouvantable.

Plus tard, deux frères, d'une grande famille de Venise, avaient failli subir le même sort ; ils étaient arrivés à temps pour voir leurs guides en train de boucher l'ouverture par laquelle ils avaient pénétré et avaient dû mettre l'épée à la main pour se faire faire passage.

Que d'autres, qui n'avaient jamais reparu, et dont la fin avait dû être aussi misérable ! Était-ce vraiment ainsi que Jules Mathelin avait succombé ?

André eut un frisson d'horreur à cette pensée, plus atroce encore que celle d'un massacre ; l'angoisse de ces heures, de ces jours peut-être de lente torture par la faim le poursuivant, il résolut de faire lui-même la lumière sur ce point.

Durant les jours qui suivirent, il réfléchit longuement à ce qu'il devait faire. Déjà les récits de Vivant-Denon et des autres savants l'avaient embrasé du désir d'explorer la Haute-Égypte et de voir ces merveilles, dont il n'avait sous les yeux que l'image; mais, à partir du moment où le Barâbrah eut parlé, faisant cette révélation inattendue qui le mettait sur les traces positives de celui qu'il cherchait, il s'affermit dans sa résolution et chercha les moyens de la mettre en pratique.

Du reste, tous les esprits avaient été mis en ébullition par la nouvelle des succès remportés par le général Desaix, qui avait achevé de conquérir la Haute-Égypte, pendant que Bonaparte faisait l'expédition de Syrie; les savants surtout se montraient désireux d'aller glaner à leur tour ce champ de merveilles, afin de compléter l'œuvre de Vivant-Denon et de ceux qui avaient pu prendre part dès l'origine à l'exploration savante, accomplie parallèlement à la conquête militaire du pays. Avec l'assentiment de Bonaparte, deux commissions se formaient, l'une ayant pour chef Fourrier, secrétaire perpétuel de l'Institut d'Égypte, l'autre sous la haute direction du géomètre Coslaz.

Connaissant ces dispositions favorables du général en chef, André Norcy lui demanda une audience; il sut éveiller son intérêt en lui parlant de Jules Mathelin, en lui rappelant le Mémoire sur l'Égypte, dont l'ancien officier de marine était l'auteur, Mémoire que sa veuve avait communiqué au général en chef lorsqu'il préparait son expédition.

Bonaparte accueillit avec intérêt la requête du jeune homme, lui sut gré d'avoir suivi l'expédition de Syrie de son plein désir, quand tant d'autres, n'étant pas contraints, avaient préféré rester au Caire. Pour le récompenser, il lui accorda non seulement l'autorisation qu'il sollicitait, mais lui permit d'emmener une escorte et de choisir celle qu'il avait donnée, au commencement de la campagne, à la cantinière Pierrette Goulot.

C'est muni de ces pouvoirs qu'André Norcy arrivait pour

Bonaparte accueillit avec intérêt sa requête.

demander à ses anciens compagnons s'ils consentaient à le suivre dans cette nouvelle expédition, toute privée celle-là, et où ils seraient libres d'aller, de venir, d'agir comme ils le voudraient sous la direction du jeune homme.

« Alors, comme qui dirait, fit Samois gaîment, vous v'là notre général en chef, à c't'heure, et ce sera vous qui nous mènerez au combat ?

— C'est-à-dire, répondit en riant Norcy, que, si vous n'y voyez pas d'inconvénient, je serai votre chef pour tout ce qui concerne le côté scientifique de l'expédition; mais, pour le côté militaire, notre brave Nicolas Goulot restera votre commandant. »

Gossin conclut, en désignant successivement le jeune homme et le sous-officier :

« Vivant-Denon et Desaix, quoi !

— Pour ce qui est de se battre, reprit le sergent-major, sans s'effaroucher de la comparaison flatteuse du Parisien, vous pouvez compter sur moi, m'sieur André, et je vous remercie de votre confiance. On marchera crânement et les peaux-de-suie n'ont qu'à se bien tenir !

— C'est donc qu'il y aura encore des coups de fusil à tirer ! s'écria d'une voix joyeuse Cyrille Lamalou. Alors v'là une expédition qui me va en grand, parce que, pour ce qui est des choses savantes et de déchiffrer le patois écrit sur les vieux murs, ce ne serait pas trop dans mes moyens. »

Le jeune homme sourit :

« Les hiéroglyphes ! Oh ! dame, moi non plus, je ne saurais en donner lecture ; mais ça fait toujours plaisir, comme de regarder quelque chose qui cache du mystère, un mystère que tôt ou tard on finira par découvrir. Du reste il n'y a pas que de l'ancien égyptien, et Asem, qui nous servira de guide, à cause de sa parfaite connaissance de la Haute-Égypte, sera aussi notre interprète, car il parle la langue des habitants de la plupart des endroits que nous aurons à traverser. »

Asem s'inclina, portant la main de Norcy à sa poitrine et à son front, en un salut de respect et de dévouement.

Mais Jean Toucas grommela :

« Té vé! Il en est encore le maudit Arabe?... On finira peut-être par voir clair dans son histoire et par savoir au juste ce qu'il a dans le ventre, ce coco-là !... Et si le Mélâk-el-Azraël s'en mêle, on rira; c'est moi qui le dis! »

« On dirait qu'il dort. »

XIV

RUMEURS DANS LES RUINES

Après une dure et longue étape à travers des sables, le long de la rive gauche du Nil, on atteignait une région plus cultivée, grande plaine fertile entourée de palmiers et ceinte de montagnes vers lesquelles le soleil descendait rapidement, quand André Norcy poussa un cri d'admiration :

« Un temple !... Des ruines !... »

Se profilant dans l'ouest à la limite du désert, à environ deux kilomètres, sur le dernier plateau que la chaîne Libyque abaissait vers le fleuve, tandis que ses cimes élevées montaient plus loin, au sud-ouest, des colonnes, des pylônes, se dressaient majestucusement ; ils se découpaient sur le fond embrasé du ciel, empourprés par les rayons qui les frappaient de biais en passant entre les crêtes violettes des montagnes ; et, près du Nil, un gros village, des masures de noue balayées de cette même poussière rouge, reflet du couchant, commençait déjà à entrer dans une sorte de pénombre qui l'ensevelissait peu à peu.

Asem, qui marchait en tête de la petite troupe à côté de Norcy, prononça, en désignant les huttes grossières entourées de palmiers et de dattiers :

« Dendérah ! »

Dendérah ! Tentyris ! l'ancienne ville fameuse de l'antiquité égyptienne, et, là-bas, les temples dont Vivant-Denon lui avait fait une description si enthousiaste, les Zodiaques déjà célèbres qui avaient mis en émoi tous les membres de l'Institut d'Égypte et servaient de prétexte aux commentaires les plus passionnés !

Le jeune homme resta quelques instants immobile, plongé dans une contemplation si absorbante, que nul de ses compagnons n'osa l'arracher à cette extase.

Depuis les Pyramides et le Sphinx, c'étaient les premiers vestiges importants des monuments de l'ancienne Égypte qu'il rencontrait : leur silhouette seule produisit sur lui une impression de respect et de saisissement qu'il n'aurait su dominer.

Oublieux des fatigues de l'étape, ne songeant qu'à jouir le plus tôt possible, avant que le soleil eût complètement disparu, des trésors qu'il avait devant lui, il proposa :

« Si nous allions bivouaquer au milieu des ruines ? »

Pierrette Goulot acquiesça :

« Comme vous voudrez, m'sieur André, vu que le bourricot porte assez de provisions pour le souper de ce soir et que nous n'aurons qu'à nous approvisionner d'eau avant de partir.... Quant à coucher dans ces édifices, c'est peut-être encore plus agréable que d'accepter l'hospitalité que nous réservent les cabanes qu'on distingue dans ce village ; on y trouvera plus de place pour s'étendre, et peut-être moins d'habitants incommodes !

— Le fait est que, comme puces, punaises, scorpions et autres engeances, on en rencontre plus qu'on ne voudrait dans tous ces gîtes arabes ! » grommela Mousson, dont le sensible épiderme de blond attirait la morsure de tous les insectes.

Après avoir consulté la cantinière, le sergent commanda :

« Allons, deux hommes de corvée pour aller à l'eau, et vivement ! A qui le tour? Ah oui ! je sais : Alain Plouhec et Ambroise Chalinat. Prenez des outres, des bidons et rapportez de quoi nous arroser en grand, car il fait tiède. »

Les deux camarades se dirigèrent vers le Nil, pendant que les autres, délestés de leurs sacs, les faisceaux formés, se reposaient un moment, bavardant en groupe autour de la cantinière.

« Sans vous commander, m'sieur Norcy, dans quel endroit de notre voyage nous trouvons-nous à c't'heure? Car il me semble que voilà des jours et des jours qu'on est en route depuis que nous avons quitté le Grand Caire, trois semaines au moins, peut-être plus, et huit jours qu'on est sorti de Syout; enfin Hoû a été le dernier gîte ! Et de toujours aller de l'avant, sans savoir si on approche du but, ça dessèche fameusement, on peut dire ; j'en ai les jambes devenues comme des cotrets et bonnes à allumer le feu, qu'on jurerait ! Moi qui commençais à engraisser, en faisant le pacha au Caire, ça n'aura pas duré longtemps ! »

Gossin, la main droite militairement collée au côté droit de sa face grimacière et souriante, la gauche appuyée à l'un des faisceaux, questionnait le jeune savant, dont les yeux ne pouvaient se détacher de la contemplation des ruines; arraché à son absorption, il fit :

« Hein ! Quoi?... Où nous sommes?... A Dendérah près de Kénèh, c'est-à-dire plus bien loin de Thèbes, à une douzaine de lieues au plus du but de notre voyage; là, j'espère trouver enfin ce que je cherche.

— Une étape, quoi ! Alors on pourra encore avaler cela sans trop de peine, surtout après tout ce qu'on a déjà fait pour arriver jusqu'ici : Béni-Soûef, Abou-Girgeh, Samalloul, Minieh, Monfaloul, Syout, Tahtah, Girgeh, un vrai chapelet de noms, et quels noms !... Heureusement que le général Desaix et mes anciens camarades de la

88ᵉ demi-brigade nous ont préparé le chemin; on n'a qu'à se laisser aller, aussi tranquilles que sur la grand'route de Paris à Versailles!

— Il ne faudrait peut-être pas trop s'y fier! observa Cyrille Lamalou. Il y a de l'Arabe en quantité sur cette grand'route-là, et ce qui m'étonne, c'est que nous n'ayons pas encore été attaqués. Ce ne sont pas toujours seulement des hyènes ou des chacals qui traînaient, la nuit, autour de nos campements, et plus d'une fois, le matin, en faisant ma ronde, j'ai remarqué des traces de pieds nus et des sillons qui me rappelaient les voleurs de nuit nous harcelant durant l'expédition de Syrie.

— Té! ricana Jean Toucas, en frappant sur l'épaule d'Asem; c'est la présence de ce vieux camarade qui nous a protégés, j'en suis bien sûr. »

La prunelle noire de l'Arabe, glissant lentement sous sa lourde paupière, se fixa une seconde sur le Provençal; mais sa physionomie resta aussi impassible que s'il n'avait pas compris la sourde raillerie cachée sous les paroles de son interlocuteur, et il continua de resserrer les sangles de l'âne et d'équilibrer le chargement pour permettre de fixer sur l'animal la provision d'eau que Plouhec et Chalinat devaient rapporter.

« J'ai cependant entendu dire, par le détachement que nous avons rencontré à Girgeh, que nous allions entrer dans des parages pas trop fameux pour ce qui concerne la sûreté des Français, à cause de la proximité relative de la mer Rouge, et qu'il ne ferait pas mauvais d'ouvrir l'œil, rapport à un tas de rôdeurs des déserts de par là qui ont mauvaise réputation; on m'a principalement parlé d'un certain village de Benouth, je crois bien, hum! hum! Je ne sais pas où ça se trouve; mais quand on en approchera, nous aurons à veiller serré; il peut arriver de ces choses!... »

C'était Nicolas Goulot qui donnait son avis, avec la conscience de la responsabilité qui pesait sur lui comme chef militaire de l'expédition.

Ces paroles attirèrent l'attention d'André, occupé à consulter sa carte; il releva la tête pour dire :

« Benouth!... Mais c'est tout près d'ici, à deux lieues au plus, sur l'autre rive. Oui, c'est à la hauteur de cet endroit que les Arabes ont assailli et pillé notre malheureuse flottille apportant des munitions et de l'artillerie à Desaix, et que l'intrépide capitaine Morandi, au moment où les ennemis envahissaient de tous côtés son bâtiment, s'est fait sauter avec la djerme l'*Italie*!... Seulement tu sais que le général en a tiré une vengeance terrible, massacrant les Arabes, prenant d'assaut, puis incendiant le village et sa mosquée. Oh ! ils ne doivent pas avoir envie de recommencer : la leçon a été rude. »

Le sergent-major ajouta :

« Tout de même les camarades racontaient qu'il n'y a pas plus fanatiques que ces gens-là, des Mekkains, qu'ils les appelaient, des gens qui viennent de la Mecque, qui méprisent la mort et qui ont des turbans verts!... Tous les jours, partout, il fallait recommencer avec eux, et on n'avait pas plus tôt fini d'un côté, qu'on les retrouvait d'un autre!... Ç'a été fameusement dur, paraîtrait; mais on les a mis à la raison, de la seule manière qu'ils entendent, c'est-à-dire en en tuant le plus qu'on pouvait, dès qu'ils se montraient, tantôt d'un côté, tantôt d'un autre. »

Toucas, qui, selon ce qu'il s'était intérieurement promis, ne perdait jamais une occasion d'observer Asem, crut remarquer un léger tressaillement dans les épaules de l'Arabe; il songea :

« Hé vé! l'Arabe, on dirait que ça lui fait quelque chose d'entendre cela ! »

Mais ce fut en vain qu'il essaya de pénétrer la pensée d'Asem; toujours il se heurtait à la même face de marbre que rien d'humain ne semblait émouvoir.

Maintenant, la conversation roulant sur le général Desaix, Gossin disait :

« Le sultan juste, qu'ils l'appellent, rapport à ce qu'il est la justice même; aussi, sans Mourad-bey et ses Mameluks, ainsi que sans ces endiablés Mekkains qui soulèvent la région et l'empêchent de rester tranquille, tout le pays serait pour lui. Du reste, il n'y a pas comme lui pour savoir se faire aimer de ses hommes! Je suis aussi fier de ce qu'il a fait dans cette Haute-Égypte que si je ne l'avais pas quitté. Quand on pense tant de lieues de pays qu'il a prises avec les généraux Belliart, Davout et Friant; et autant de batailles, autant de victoires!... D'abord Sédhyman, en vendémiaire, pendant que nous étions encore au Caire, avec ses 3000 hommes, 21ᵉ légère, 61ᵉ de ligne, et la mienne, la 88ᵉ, contre 4000 Mameluks et 8000 Arabes!.... Ensuite Samhoûd, en pluviôse, ce Samhoûd près de Girgeh, que nous avons trouvé hier!... Et je ne compte pas les petites batailles de chaque jour pour s'emparer de toutes les villes, des villages, un tas de noms que je n'y connais rien, Tahtah, Souaky, avant d'arriver jusque par ici où nous sommes, et de s'avancer encore plus loin, aux cataractes, même dans des pays où nous ne pourrons jamais mettre les pieds, bien sûr, vu que ça doit approcher de ceux qui sont habités par des nègres de plus en plus noirs, jusqu'à ce qu'on arrive chez le diable en personne! pas vrai Samois, toi qui en causes toujours?... »

Il termina sa tirade par un énorme éclat de rire et une bourrade à son camarade.

Un cri terrible lui répondit, immédiatement suivi d'un coup de feu.

« Hein! Qu'est-ce qui arrive? s'écria Nicolas Goulot.

— T'as parlé du maudit, le v'là! » conclut Samois, arrachant son fusil d'un faisceau.

Tous l'imitèrent; en un instant les faisceaux furent rompus, les armes prêtes.

« Ce sont, bien sûr, les camarades qu'on attaque! Allons! Enlevez! Houp-là! Pas gymnastique en avant, marche! »

Suivi de Gessin, de Samois, de quelques autres, le sergent-major se lança dans la direction du Nil, pendant que Cyrille Lamalou groupait le reste de la troupe, baïonnette au canon, autour de Pierrette.

Quand Nicolas atteignit le fleuve, il aperçut, au milieu des roseaux, Alain Plouhec, le fusil en joue, comme prêt à tirer, et un peu plus loin, Ambroise Chalinat, courbé en deux et semblant fouiller de la pointe de sa baïonnette devant lui.

« Où sont-ils, hé?... Envolés, les oiseaux? » questionna Samois, cherchant les Arabes.

Mais la voix de Chalinat cria :

« Ch'est un léchard, un fameux, comme je n'en ai jamais vu chez nous!... Il a failli me manger tout cru!... Coquin de léchard!... fouchtra de fouchtra! Il m'a volé mon bidon!...

— Ah! ah! ah!... un lézard!... Le fait est qu'on ne doit pas en rencontrer souvent de pareils dans ton Auvergne, mon pauvre Chalinat! fit Gossin en riant. Ce doit être tout bonnement un crocodile, un de ces crocodiles que, depuis Ramanieh, nous pensions toujours rencontrer et dont nous n'avons jamais pu apercevoir même la queue!

— Eh bien! tout crocodile qu'il est, je lui ai envoyé une balle : ça lui apprendra à se faire passer pour un lézard! répondit Plouhec.

— Méfiance, le v'là! ajouta Coucouron, qui s'était aventuré dans les roseaux et montrait une forme allongée, à moitié sous l'eau. Tiens! on dirait qu'il dort! »

L'Auvergnat cria :

« Il fait chemblant! Ch'est comme cha qu'il a failli m'avaler! »

Cependant on s'approcha et Gossin reprit :

« Il ne bouge pas, le lézard à Chalinat; peut-être bien qu'il est empaillé!... C'en est un du temps d'autrefois, une momie!... »

Mais, après s'être baissé prudemment en dépit de ses moqueries, il se releva, tourné vers le Breton :

« Mes compliments, le gars!... En plein dans l'œil, ton noyau de plomb, le seul endroit vulnérable; ah! tu n'es pas manchot de ton fusil! »

L'animal, qui avait manqué happer l'Auvergnat au moment où celui-ci se baissait pour emplir son bidon, mesurait quinze pieds de long; c'était un des plus beaux spécimens de l'espèce, et l'un après l'autre, les soldats vinrent examiner, toucher et mesurer le monstre : on dut le laisser là, abandonné aux oiseaux, aux poissons ou aux autres crocodiles.

Comme une fois de retour au camp, Samois racontait que, n'en ayant pas vu jusqu'à ce jour, il ne croyait pas aux crocodiles et traitait de fables les histoires qu'on leur attribuait, André Norcy lui apprit qu'en effet autrefois ils arrivaient jusqu'au Caire, mais que peu à peu ils s'étaient éloignés, remontant vers le Haut Nil, et qu'on ne commençait plus à en trouver qu'à partir du point où ils étaient; et que, du reste, dans l'antiquité, le crocodile était particulièrement adoré à Tentyris.

Il engagea ses compagnons à se montrer désormais très prudents quand ils iraient au fleuve pour boire ou se baigner, car ils étaient exposés à rencontrer fréquemment ces féroces amphibies, qui atteignent jusqu'à dix-huit pieds de long et qui, si le plus souvent ils fuient à l'approche de l'homme, peuvent cependant, de temps à autre, saisir quelque imprudent.

Seul le bidon tenu par Ambroise Chalinat avait eu à subir la voracité du monstre; sa puissante mâchoire l'avait troué de part en part, le rendant dorénavant hors d'usage, ce qui désolait le soigneux Auvergnat, plus troublé par cette perte que par le danger qu'il avait couru.

Durant cette petite alerte, Asem, malgré son sang-froid habituel, avait montré une certaine agitation qui ne se calma qu'au retour du sergent-major, et quand il eut appris qu'il s'agissait d'un crocodile, non pas d'une attaque des Arabes.

Dès que les bidons restants et les outres eurent été attachés sur l'âne, on se remit en marche dans la direction du sud-ouest; une demi-heure plus tard, avant que le soleil eût disparu derrière les cimes irrégulières des montagnes de la Libye, on atteignait, à la limite des sables, le terrain bossué et mouvementé sur lequel s'étendent çà et là les ruines des temples de Dendérah.

Bien que les compagnons du jeune savant n'eussent pas les mêmes raisons que lui d'admirer les monuments devant lesquels ils se trouvaient, ils ne purent se défendre d'une irrésistible et inconsciente émotion en présence des colonnes, des portiques, des chapiteaux, des débris de toute nature semés autour d'eux dans cette solitude silencieuse.

Comme lui, ils allèrent, intéressés, troublés, d'un édifice à un autre, errant au milieu des décombres d'où surgissaient des statues, des corniches, des bas-reliefs, des têtes monstrueuses de dieux, de déesses, jusqu'à ce qu'il les arrêtât enfin au grand temple, en face des vingt-quatre énormes colonnes, dont les six premières soutiennent, de chapiteaux représentant des têtes géantes d'Isis, l'entablement d'un immense portique.

Le double jeu des premières ombres du crépuscule et des dernières lueurs du couchant donnant une vie étrange à ces colonnes à figures humaines, ainsi qu'à la façade et aux parois décorées de personnages, de signes mystérieux, le monument entier semblait sortir peu à peu du sol où il était à demi englouti.

« Drôle d'habitation que m'sieur Norcy a choisie là pour nous : un vrai nid à cauchemars! » grommela Gossin, malgré son scepticisme.

Samois, après avoir considéré l'extérieur de l'édifice que surmontaient, accrochées en l'air et comme suspendues, des masures arabes en ruines, avança la tête pour jeter un coup d'œil dans l'intérieur assez sombre où André venait de pénétrer et ajouta :

« Jusqu'au plafond qu'il y en a de ces peintures! Une grande bonne femme courbée en deux, avec des bras et des jambes qui n'en finissent plus, au milieu d'un tas de bêtes, dans une sorte de roue!... En v'là des imaginations!... Un lion, un scorpion, des balances, des figures tout en rond, qu'on n'y comprend rien!... »

Chalinat, rendu méfiant par son aventure du Nil, tâtait de la pointe de sa baïonnette autour des blocs, des fûts de colonnes :

« Encore quelque léchard ou quelque cherpent qu'on pourrait rencontrer au moment de faire chon lit!... fouchtra! »

Aux premiers pas qu'ils aventurèrent dans la vaste salle, seulement éclairée par la porte d'entrée, des chauves-souris, des chouettes, voletèrent, les effleurant de leurs ailes poudreuses, duvetées; Alain Plouïec recula frissonnant, serrant son chapelet au fond de sa poche :

« Sainte Anne!... V'là les bonnes gens des murs qui se détachent pour nous chasser de chez eux!... Ma Doué!... C'est pas un endroit sûr! »

Cependant ils se familiarisèrent peu à peu avec cet entourage inquiétant, quand ils virent Pierrette, après avoir attaché son âne à l'une des colonnes, installer crânement son campement, sans autre souci des bêtes, ni des gens, vivants ou peints sur les murs et, ramassant des débris de bois, allumer le feu pour faire la soupe.

Chacun, cherchant un coin à sa guise, s'arrangea de manière à passer la nuit le plus commodément qu'il le pourrait.

Oubliant la fatigue, oubliant la faim, son carnet à la main pour y prendre des notes ou de légers croquis, André Norcy allait de salle en salle, d'un vestibule à une chambre obscure, d'un portique à un escalier conduisant aux terrasses; il admira tour à tour le grand Zodiaque qui avait tant intrigué Samois avec sa personnification d'Isis figurant la nature, puis le petit Zodiaque découvert par le général Desaix et s'aida d'une torche pour combattre les progrès rapides de la nuit.

Il cherchait à se rendre compte de la signification, de la destination de ces temples, où dominait l'image d'Isis, une Isis de toutes les tailles, avec son fils Horus, et s'arrêta longuement devant une figure de femme, coiffée du pschent surmonté de la vipère sacrée, l'uræus royal, rêvant à la fois de Cléopâtre et d'Hathor, la Vénus égyptienne.

Il fallut pourtant songer à se reposer, car la nuit tombait tout à fait, empêchant les explorations; ce fut assez joyeusement que, s'éclairant de torches fabriquées avec des éclats de bois résineux, la petite troupe soupa, en bavardant de tout ce qu'elle venait de voir.

Les tours de garde pris pour la protection du campement, Biscarosse et Coucouron, placés les premiers en sentinelles devant la porte d'entrée, car on ne pouvait songer à surveiller tous les points, Nicolas Goulot, rebelle au sommeil et décidé à veiller, s'installa sur un bloc de granit près du feu, qu'il se chargea d'entretenir ; les autres, terrassés par la fatigue, s'endormirent.

Il était un peu plus de minuit, tout allait bien, et le sergent-major venait de se rasseoir, après avoir remplacé les sentinelles qu'on relevait toutes les deux heures.

A peine installé, sa tête commença à avoir ce léger plongement d'arrière en avant qui indique le lent et progressif envahissement du sommeil ; d'abord, conscient, il avait lutté, fronçant les sourcils, mâchonnant de vagues jurons, se frictionnant rudement les yeux avec ses poings ; mais le mouvement de balancier s'accentuait, lançant à tout moment son long nez vers le feu, dont les braises rougeoyaient sous la cendre, et un ronflement rauque roulait dans sa gorge.

Subitement, à un moment où il relevait la tête après un plongeon plus profond, ses prunelles voilées de sommeil se promenèrent machinalement vers les parties ténébreuses du monument, suivant une forme indécise qui circulait entre les colonnes. Du milieu de sa torpeur, il marmotta :

« Il a raison, le Breton : v'là les images qui dégringolent des murs pour se promener !... Cocasse de pays, cette *Égypre !*... »

Son engourdissement était tel, qu'il ne se préoccupa pas autrement de ce fait, à demi cauchemar pour lui, et qu'il n'entendit pas des rumeurs sourdes filtrant à travers les ruines, bruit de pas, bruit de voix, bruit de glissements, bruit de frôlements.

Tournant le dos à l'entrée du temple et placées assez loin au dehors, les deux sentinelles ne pouvaient pas percevoir ces rumeurs intérieures, et se contentaient d'observer négligemment les étendues solitaires endormies sous un ciel clair, mais sans lune.

C'étaient Bernaville et Fricourt ; ils causaient du pays, de ceux qu'ils y avaient laissés, quand une voix souffla près d'eux :

« Té ! vous v'là aveugles, que vous ne voyez rien ? »

Ils eurent un brusque sursaut, les yeux écarquillés cherchant vainement autour d'eux; puis Fricourt, ayant reconnu son interlocuteur, demanda :

« Où vois-tu quelque chose, toi, Jean Toucas? »

Balayant toutes les ruines d'un grand geste demi-circulaire en coup de faux, le Provençal expliqua :

« Partout, que j'en vois des choses, et celles que je ne vois pas, je les sens!... C'est plus habité qu'on ne pense, toutes ces grandes pierres, et m'sieur Norcy n'a point été trop prudent de nous loger ici. Comme je n'avais pas sommeil, rapport à ce que je ne suis pas tranquille, je réfléchissais, en attendant mon tour de garde, et v'là que j'ai entendu marcher, et puis causer, d'abord au-dessous de moi, comme dans des souterrains, et puis au-dessus, comme dans toutes ces mauvaises bicoques d'Arabes qui sont là-haut sur les terrasses.

— Bah! des camarades qui ne dormaient pas et qui furetaient, à ton imitation, » reprit Bernaville.

Toucas secoua la tête :

« Non, non, je ne suis pas chèvre, ainsi qu'on dit dans mon pays, et je n'ai pas la tête à l'envers. Les camarades étaient tous là, je m'en suis assuré, même m'sieur Norcy, et ils dormaient dur, à poings fermés. Il n'y en avait qu'un qui n'était pas à sa place, et celui-là c'était Asem!...

— Encore l'Arabe! Tu en parles toujours, et cependant, pour changer, rien de rien!... Enfin, que lui reproches-tu?

— Oh! cette fois, je crois bien que je le tiens : nous verrons si c'est moi qui ai tort.... J'ai fait ma ronde, comme de juste, et j'ai vu, aussi bien que je vous vois, des formes blanches se glisser le long des colonnes; sûr qu'Asem en était et qu'il conférait avec des amis à lui, des gueux de par ici, pour quelque mauvais coup. J'ai cherché, j'ai fureté de coin en coin; je n'ai pas vu distinctement, c'est vrai, car, avec toutes ces figures sculptées ou peintes, on peut se tromper et prendre des images pour des personnes vivantes; mais j'ai entendu, moi, et ce n'était pas du français qu'on jabotait, mais de l'arabe, dont je commence à connaître pas mal de mots!... Ah! on ne veut pas me croire, mais il se passe des choses, et on verra, on verra!... Il y a de ces mots que j'ai retenus : ainsi Mélâk-el-Azraël, Abou-êl-Hoûl, Bybân-el-Moloûk, des noms de pays, de gens!... Qu'est-ce que cela venait faire ensemble dans la bouche à tous ces maudits? »

Fricourt eut un bâillement :

« Eh bien, quoi! qu'est-ce que ça signifie? Quand ce serait vrai qu'Asem aurait été causer avec des camarades à lui, quel mal y aurait-il à cela? »

Le Provençal haussa les épaules, essayant de percer du regard les ténèbres qui semblaient plus épaisses autour de ces colonnes à têtes humaines, et fouillant inutilement de ses prunelles inquiètes les trous noirs formant çà et là d'insondables puits dans la blancheur des pans de murs :

« Ça peut signifier qu'Asem nous prépare quelque tour de sa façon, pour quand il nous tiendra bien seuls dans un endroit où personne ne pourra venir nous secourir; voilà mon idée, je la donne pour ce qu'elle vaut. Jusqu'à présent on a toujours été en communication avec des détachements de la division au général Desaix, depuis le Caire jusqu'ici; peut-être bien que plus loin ça ne sera plus la même chose!... Bybân-el-Moloûk, je crois bien avoir entendu prononcer ce nom par m'sieur Norcy, comme étant celui de l'endroit où nous allons!... Si c'est vrai, d'autres le savent aussi à c't'heure, grâce à cet Asem, je le jurerais, boun Diou! »

Malgré les pronostics de Toucas, le reste de la nuit se passa de la manière la plus calme; il fit cependant son rapport à Nicolas Goulot et à André Norcy, leur racontant ce qu'il avait cru voir et ce qu'il avait entendu.

Une seconde le sergent-major hésita, mais il décida en riant :

« Tu auras rêvé, garçon! Moi aussi, cette nuit, il m'a semblé voir remuer quelque chose; mais c'était sans doute toi qui faisais ton tour de promenade. Tu auras entendu l'un ou l'autre de nous rêver tout haut, même bien Asem, et v'là toute ta découverte! Ah! ah! ah!... »

Norcy termina en proposant une exploration générale des ruines et des masures arabes; tous les hommes y prirent part sous l'œil impassible d'Asem, à qui on n'avait rien dit, et on ne trouva même pas de traces récentes du passage d'êtres humains.

Bientôt même, oubliant la principale raison de cette visite minutieuse, ne songeant plus aux pillards, aux assassins, le jeune savant se laissa de nouveau ressaisir tout entier par la passion scientifique.

A chaque instant, quelque bas-relief étrange, quelque frise curieuse le retenaient béant d'admiration, frissonnant d'enthousiasme.

Le danger n'existait plus pour lui; il allait, sans même s'occuper de savoir si on le suivait, escaladant les blocs, s'aventurant sans hésiter dans ce dédale peuplé de monstres, hérissé de cynocéphales, de Typhons, de dieux à tête d'ibis, d'épervier, au risque de disparaître brusquement dans quelque oubliette quatre ou cinq fois millénaire.

Derrière lui, les soldats se passionnaient à leur tour, ne voulant pas l'abandonner, entraînés par son audace.

Comme on arrivait devant une sorte de puits, André s'y fit descendre, suspendu à une corde, pour l'explorer; ses pieds heurtèrent un objet de forme allongée, qu'il essaya vainement de reconnaître: il y porta les mains et cria, transporté de joie :

« Une momie! »

Lorsque la momie, soigneusement attachée, parvint au grand jour, on reconnut avec effroi que c'était un cadavre desséché dont les vêtements avait disparu; une corde serrait le cou de l'homme, sans doute quelque voyageur tué par les Arabes et dont jamais personne n'avait plus entendu parler : les traits étaient méconnaissables et, d'après les indices, ce crime ignoré devait remonter à trois ans au moins.

Un instant, André Norcy avait frémi, songeant à Jules Mathelin; mais la taille exiguë de la victime ne répondait nullement à la haute stature du voyageur disparu.

André s'y fit descendre.

Jean Toucas avait murmuré :

« Hé bé! ces Arabes!

— Un isolé sans doute! répondit le jeune homme, en montrant avec confiance leur solide escorte. Nous sommes nombreux et bien armés, nous! »

Ce fut cependant sous une impression d'angoisse, de cauchemar, qu'ils quittèrent les ruines de Dendérah pour gagner le village et traverser le Nil, afin d'aller à Kénèh, où ils comptaient s'arrêter avant de se diriger sur Thèbes.

La petite troupe rompait les rangs.

XV

DISPARITION SUSPECTE

« Par le flanc droit, en avant... arche!... Halte!... Front!... Sortez, le numéro trois! Rentrez, le numéro cinq, jusqu'à la gauche!... Fixe!... Baïonnette... on!... Porrrtez arme!... Prrrésentez arrme! »

Dans l'air vif et pur du matin, la voix de Nicolas Goulot, déroulant cette série de commandements, sonna en triomphante fanfare, tandis que lui-même, placé à la tête de son peloton, surveillant et rectifiant l'alignement, exécutait en faisant tinter la batterie de son fusil la dernière manœuvre qu'il venait de commander.

Pétrifiés de stupeur et d'admiration, les quinze soldats s'étaient alignés comme à la parade, après avoir machinalement terminé les mouvements successifs ordonnés par leur chef. Ils restaient maintenant immobiles, le canon et la crosse de l'arme rigides entre leurs mains crispées, saluant le merveilleux spectacle qui s'étalait sous leurs yeux, et qui leur était subitement apparu, dès qu'ils eurent doublé la pointe de la chaîne de montagnes côtoyée par eux depuis leur départ du dernier bivouac : ils avaient quitté celui-ci avant le lever du jour pour profiter de la fraîcheur revivifiante de la matinée.

La cantinière avait lâché le licol de son âne pour battre des mains ; enthousiasmée, elle s'exclama :

« C'est plus beau qu'au théâtre ! »

Quant à André Norcy, pâle d'émotion, bien que plus préparé à la surprise qui l'attendait, ses bras s'étaient tendus devant lui en un geste irraisonné d'adoration, de convoitise, et ses lèvres murmuraient, balbutiantes de la joie sacrée du Beau, de l'ivresse profonde de l'Art :

« Thèbes !... La ville aux Cent Portes ! »

Brusquement, sous la lumière rose du soleil, qui venait à peine de dépasser l'extrême cime des montagnes vaporeuses placées à l'est, le vallon magique s'était montré, encore baigné d'une brume légère, bleue et rose, d'où naissaient des temples, des obélisques, des colonnades, des pylônes, tout un hérissement de ruines majestueuses, enfermées entre la noire ceinture des Monts Arabiques et des Monts Libyques, et arrosées par le Nil, très large en cet endroit et semé d'îles verdoyantes.

D'instinct, sans en avoir reçu l'ordre, renouvelant inconsciemment ce qui s'était passé pour les troupes du général Desaix, lorsque pour la première fois elles s'étaient trouvées en présence de ce spectacle sans pareil, le sergent-major, ne sachant comment manifester ce qu'il ressentait, troublé ainsi que devant un supérieur, n'avait imaginé que cette manière de montrer son admiration, son respect, en saluant militairement, comme un général en chef ou un souverain, l'idéale et presque miraculeuse apparition.

De longs instants ils demeurèrent arrêtés à la même place, contemplant sans pouvoir parler, même ceux que les merveilles combinées de l'Art et de la Nature émouvaient d'habitude le moins, comme le Breton Alain Plouhec, l'Auvergnat Ambroise Chalinat.

d'autres encore, insensibles aux beautés esthétiques, ou les railleurs comme les Parisiens Gossin et Samois.

« Portez arme!... Reposez arme!... Place... Repos!... »

Nicolas Goulot s'arrachait enfin à la sujétion absorbante du tableau inattendu étalé devant lui, et la petite troupe rompait les rangs, chacun profitant à sa guise de la courte halte faite avant de poursuivre l'étape et d'atteindre ces ruines de Thèbes, terminaison du voyage.

Sa première contemplation rassasiée, André Norcy se laissait délicieusement envahir par le flot montant des souvenirs qui lui étaient chers, en cette réalisation inespérée de ses rêves d'enfance, de ses rêves de jeune homme.

Avec les ruines éparses sur les deux rives du fleuve, il cherchait à reconstituer par la pensée l'antique Diospolis Magna des Grecs et des Latins ; il essayait de se former une idée exacte de ce qu'avait pu être Thèbes, la fameuse Hécatompyle, la Cité aux Cent Portes ou aux Cent Portiques, plusieurs fois saccagée par Cambyse, par Ptolémée Lathyre, enfin par Cornélius Gallus, gouverneur d'Égypte sous Auguste, et dont les débris géants, défiant les siècles, défiant la destruction, semblaient les vertèbres, les ossements de quelque monstre antédiluvien, de quelque capitale de rêve, digne sanctuaire du culte d'Ammon !

Il fut tiré de cette rêverie par une question du caporal Grégoire Plantin :

« Est-ce là dedans que nous allons nous installer? On aura encore plus de place que dans ce Dendérah, où nous avons dernièrement campé. »

André expliqua :

« Ce ne seront certes pas les habitations qui nous feront défaut; quatre villages occupent le côté où se trouvait la partie principale de la ville, sur la rive droite du Nil, celle que nous suivons en ce moment, et sur la rive gauche il y en a cinq; nous aurons donc le choix : seulement, d'après mes renseignements, la droite est plus sûre et moins exposée aux attaques des bandits que la gauche, qui avoisine la Libye. »

Aidant le caporal à s'orienter, il indiqua :

« D'ici, on distingue parfaitement le plan général et il est facile de s'y reconnaître. D'abord devant nous, à l'est du fleuve, après ce petit bois de palmiers que nous aurons à traverser en arrivant, c'est Karnak, où se rencontrent, d'après ce que m'a annoncé Vivant-Denon, le plus de merveilles, une salle de plus de 100 mètres, soutenue par cent trente-quatre colonnes de 20 mètres de haut, des colonnes aussi grosses que celle de Rome....

— La colonne Trajane, qu'elle s'appelle, appuya Gossin, qui se souvenait de l'Italie. Un fameux morceau, on peut dire!...

— Précisément, continua Norcy ; ainsi vous pouvez vous figurer l'effet de celles de Karnak !

— Une forêt géante, quoi ! ajouta Samois. Une forêt en pierre. »

Le jeune homme poursuivait :

« Je ne parle pas des avenues monumentales qui conduisent aux palais, avec leurs rangées de bêtes monstrueuses, sphinx à corps de lion et à tête de bélier, statues colossales, pour arriver au plus important de ces villages, celui de Louqsor, baigné par les eaux, et où se dressent encore debout plus de deux cents colonnes, des portiques, des pylônes, tout ce que vous pouvez apercevoir aussi loin qu'on regarde.

— Ils en avaient des imaginations, ces anciens du pays, à fabriquer ainsi un tas de bêtes pour effrayer les gens! grommela Plouhec, dont les prunelles d'eau marine reflétaient un incommensurable étonnement.

— A l'ouest, reprit André, voici d'abord Qournah, à peu près vis-à-vis de Karnak, ensuite le palais d'Osymandias, et enfin Medynet-Abou ; c'est le côté qui servait de nécropole, c'est-à-dire de cimetière aux Thébains. »

Ambroise Chalinat fit la grimace.

« J'aimerais pas habiter che côté-là, bien chertainement ! Je chuis pour la gaîté, moi, et ch'est trop triste vos villes qui chont des chimetières ! »

André eut un sourire et acheva :

« C'est pourtant par là que nous devrons aller, car les tombeaux des rois, ces Bybân-el-Moloûk, où j'ai besoin de faire des explorations, se trouvent précisément à l'ouest du Nil, un peu plus loin dans le sud, dans une vallée parallèle au fleuve, vallée écartée et assez mystérieuse, ainsi qu'il convient pour des sépultures royales. »

Placé à quelques pas sur un rocher, où il fumait gravement sa pipe, Asem ne semblait prêter aucune attention à la conversation; cependant, à ces dernières paroles, il ne put s'empêcher de relever ses yeux baissés, et leur flamme passa rapide, en lame de foudroyant cimeterre, sur le groupe des causeurs, tandis que la fumée, montant plus épaisse du fourneau plein de tabac en combustion, l'enveloppait soudain d'un nuage, au milieu duquel sa tête disparaissait presque complètement.

Gossin essayait de reconnaître l'emplacement du fameux vallon ; il indiqua un point éloigné sur leur droite :

« Ça ne serait-il pas, des fois, vers ces grands bonshommes, m'sieur Norcy ? »

Le jeune homme inclina approbativement la tête :

« Juste derrière ces bonshommes, comme vous désignez les colosses de Memnon, placés dans la plaine, plus loin que le bois d'acacias, et à l'ouest du temple de Medynet-Abou : là, en effet, se trouve l'entrée de cette Vallée des Tombeaux, qui est notre but.

— Des tombeaux comme dernière étape, che n'est pas des idées trop réjouichantes, tout de même ! » gronda sourdement Chalinat.

La voix d'Asem arriva aiguë, du milieu du nuage de fumée :

La illah ila Allah!... Mohammed resoul Allah!

« Qu'est-ce qui lui prend à celui-là ? gronda Jean Toucas, lançant à l'Arabe un mauvais regard.

— Sa prière qu'il fait, » expliqua Mousson avec indifférence.

Mais Nicolas Goulot, que la causerie engagée intéressait, jura :

« En v'là un cri de chouette!... Toujours cette Vendée que ça me rappelle, quand je les entends hurler ces moricauds à peau de suie mal lavée!... »

Et Jean Toucas reprit :

« Moi, je me souviens de ce qu'ils nous chantaient au Caire, du haut de leurs pigeonniers ; aussi chaque fois qu'ils se gargarisent avec leur satané *La illa ila*, je me méfie, car je n'ai pas oublié ce qui s'en est suivi, l'insurrection où nous avons tous manqué périr, la révolte qui nous a procuré la connaissance de cet Asem de malheur!... »

Imperturbable, le chant monotone continuait à sortir du nuage, pendant que Gossin, revenant au sujet qui l'intéressait, reprenait :

« *Châma* et *Tâma*, c'est les noms qu'on leur a donnés aux bonshommes, à ce que je me suis laissé conter par des camarades de la 88e, avec lesquels j'avais renoué amitié en passant à Girgeh. Ça se voit de quatre lieues, tellement c'est haut, qu'ils disaient, les tours Notre-Dame, quoi!... Même que je ne voulais pas le croire, vu que je les connais pour farceurs à la 88e et que je n'avais pas confiance dans leurs histoires!... Mais me v'là comme eux, à c't'heure !

— Châma, le colosse du Sud, et Tâma, le colosse du Nord; c'est bien ainsi que les Arabes les désignent. On ne vous a pas trompé, fit Norcy.

— On m'a affirmé, reprit Samois, qu'il y en avait un des deux qui, tous les matins, au lever du soleil, il y allait de sa petite chanson. »

André sourit, une moue dubitative aux lèvres, avec un hochement de tête, en répondant :

« La statue de Memnon qui rendait des sons harmonieux dès qu'elle était frappée par les rayons du soleil levant!... Oui, on ne sait pas exactement ce qu'il en est et s'il y avait là une supercherie des prêtres ou un phénomène naturel, provoqué par la résonance de la pierre trempée de rosée pendant la nuit et subitement chauffée par le soleil?... Nous serons toujours à même de vérifier la chose par nous-mêmes.... »

Ils furent interrompus par le sergent-major, qui, s'avançant vers eux, annonça :

« Pardon, excuse de vous déranger, m'sieur André ; mais v'là que le soleil commence à piquer fameusement, à mesure qu'il s'éloigne des montagnes, et il vaudrait peut-être mieux comme ça, pour notre santé à tous, qu'on reprenne le pas de route. On remettra les histoires au moment où il sera possible de jaboter à l'ombre en fumant une bonne pipe et en buvant frais, vu qu'on se trouve dans un diable de pays où il ne fait pas trop bon dehors, sur l'heure de midi, même pour des particuliers comme nous, qui en avons cependant l'habitude, avec notre cuir tanné, une vraie peau de crocodile !

— Tu as raison, mon bon Nicolas. Du reste, l'étape sera courte ; avant une heure d'ici nous pourrons installer le campement à Karnak même et pour quelque temps. Asem m'a prévenu qu'il avait là des amis, chez lesquels il nous assurait un gîte confortable. »

Entendant prononcer son nom, l'Arabe s'était levé ; il s'inclina, avec un sourire complaisant au coin des lèvres, tandis qu'une flamme rapide traversait ses prunelles d'oiseau de proie.

« Logis donné par ami à Asem, très bon logis!... Logis donné par Asem lui-même, le meilleur logis ! »

Norcy, sans s'arrêter au sens ambigu que pouvait avoir ce dernier membre de phrase, frappa doucement sur l'épaule de l'Arabe, puis s'adressant au sergent-major :

« Hein ! tu vois? il fait de son mieux, et ce ne sont pas les contes bleus de Jean Toucas qui m'ôteront la confiance en ce bon serviteur ; depuis huit mois il m'a donné trop de preuves de son dévouement pour ne pas nous être fidèle jusqu'au bout. Du reste, tu le sais, loger chez un Arabe, c'est une garantie ; jamais il ne tentera rien contre ses hôtes, contre ceux avec lesquels il a partagé le pain et le sel. »

Le Provençal avait entendu ; il secoua la tête, tenace, murmurant :

« Té ! un ami d'Asem, ce n'est pas Asem ; si son ami nous respecte, lui ne s'engage à rien ! »

Ce fut chez le cheik qu'ils trouvèrent asile ; celui-ci mit aussitôt toute sa maison à leur disposition, si bien qu'ils purent s'installer de manière à se croire chez eux.

Dès qu'ils eurent pris le repos nécessité par les longues et rudes étapes qu'ils venaient de faire du Caire à Thèbes, André Norcy, accompagné de ceux des soldats qui voulaient bien le suivre, commença l'exploration de Karnak et de Louqsor, allant de merveille en merveille, sans pouvoir lasser son admiration, et ne voulant se rendre à la Vallée des Tombeaux que lorsqu'il ne lui resterait plus rien à voir à Thèbes.

En même temps il prenait des renseignements de toute nature sur les hypogées thébains et sur les périls qu'on pouvait y courir. Déjà au Caire, Vivant-Denon l'avait mis en garde contre la sauvagerie et la barbarie de la population troglodyte qui habitait les tombeaux, dont la montagne regardant Thèbes du côté de l'ouest se trouve criblée ; mais il espérait d'autant mieux se défendre contre eux, qu'il ne chercherait nullement à pénétrer dans les tombes qui leur servent de demeure.

Quant à la vallée plus lointaine où dormaient les rois de Thèbes, déserte, isolée, elle n'abritait aucun vivant. Cependant de mauvais bruits couraient en ce moment sur les Bybân-el-Moloûk ; sans lui déconseiller de les visiter, son hôte se montrait très réservé sur ce point. Lorsque Norcy parlait du général Desaix, des officiers, des savants, des soldats qui s'y étaient rendus et en étaient revenus, n'ayant couru aucun péril, le cheik se contentait de lever doucement les épaules, murmurant :

« Allah est grand !

— On dirait vraiment que mes projets lui déplaisent, comme s'il se doutait que j'ai là un intérêt spécial, un intérêt, tel que rien ni personne ne m'empêchera plus maintenant de mettre mon dessein à complète exécution ! »

C'était devant Asem que le jeune homme avait prononcé cette phrase; celui-ci approuva de la tête, semblant engager le Français à ne pas se laisser arrêter par les réponses énigmatiques de son hôte; il eut même un sourire de supériorité, en disant :

« Toujours pour lui, trésor caché ! »

Sans doute tout le secret de la réserve montrée par le cheik se trouvait dans cette croyance, enracinée chez les Arabes, que les voyageurs, les étrangers, les savants, tous ceux qui viennent visiter et fouiller les ruines, sont des sorciers connaissant le moyen de découvrir les trésors qu'ils supposent cachés jusque dans les pierres; cela seul explique à ces sauvages comment on peut vouloir emporter ces blocs, pour eux sans valeur. C'est pourquoi tous les moyens leur sont bons pour effrayer ou détourner les explorateurs quand ils ne peuvent pas les assassiner.

S'il avait pu hésiter, le souvenir du cadavre si étrangement découvert à Dendérah, dans ce puits perdu des ruines, l'aurait affermi dans sa résolution : il était persuadé qu'il retrouverait de la même façon les restes de celui qu'il cherchait. La révélation du Barâbrah en avait acquis pour lui une importance plus grande; il songeait sans cesse à ces mots qui associaient l'homme blanc, le possesseur de la montre, c'est-à-dire Jules Mathelin, aux Tombeaux de la Vallée des Rois : « Homme blanc de Bybân-el-Moloûk ».

Certainement, par quelque moyen ignoré, le Barâbrah avait eu connaissance du crime autrefois commis sur le voyageur français; certainement aussi le corps de ce dernier devait être enfoui aux Bybân-el-Moloûk, précipité dans un puits des hypogées.

Maintenant que Norcy se sentait si près du but, il lui semblait avoir la certitude du succès. S'il ne se pressait pas davantage de commencer ses recherches, c'est qu'il espérait toujours un passage de troupes françaises à Thèbes, assez important pour pouvoir demander une escorte; en effet, on commençait à parler de Mélâk-el-Azraël, et on signalait vaguement sa présence dans la région.

Asem, interrogé, avait répondu négativement; cependant, à Kénèh, lorsqu'ils y étaient passés, des habitants affirmaient l'avoir vu sur son dromadaire blanc.

En attendant, pour achever de connaître le pays, André avait entrepris l'exploration de la rive gauche du Nil, visitant les ruines des palais de Qournah, de Medynet-Abou ; une autre excursion le conduisit aux deux colosses qui dominaient la plaine. Cette tournée était la dernière consacrée par lui aux ruines Thébaines ; son parti était pris : le lendemain matin, dès l'aube, tous devaient s'acheminer vers la fameuse Vallée des Tombeaux et fouiller les hypogées royaux de la montagne, sous la conduite d'un guide dont Norcy s'était assuré le concours.

Le soir, comme le jeune homme rentrait à Karnak, il trouva Pierrette très émue ; elle l'accueillit par ces mots :

« Depuis votre départ, m'sieur André, il y a du nouveau : Asem a disparu. »

Après un premier mouvement de surprise involontaire, car, depuis le début du voyage, jamais l'Arabe n'avait quitté le campement, Norcy interrogea, un peu nerveux :

« Disparu, comment cela ? N'est-il pas libre d'aller, de venir, comme il lui plaît ? C'est notre compagnon, non pas notre esclave. »

Mais la cantinière insista, poursuivant :

« Ce matin, immédiatement après vous avoir vu partir, il m'a quittée, en me disant qu'il allait aux provisions, et qu'il serait là dans une heure au plus tard. Voici la nuit et il n'est pas encore de retour. »

Jean Toucas hochait la tête, ricanant :

« Té ! Il a été retrouver ses bons amis de Dendérah, vous savez bien, de l'autre nuit ! »

André essaya de le défendre :

« Avant de l'accuser, attendons encore. Il peut avoir été retenu par des amis ; il en a ici, nous le savons. Pour moi, je me refuse à le suspecter, tant que je n'aurai pas une preuve plus grave de sa mauvaise foi que des paroles en l'air ou des visions nocturnes. Demain matin il doit nous accompagner aux Bybân-el-Moloûk, c'est

« Asem a disparu. »

une chose entendue. Eh bien ! si demain il n'est pas là avec nous, alors je verrai ce que je dois penser de lui, et nous agirons en conséquence. »

Nicolas Goulot conclut :

« On se passera de lui, voilà tout ! Il nous a fidèlement conduits jusqu'ici ; peut-être, plus d'une fois, grâce à lui, avons-nous évité d'être attaqués par ses anciens camarades. Je veux aussi comme vous, m'sieur André, ne me souvenir que de cela pour le moment. Demain il fera jour, comme on dit : on pourra voir ! »

Pierrette secouait la tête en l'écoutant, n'approuvant pas trop ; elle ajouta :

« Tout de même, il m'avait dit qu'il allait revenir, et personne ! Je crois qu'on ferait bien de ne pas attendre pour prendre ses précautions et faire bonne garde. Enfin, demain je suis de la promenade ; je serai toujours plus tranquille de me trouver avec vous pour le cas où il y aurait du péril.

— Du péril ! maman Pierrette ! Quel danger peut-on courir là-bas, dans ce grand cimetière ? On n'y rencontre que la solitude, que la mort ! » termina le jeune savant.

Le mot tomba avec une sonorité inquiétante au milieu des soldats réunis pour le souper.

Alain Plouhec tressaillit :

« La mort !... Des fois, ça peut se trouver qu'elle nous attende là ! »

Cyrille Lamalou frappa en riant son fusil, qu'il fit sonner d'un air résolu :

« Hé bé ! On aura de quoi lui dire deux mots à la camarde ; ce n'est pas encore demain qu'elle nous fera peur, après tant de fois qu'elle a bien voulu nous faire risette sous toutes les formes, en vraie coquette qu'elle est : naufrage, désert, balles, boulets, mitraille, peste, sables, tout enfin !... Elle n'a plus rien de nouveau pour nous ! »

La soirée, la nuit passèrent, sans qu'on eût aucune nouvelle d'Asem, et ce fut vainement qu'on chercha à savoir auprès des habitants de Karnak, du cheik lui-même, ce que l'Arabe était devenu.

Il semblait avoir disparu subitement sans même laisser de trace, de même qu'il était apparu brusquement, au milieu de l'insurrection du Caire, tombant on ne savait d'où, peut-être pour un but inconnu dans un dessein mystérieux !

Il avait inutilement essayé de les déplacer.

XVI

LE GÉNIE DE LA TOMBE

« Quand je le disais que nous finirions par y arriver!... Ah! par exemple, si ce n'est pas le fin fond de l'enfer, c'est tout au moins son vestibule, et il n'y manque, à la porte, pour nous recevoir, que le grand diable et sa fourche!... Non, ce qu'il fait chaud dans ce coin-là! Oh! là là là là!... »

Le mouchoir étalé sous son bicorne formant couvre-nuque, avec deux pointes dépassant par-devant de chaque côté du front et le reste flottant derrière pour protéger le cou, Samois, selon son habitude, geignait, après la longue et pénible trotte qui, de Karnak à Louqsor, venait d'amener la cantinière, le sergent-major, André Norcy et les quinze hommes jusqu'à l'entrée de la Vallée des Tombeaux.

Devant eux l'âne, chargé de provisions de toute nature, de

torches résineuses et de bougies, faisait une courte halte sous la garde du fellah qui servait de guide.

On était cependant parti dès l'aube, afin d'éviter la grosse chaleur, et c'est à peine si le soleil, filtrant entre les crêtes de la chaîne Arabique, commençait à dorer les plus hauts sommets de la chaîne Libyque; mais déjà de partout, des brumes du Nil, de la plaine saturée de feu, des roches si longtemps incendiées par d'implacables rayons, la chaleur montait, comme de quelque secrète fournaise mal éteinte.

Ce n'était rien toutefois, et les eaux du fleuve combattaient dans une certaine mesure l'ardeur de l'atmosphère, tant qu'on ne se fut pas engagé dans la gorge solitaire et mystérieuse qui surplombe le palais de Medynet-Abou, le Memnonium et les colosses de la plaine thébaine; mais, l'étroite ouverture qui y conduit une fois dépassée il sembla immédiatement aux plus endurcis, aux plus résistants qu'ils pénétraient dans une gigantesque étuve aux parois de fer rouge, dans le cratère immense d'un volcan, où les laves et les braises couvaient sous les cendres; sans se montrer nulle part, le feu se sentait partout.

Les Méridionaux eux-mêmes, tout accoutumés qu'ils fussent aux températures élevées, bien que soutenus par les souvenirs de Damanhour, de Kathièh et d'El-A'rych, eurent une légère hésitation en face de l'haleine de four qui leur soufflait au visage

Pour la première fois nul ne plaisanta ce continuel geigneur de Samois, toujours en grogneries contre le chaud, contre le froid, contre la pluie, contre la sécheresse, contre le vent, contre le manque d'air, et Cyrille Lamalou marmotta :

« Hé zou! allez donc! Est-ce comme pain de munition qu'il faut s'enfourner là dedans? »

Gossin ricana :

« J'en ai la peau qui rissole déjà : je sens le grillé !

— Ce n'est toujours pas la foule qui nous gênera! » reprit Grégoire Plantin, allongeant le bras pour montrer l'immense bassin solitaire qui se creusait avec de nombreux détours, en lit de torrent desséché courant tantôt entre des éboulements de terrain, tantôt, entre des falaises à pic, et que dominaient de tous côtés de hautes montagnes.

Ils n'aperçurent aucun être vivant, homme ou animal, pas même un oiseau, pas un reptile, pas un insecte, comme si le ver du tombeau lui-même eût reculé devant cette immense nécropole saturée de bitume, de naphte, de natron et de tous les parfums préservatifs de la destruction, et ils ressentirent tous la même terrible sensation d'abandon et de stérilité.

Aucune brise n'y soufflait; aucune senteur de fleurs n'en montait, et il semblait n'y pousser ni une herbe ni une plante, comme il semblait n'y pouvoir vivre aucun être. Un silence sépulcral, silence implacable d'éternité, pesait sur ces blocs immobiles, parois de pierre réverbérant l'épouvantable chaleur qui paraissait se dégager des entrailles mêmes de la roche.

Si, en effet, certains d'entre eux, Jean Toucas par exemple, avaient pu craindre de rencontrer quelque ennemi dans cette vallée écartée, ils devaient, en ce moment, se trouver pleinement rassurés devant la constatation de cette solitude absolue, du désert complet qu'étaient les Bybân-el-Moloûk.

La disparition de l'Arabe Asem la veille même du jour où ils devaient tenter cette exploration des tombes royales, le fait de voir cette disparition, d'abord mise en doute par André Norcy, confirmée et reconnue même par lui lorsque le matin, à l'heure fixée pour le départ, on n'avait pas vu revenir le transfuge, avaient primitivement jeté une certaine inquiétude dans le cœur de ces hommes résolus, habitués à envisager froidement tous les périls, mais que cette défection imprévue, après les quelques incidents relevés auparavant, après les sentiments de défiance ouvertement exprimés par Jean Toucas, pouvait troubler profondément.

Qu'avaient-ils à craindre là où ils ne rencontraient personne? Ils se rassurèrent donc aussi rapidement qu'ils s'étaient émus.

Armés comme ils l'étaient, commandés par un chef de l'énergie et de la science de Nicolas Goulot, qui pouvaient-ils redouter? Ils étaient en état de tenir tête à des forces beaucoup plus considérables que les leurs, surtout s'il s'agissait de ces Arabes qu'ils avaient appris à combattre, à toujours vaincre et à ne jamais craindre.

Les rares habitants de ces régions qu'ils avaient rencontrés en se rendant des ruines de Thèbes à la Vallée des Tombeaux des Rois, n'avaient même pas paru s'apercevoir du passage de cette petite troupe armée, solidement encadrée de ses baïonnettes luisantes, et dont l'intrépidité se trahissait naturellement dans les faces brûlées du soleil, énergiques et insouciantes, de ceux qui la composaient.

En route, rien de suspect n'avait été aperçu; seul, au moment où la tête de la colonne s'engageait dans l'étroit défilé servant d'entrée à la vallée, Alain Plouhec avait montré dans le lointain de la plaine une fumée légère, en disant :

« Un Arabe sur un dromadaire. »

Sans même regarder, Ambroise Chalinat affirmait :

« Le dromadaire blanc, ch'est lui! »

Et Jean Toucas grondait, tourmentant la batterie de son fusil :

« Mélâk-el-Azraël! »

Rien n'était venu confirmer l'exactitude de cette triple exclamation, dont les deux dernières n'étaient que l'écho machinal et irraisonné de la première.

Que le Breton, dans les brouillards indécis du matin, vers l'horizon, eût distingué ou cru distinguer une forme d'Arabe monté sur un dromadaire, il n'y aurait eu à cela rien d'étonnant, puisque la route allant vers Farc'hout, ligne habituelle des caravanes, s'embranchait précisément sur le ravin qu'ils suivaient pour atteindre les Bybân-el-Moloûk; mais André Norcy, Nicolas Goulot et ceux qui avaient les meilleures vues parmi les compagnons de Pierrette, cherchèrent vainement au loin la silhouette signalée par Plouhec.

Gossin avait levé les épaules sans cérémonie, gouaillant :

« En v'là un visionnaire que ce gars breton! Il n'y en a pas comme lui pour fabriquer des individus en chair et en os avec le moindre tronc d'arbre, le plus mince bout de bois, l'ombre d'un nuage, ou une fumée de rien du tout qui se promène devant lui!... Il n'y a pas une autruche dans le désert qu'il ne nous ait signalée comme un Arabe à cheval! Farceur de Breton bretonnant, va! »

Un sentier creusé dans le roc escaladait les sommets entre lesquels s'étendait la morne valleuse, toute vallonnée elle-même, sillonnée de défilés étroits, de renflements semblables à d'immenses vagues pétrifiées, avec des pentes couvertes de blocs éboulés, de débris rocheux et des silhouettes crénelées de châteaux forts, de tours, d'aiguilles inaccessibles, figurées par les contours des montagnes.

Après la courte halte qu'on venait de faire, André Norcy proposa, laissant l'âne à la garde du fellah, d'aller respirer l'air pur de ces cimes et de reprendre ainsi des forces, avant de se plonger dans la fournaise des tombeaux.

Ils atteignirent alors le point le plus élevé de la montagne Libyenne; un air vif, léger, que le soleil n'avait pas encore pu embraser, vint revivifier leurs poumons desséchés, et, tout en absorbant à longues aspirations cette fraîcheur exquise, ils purent contempler le magique spectacle qui récompense ceux qui ont eu le courage de s'élever jusqu'à cette altitude.

D'un côté leurs regards plongeaient dans l'abîme désolé et aride où ils allaient s'engouffrer; de l'autre c'était l'admirable vue des ruines de Thèbes, de la vallée des merveilles coupée en deux par le Nil; puis, à leurs pieds mêmes, les colosses de Memnon, dont la tête rosissait sous les baisers du soleil levant, Medynet-Abou, le tombeau d'Osymandias, pendant que, encore dans une transparente vapeur dorée, les palais, les obélisques, les avenues d'animaux de Louqsor et de Karnak hérissaient l'autre rive.

Ce fut avec gaîté que, la poitrine approvisionnée d'air, les membres plus souples et plus forts, ragaillardis et les yeux pleins de lumière, ils redescendirent et achevèrent la marche de trois quarts d'heure, au bout de laquelle s'ouvrit devant eux la petite porte basse, carrée, parallèle au sol, avec son linteau, que surmontait, entre deux figures à genoux en adoration, un ovale aplati montrant un scarabée et un homme à tête d'épervier.

Ils étaient arrivés à l'une des onze tombes royales, à l'un des hypogées où dorment les rois de Thèbes, et qui ne ressemblent nullement à ceux de la nécropole thébaine, contenant l'entassement poudreux et bitumineux des momies empilées par centaines, momies des anciens habitants de la célèbre cité, plus grossièrement embaumées.

Là, dans chacune de ces syringes aux longs méandres, aux galeries peintes avec un soin minutieux et serpentant durant des centaines de toises à travers la montagne, au delà des puits, des chambres, des escaliers, de tous les obstacles semés par la main habile des architectes et des prêtres pour la défendre contre les profanateurs, devait reposer éternellement, dans sa cuve de granit, la momie d'un roi.

Mais les profanations n'avaient pu être empêchées, et la plupart des hypogées qu'on avait découverts jusqu'à ce jour, violés par des conquérants comme Cambyse, par des voleurs de tout rang, de toute nation, ne contenaient plus celui pour lequel on avait mis tant de soin, pris tant de peine à les édifier.

Tel n'était pas, du reste, le but que se proposait André Norcy en s'y rendant; sacrifiant ses ambitions de savant à la mission sacrée qu'il s'était donnée, un seul espoir le guidait, celui, s'il devait s'en remettre à la révélation du Barâbrah, de retrouver dans l'un d'eux le cadavre reconnaissable, encore intact, desséché par cette cuisson de fournaise, du voyageur, de l'ami vénéré disparu depuis tant d'années.

Sachant que la chaleur qu'ils allaient avoir à supporter dans ces couloirs interminables et privés d'air, serait plus rude peut-être que celle qu'ils avaient jusqu'alors endurée, il eut la précaution, avant de s'engager dans l'hypogée, de munir chacun de ses compagnons de petites gourdes pleines d'eau-de-vie et d'outres de cuir, remplies d'eau, destinées à les désaltérer et aussi à leur permettre de se baigner le front, le visage et les tempes, lorsque la suffocation deviendrait dangereuse.

Ayant ainsi paré au plus redoutable des dangers qui menacent les explorateurs de ces tombes, laissant l'âne et les provisions à l'entrée de l'hypogée, sous la surveillance du fellah qui les avait guidés, il pénétra le premier dans la galerie, muni d'une torche, ainsi que trois ou quatre de ceux qui le suivaient, et lentement ils s'enfoncèrent vers le cœur de la montagne.

Bien que Dendérah, Thèbes et tout ce qu'ils avaient pu voir jusqu'alors des ruines égyptiennes eussent préparé les compagnons du jeune homme à toutes les surprises, rien cependant n'avait encore produit sur eux une impression aussi profonde que ce qui s'offrait en ce moment à eux.

A mesure qu'ils avançaient entre ces murs semés de caractères bizarres, qu'on leur avait dit être de l'écriture, de ces peintures dont le fantastique croissait davantage à chaque pas, de ces figures grotesques ou mystérieuses, mais de plus en plus terribles, et s'animant d'une vie inquiétante sous le reflet rouge des torches, au milieu de la fumée qui s'épaississait, leur émoi s'accroissait et le sang battait plus fort dans leurs artères.

Le superstitieux Breton jetait de chaque côté des regards effarés, redoutant de voir une de ces gueules de crocodile ou de chacal le happer au passage; il frissonnait à chaque nouveau museau tendu vers lui, grommelant des patenôtres, marmottant :

« C'est donc l'enfer où nous sommes? Samois avait raison : c'est tous des démons qui se promènent le long des murs! »

On distinguait sur les frises de longues processions d'hommes rouges et bleus, enchaînés, décapités, d'autres jetés dans les flammes, tandis que des serpents s'allongeaient, interminables, à deux ou trois têtes, que des êtres monstrueux, à corps humains, à têtes d'animaux se dressaient en juges implacables.

Une indicible épouvante enlaçait l'âme timorée d'Alain Plouhec, qui se rapprochait instinctivement d'Ambroise Chalinat, avec une lamentation :

« Que la bonne Vierge me protège! C'en est fait de moi, ma Doué. Me v'là au moins en purgatoire et tout à l'heure je vais, bien sûr, voir le diable! »

Moins craintif, mais cependant gagné par la méfiance de son camarade, l'Auvergnat disait :

« Heureusement que nous avons gardé nos armes! Seulement, c'hest pas du tout beau ichi, et on ne chait pas trop où cha va! Qu'allons-nous rencontrer au bout, chi cha commenche comme cha! »

Il serrait ses fortes dents, mâchant durement les mots, les mains crispées sur son fusil, prêt à envoyer sa baïonnette à travers ces mâchoires aux dents aiguës dont le contact l'inquiétait.

Dès les premiers pas, Gossin avait crié à ses camarades :

« Nous v'là comme Aladin dans le souterrain aux trésors, où le mauvais magicien d'Afrique l'avait fait descendre; attention à ne pas frôler les murs avec nos vêtements, de peur de mourir sur-le-champ! »

Toujours imperturbable, il saluait chaque nouvelle apparition, chaque peinture non encore vue, d'un quolibet, s'arrêtait à goguenarder un Anubis :

« Hou! que tu es laid! Veux-tu cacher ça ou je vais te museler ton museau de chacal! »

Ou bien il apostrophait ironiquement un dieu Typhon à ventre de pourceau et à griffes de lion :

« Alors môssieur a une tête d'hippopotame! Môssieur se croit au carnaval, bien sûr! Enlève donc ta tête de carton, vilain masque! »

Un cynocéphale l'attirant ensuite, était interpellé d'un :

« Je n'ai pas de noisettes à t'offrir, mon pauvre garçon! On ne m'avait pas prévenu que nous allions faire un tour au Jardin des Plantes! »

Autour de lui les camarades s'égayaient, oubliant la chaleur de four qui faisait ruisseler la sueur le long de leurs joues et les baignait d'une rosée brûlante sous leurs vêtements ; quelques-uns avaient enlevé leur uniforme, et, en manches de chemise ou même bras nus, cous à l'air, continuaient d'avancer.

Infatigable, ne sentant ni la fatigue, ni l'ardeur de la température, combattant seulement de temps à autre la suffocation produite par la raréfaction de l'atmosphère, en portant à sa bouche et à ses narines une éponge imbibée d'eau, André marchait intrépidement en tête.

Il vérifiait soigneusement la place où il devait poser le pied, connaissant les surprises de ces hypogées ; brusquement un trou s'ouvrit sous ses pas, un puits dont on ne pouvait distinguer le fond.

Avec une émotion qu'il fut incapable de dissimuler, il demanda à être attaché à une corde et, armé de sa torche dont la flamme balayait les parois de l'oubliette, se fit descendre. Ses pieds heurtèrent le sol au bout d'une dizaine de mètres ; là, rien que de la poussière, et, autour de lui, la surface polie de la roche ; il cria de le hisser et doucement on le remonta. Le puits ne recélait aucun mystère, aucun cadavre.

Cet obstacle franchi à l'aide d'une planche solide apportée dans ce but, car il n'ignorait aucune des difficultés qui pouvaient se présenter durant son exploration, il reprit sa marche, suivi de ses compagnons.

Une pente se faisait d'abord sentir, puis arrivèrent un escalier, une galerie peinte de couleurs vives, où dominaient le rouge, le bleu, le jaune, toutes les nuances du vert, et ils se trouvèrent dans une grande pièce au plafond en berceau soutenu par huit piliers carrés ; à l'entrée était une immense cuve de granit rose, dépourvue de couvercle et assez profonde pour cacher entièrement un homme debout. C'était le sarcophage où avait reposé la momie royale, disparue de cette chambre sépulcrale.

Au moment où André plongeait sa torche dans ce cercueil de pierre, un grondement sourd, prolongé, leur arriva, répercuté avec un bruit de tonnerre par l'écho des galeries.

« Hein! Que se passe-t-il? » interrogea Grégoire Plantin.

Cyrille Lamalou fit :

« Est-ce que la montagne s'écroulerait, ou bien un tremblement de terre? »

Gossin plaisanta :

« C'est Plouhec qui aura touché le mur, et v'là le magicien qui se fâche! »

De nouveaux roulements suivirent, espacés, se prolongeant, diminuant peu à peu d'intensité.

« Ça s'éloigne, qu'on dirait, ajouta Mousson, déjà rassuré.

— C'est curieux! murmura André. Il n'y avait pas de menaces d'orage dans l'air, malgré la chaleur, et à Thèbes il ne pleut jamais. Je ne comprends absolument rien à cela. »

Peu à peu la flamme des torches diminua, comme si elle eût éprouvé plus de peine à brûler, bien que la voûte fût au moins élevée de quinze pieds; la fumée s'épaississant formait au-dessus de leurs têtes un nuage immobile, et il leur sembla que leur respiration devenait plus précipitée, plus haletante.

Victor Fricourt se laissa aller sur le sol, balbutiant :

« J'étouffe! »

Il fallut se porter à son secours, et le faire revenir à lui avec quelques gouttes d'eau-de-vie.

Louis Bernaville, luttant contre une sensation croissante d'asphyxie, se plongea la figure dans l'eau d'une outre qu'il avait déliée; il observa :

« On dirait qu'on a refermé la porte sur nous!

— Mais il n'y en avait pas de porte! » opposa Nicolas Goulot.

Aucune rumeur ne leur parvenait, et, de temps à autre, des chauves-souris, suspendues au plafond ou dans l'angle des piliers, glissaient, asphyxiées par la fumée, leur balayant le visage du duvet visqueux et velouté de leurs ailes. C'était comme si, brusquement, ils se fussent trouvés séparés du monde, engloutis loin de tout bruit humain : cette même sensation les étreignit tous, sans qu'ils pussent en comprendre la cause.

Redressant la tête dans un effort énergique, Jean Toucas parvint à dominer la torpeur dangereuse qui commençait à les envahir :

« Hé bé! moi j'y vais à cette porte, voir un peu ce qui se passe : ce n'est pas naturel non plus! »

Sa torche qu'il secoua pour la faire flamber jeta un tourbillon d'étincelles; il s'éloigna, tranquille, d'un pas résolu et disparut à un coude de la galerie.

De longues, d'interminables minutes passèrent; une même somnolence envahissait peu à peu ceux qui étaient restés; puis un bruit de pas résonna, saccadé, et le Provençal reparut, hors d'haleine, des ruisseaux de sueur aux tempes; il cria d'une voix étranglée :

« Perdus!... On a refermé sur nous le tombeau!... Oh! je l'avais bien dit, cet Asem, ce démon, c'est lui!... Souvenez-vous de sa phrase ironique : « Logis donné par Asem lui-même, le meilleur logis. » C'était celui qu'il nous destinait, le tombeau! »

Il raconta que, ayant atteint l'extrémité de la galerie et ne trouvant plus d'issue, il avait d'abord cru s'être égaré; mais, en examinant les parois, il avait reconnu des peintures déjà vues et avait pu constater que d'énormes blocs de rochers, unis avec un soin tout particulier, avaient été roulés, entassés devant l'étroite porte de l'hypogée.

De la crosse de son fusil il avait inutilement essayé de les déplacer; il s'était alors servi de son sabre, dont la lame s'était brisée entre deux morceaux de roc; leur poids même les soudait les uns aux autres, et aucune force humaine ne lui semblait capable d'ébranler de l'intérieur, de rejeter au dehors la barrière, le mur que des mains perfides avaient élevé derrière eux.

Cette atroce nouvelle fut accueillie par des exclamations de colère et d'épouvante qui se perdirent dans le dédale des galeries. Ensevelis vivants! C'était le seul genre de mort auquel Cyrille Lamalou n'eût pas songé, la veille, lorsqu'il énumérait tous les périls qui avaient plané sur eux.

Jean Toucas eut un rire amer :

« Té! l'Arabe de malheur, il nous tient cette fois!... Ne pouvant venir à bout de nous isolément, ce qui eût pu être périlleux pour lui, et redoutant la vengeance des survivants, il nous attendait dans ce piège pour se débarrasser de nous tous ensemble, sans courir aucun risque! Voilà tout le secret de ses complaisances, de ses services, de sa fidélité! »

Gossin essaya encore de rire :

« Toujours comme Aladin que nous sommes : le magicien africain a prononcé ses mauvaises paroles et nous a enfermés aussi dans le souterrain. Il ne nous reste plus qu'à invoquer le Génie sauveur!... »

Pierrette eut un moment d'accablement malgré son énergie, s'écriant :

« Mes pauvres enfants, nous voilà bien!... »

Puis, se révoltant contre cette faiblesse :

« Nous ne pouvons pas attendre lâchement la mort; essayons quelque chose : il n'est pas possible qu'à nous tous nous ne puissions pas nous tirer d'ici. D'abord, éteignons ces torches, qui nous enlèvent le peu d'air qui nous reste, et dont la fumée nous étouffe; ne conservons qu'une bougie allumée, juste de quoi nous diriger; le premier la tiendra, les autres suivront. Cherchons un moyen, une issue. Jean Toucas a désespéré trop vite; ce qu'il n'a pu faire seul, à nous tous réunis nous y arriverons. »

Sous le coup de fouet de cette parole vigoureuse, ils reprirent courage, et, une bougie ayant été allumée, ils refirent le chemin déjà parcouru en venant.

Ce fut vainement que, remontant l'escalier, gravissant la pente, traversant le puits, ils cherchèrent sur leur route quelque fissure dans le stuc des galeries, des chambres funéraires; tout était lisse, uni, et, sur les murs, les Anubis à tête de chacal, le museau moqueur des cynocéphales, les gueules béantes des crocodiles, la lourde mâchoire des hippopotames, semblaient les narguer et les défier, leur rappelant que c'était pour l'Éternité qu'on pénétrait dans cette demeure funèbre.

A l'entrée, qu'ils reconnurent aisément, ils se heurtèrent comme Toucas à l'infranchissable amas des roches éboulées; c'est à peine si, çà et là, par de minces interstices, un peu d'air arrivait de très loin, de si loin que ni le jour, ni les bruits extérieurs ne pouvaient pénétrer jusqu'à eux.

Chacun vint successivement y coller ses lèvres desséchées, emplissant ses poumons de faibles gorgées, suffisantes pour empêcher l'asphyxie, insuffisantes pour leur donner les forces nécessaires à l'enlèvement de cette masse rocheuse, ou au percement de la montagne, avec leurs sabres et leurs baïonnettes, les seuls instruments en leur possession.

S'ils ne périssaient pas étouffés, comme ils l'avaient un moment redouté, ils mourraient certainement d'inanition. Jusqu'alors l'eau qu'ils avaient eu la précaution d'emporter les avait soutenus; mais ils s'aperçurent avec désespoir que, dans les premières angoisses de l'asphyxie, ils en avaient usé sans précaution, se rafraîchissant, buvant inconsidérément. Il en restait à peine un verre pour chacun d'eux. Après la dernière goutte épuisée, c'était la mort certaine, atroce, inévitable.

Des secondes, des minutes, des heures, des siècles, leur semblat-il, s'écoulèrent.

Le peu d'air qui leur arrivait de la vallée, suffisait à les empêcher de s'évanouir, mais la chaleur les accablait, et une somnolence générale grandissait, invincible, contre laquelle ils n'essayeraient bientôt plus de se débattre.

Toutes les histoires d'ensevelissements vivants revenaient à l'esprit d'André Norcy, qui s'accusait d'avoir manqué de prévoyance, d'avoir causé la perte de ses compagnons; il s'offrait en victime expiatoire;

désespéré, quand Alain Plouhec balbutia avec un accent d'indicible épouvante :

« La mort qui vient, je l'entends, je la vois!... O ma Doué! prenez-moi en grâce! »

Le Breton se trouvait le plus loin de l'entrée de l'hypogée, tombé à plat ventre dans la direction qui regardait le cœur de la montagne, les ténèbres de la syringe.

Tous les yeux se dirigèrent de ce côté, et chacun frissonna d'angoisse en entendant cette voix lugubre qui semblait tinter tout à coup le glas entre ces parois sépulcrales et leur annoncer leur fin prochaine, en évoquant ainsi, sous l'influence d'une espèce d'hallucination, la sinistre et redoutée visiteuse qu'ils tremblaient de voir arriver.

Nicolas Goulot secoua la tête, disant :

« C'est le commencement! En v'là un qui devient fou! Le délire, après ça la mort! »

Mais Gossin s'écria :

« Une lumière! »

Au fond de la galerie une lueur étrange vacillait en halo au ras du sol et se reflétait au plafond; les plus vaillants se dirigèrent vers l'endroit d'où elle paraissait venir, et parmi eux Samois qui avait ajouté :

« Si c'est la mort, elle a une lumière; au moins on se verra mourir, j'aime mieux ça! »

C'était du puits que venait cette clarté; peu à peu elle grandit, obscurcie par instants par de la fumée, et subitement une forme émergea du trou béant.

Gossin, repris d'espoir, plaisanta :

« La momie du roi, bien sûr, puisqu'elle n'était plus dans son sarcophage! »

Énorme, desséché, en tous points semblable à une momie débarrassée de ses bandelettes, un être se dressait au milieu de la galerie, levant une torche de sa main droite; seulement ceint d'une sorte

Il se dressait au milieu de la galerie.

de pagne qui laissait voir un torse de squelette et des jambes pareilles à de noueuses racines, le corps était complètement nu ; il se trouvait surmonté d'une tête osseuse, rasée à l'arabe, dont la longue barbe flottait jusqu'au milieu de la poitrine, dont les yeux, sous d'épais sourcils, au fond d'orbites creuses comme des cavernes, semblaient des flambeaux fixes, des prunelles de phosphore.

Lentement il s'avança vers les soldats français, les enveloppant d'un regard halluciné.

Plein de stupéfaction admirative, songeant aux ascètes de la Thébaïde, André Norcy murmura :

« On dirait le Génie de la Tombe !... »

Les coups de feu balayaient la vallée

XVII

LE PÈRE DE LA TERREUR

« Ah bien ! Elle est forte ! Est-ce que ce serait vrai les *Mille et une Nuits* ?... C'est la première fois que je le constaterais depuis que nous nous promenons à travers ce diable de pays ! Il y en a donc un parmi nous qui possède la lampe merveilleuse ou l'anneau du magicien africain, et qui l'aura frotté par hasard, car c'est sûr que le voilà le fameux Génie que je réclamais !... Il va nous dire comme à Aladin : « Que veux-tu ? Me voici prêt à t'obéir comme ton esclave et l'esclave de tous ceux qui ont l'anneau au doigt, moi et les autres esclaves de l'anneau ! »... Sans ça comment se trouve-t-il là ?... Par où a-t-il pu entrer, celui-là ? »

Au milieu de l'angoisse générale, ces mots de Gossin, toute comique que fût son intonation, résumaient si bien, en plus de la stupéfaction, l'espérance qui naissait subitement dans le cœur de tous ces désespérés, que chacun y puisa une sorte de réconfort, une force nouvelle.

Dès qu'ils eurent constaté que c'était bien un être humain, un vivant comme eux, et nullement un esprit, un démon ou un génie qui venait de leur apparaître ainsi et qui se tenait immobile devant eux, la même pensée leur vint, intense, délicieuse, la pensée du salut.

Ce fut Nicolas Goulot qui la traduisit par ces mots :

« Puisqu'il a pu entrer, c'est qu'on peut sortir ! »

Muet, sa torche brûlant lentement au-dessus de lui, l'homme les examinait l'un après l'autre avec fixité, semblant chercher à savoir quels étaient les individus qui se trouvaient devant lui ; ses prunelles de phosphore allèrent plusieurs fois de la porte d'entrée, dont il examinait l'obstruction inusitée, aux soldats groupés en cet étroit espace, les uns étendus par terre, sans force, sans courage, les autres restés debout ; mais elles s'arrêtèrent plus longuement sur Pierrette, dont sans doute la présence et le costume l'intriguaient.

Il marmotta quelques mots que personne ne comprit, puis, indiquant de la main gauche l'enfoncement ténébreux de la galerie, il se mit en marche comme pour leur dire de le suivre.

« Il n'est pas bavard, le camarade ! » souffla Samois dans l'oreille de Gossin.

Gossin repartit :

« C'est un génie muet ! Emboîtons-lui le pas ; il ne faut pas le contrarier : ils aiment qu'on leur obéisse au doigt et à l'œil ! »

Alain Plouhec, le plus rapproché de lui, restait pétrifié de terreur, n'osant plus bouger et à peine respirer ; il fallut qu'Ambroise Chalinat le poussât en avant d'une tape sur l'épaule, disant :

« Chuis-le donc, c'hest un ami ! »

Machinalement, se relevant, le Breton se laissa faire ; mais le mouvement de ses lèvres, le tremblement de ses jambes montraient qu'il ne savait pas encore s'il avait affaire à un être de ce monde ou de l'autre monde, et il se mettait intérieurement en garde contre le démon, en marmonnant quelque oraison préservatrice.

Ne partageant pas ses craintes superstitieuses, ne songeant qu'à l'espérance qui venait de leur être soudain rendue, les autres suivirent le flamboiement de la torche tenue par le mystérieux inconnu, ainsi que l'étoile du salut.

Arrivé au puits, l'homme étrange se glissa par l'ouverture, s'aidant de son large dos appuyé à la paroi, de ses pieds et de ses bras, pour descendre rapidement sans échelle ni corde et atteindre le fond.

Embarrassés de leur équipement, de leurs armes, les soldats ne pouvaient opérer de même leur descente et imiter sa gymnastique spéciale, qui dénotait une extrême agilité et une grande habitude; ils eurent recours aux cordes dont André Norcy avait muni quelques-uns d'entre eux.

Ce fut du reste le jeune homme qui, le premier, malgré les réclamations de Nicolas Goulot, suivit ce bizarre sauveur.

Lorsque lui-même avait exploré ce puits, il n'y avait remarqué aucune trace d'ouverture, et, tout en descendant, il se demandait avec une certaine inquiétude ce qui allait se passer. Subitement au-dessous de lui la torche disparut, laissant une traînée de fumée, au milieu de laquelle il était impossible de rien distinguer.

Sa surprise fut extrême, dès que ses talons heurtèrent le fond, de voir une baie trouée dans la paroi circulaire du puits par le déplacement d'une dalle, laissant un passage suffisant pour un homme courbé en deux; déjà la flamme brillait à quelques mètres de là.

Sans hésiter, sans chercher à comprendre si cette issue provenait d'un caprice des prêtres et des architectes du Pharaon enterré en cet endroit, ou de la profanation d'un violateur d'hypogées, André, après avoir crié à ses compagnons de le suivre, s'engagea dans un boyau qui peu à peu s'élargissait; une pente douce, mais continue, prouvait qu'on s'élevait, probablement en suivant un filon de l'ossature de la montagne, et tout à coup André déboucha au fond d'un autre puits, d'une profondeur égale à celui qu'il venait de quitter.

S'élevant à l'aide de ses épaules, de ses coudes, de ses genoux, avec une vigueur et une précision extraordinaires, le guide silencieux atteignit le haut de ce nouveau puits, après avoir eu la précaution d'attacher autour de ses reins un des bouts de la corde tenue par le jeune homme, de manière à lui faciliter l'ascension.

Quelques instants plus tard, la cantinière, Nicolas Goulot et tous les soldats se trouvaient auprès de Norcy dans une galerie semblable à celle qu'ils avaient précédemment explorée ; de chaque côté, des peintures représentaient des scènes mystiques, avec l'identique cortège de divinités à têtes d'animaux, de barques sacrées, de supplices, de sacrifices, de serpents, de scarabées géants et d'ailes immenses.

Malgré la chaleur, l'atmosphère leur parut moins lourde et ils aspirèrent avec une véritable ivresse cet air qui leur rendait la vie après les angoisses et les souffrances éprouvées.

« Nous pouvons nous vanter de revenir de loin ! » s'exclama Gossin, toute sa gaîté retrouvée en présence de ce sauvetage merveilleux. »

Samois répliqua :

« Moi, que ce soit un Génie, comme ceux de ces *Mille et une Nuits* dont tu parles toujours, ou que ça soit un simple citoyen terrestre ainsi que nous, je dis que c'est un rudement brave homme celui qui nous a tirés de là, et je demande qu'on lui décerne quelque affaire d'honneur, sabre ou fusil, afin de le remercier ! »

Tandis que, toujours silencieux, d'un pas lent, élastique et sûr, l'inconnu continuait de marcher devant eux, André Norcy essayait, en l'examinant à la lueur de la torche dont les clartés tombaient sur lui par larges plaques mouvantes, de reconnaître à quelle race il pouvait appartenir.

Le corps nu se dessinait d'une vigueur exceptionnelle sous le dessèchement des muscles appliqués contre la charpente osseuse ; les attaches restaient fines, d'une rare élégance, malgré la stature élevée ; mais la couleur de l'épiderme se discernait mal dans cette obscurité enfumée, sous les vacillements rougeâtres caressant tantôt les omoplates, tantôt les larges épaules, tantôt le torse et le clavier saillant des côtes, suivant qu'il tenait la torche au-dessus de sa tête pour éclairer ceux qui le suivaient, ou l'éloignait de toute la longueur de son bras pour voir devant lui.

La peau tannée semblait presque momifiée, et, au milieu du crâne, rasé suivant la coutume musulmane, une mèche de cheveux restait, celle par laquelle tout bon serviteur d'Allah doit être enlevé pour être porté au paradis de Mahomet.

La barbe, singulièrement longue, échevelée et onduleuse, se parsemait de fils d'argent qui tranchaient sur sa couleur noire ; mais on n'aurait su donner un âge exact à cet être, qui paraissait hors de l'humanité, plus près de ceux qui dormaient depuis trois ou quatre mille ans dans ces hypogées, dont il était comme le génie familier.

Le jeune homme se rappela les espèces de saints qu'on rencontre dans ces contrées, santons à moitié fous que tout le monde respecte et vénère ; sans doute l'inconnu devait appartenir à cette catégorie de religieux mahométans, turcs ou arabes, comme le fameux Cheyk-el-Harydy, qu'ils avaient vu aux environs de Syout, montrant un serpent apprivoisé et guérisseur de tous les maux. Déjà au temps de Strabon et d'Élien, ces psylles, jongleurs, prophètes, se voyaient dans toute la vallée du Nil. Était-ce un de leurs descendants ?

Norcy n'eut pas le temps d'approfondir cette question, non plus que de comprendre pourquoi un de ces fanatiques venait au secours de Français, de chrétiens, d'ennemis.

Au bout de la galerie, une clarté, qui paraissait blafarde par le contraste de la lumière rousse de la torche, frappa les yeux encore un peu angoissés des soldats ; une sensation de définitive délivrance allégea tous ces cœurs, écrasés par une si poignante suite d'émotions, et Pierrette s'exclama :

« Cette fois, nous sommes sauvés, m'sieur André ! »

Au cri de la jeune femme, le guide s'était brusquement retourné ; elle sentit peser sur elle durant quelques instants le regard de cet homme ; puis les prunelles flamboyantes se détachèrent de son visage pour se diriger sur celui de Norcy, et s'égarer ensuite vers les profondeurs ténébreuses de l'hypogée.

Dépassant lestement ses camarades, dès qu'il avait aperçu l'entrée, Gossin se précipitait vers l'ouverture libératrice, en s'écriant :

« Ce qu'il va faire bon aller respirer un peu au grand air ! Il me semble que j'allais devenir momie, depuis le temps que je me nourrissais de fumée, de bitume et de tous les embaumements d'ici ! »

Mais Jean Toucas le retint vivement par le bras :

« Té ! pas si vite, le Parisien ! »

Comme celui-ci essayait de se dégager, croyant à une plaisanterie, le Provençal continua :

« Te v'là donc bien pressé d'aller donner dans le guêpier !

— Hein ! Un guêpier, où ça ? »

Puis se frappant le front :

« J'y suis ; tu veux parler de tous ces nids d'énormes guêpes qu'on voit collés contre les sculptures de la porte, à l'entrée de ces souterrains ? Bah ! Je ne les crains pas, après tout ce que j'ai supporté. »

Toucas sourit dédaigneusement, secouant la tête :

« Ce n'est pas de ces guêpes-là que j'ai peur, mais de celles qui peuvent nous assaillir dehors, celles qui ont pour chef le gredin que je guette depuis si longtemps, cet Asem maudit, qui pense nous tenir murés vivants, et qui ne s'attend certainement pas à nous voir ressortir de ce sépulcre !... Ah ! Je lui en ménage, moi, une surprise !... »

Il atteignit la porte, dépassa quelques blocs rocheux et, sans se montrer, allongea doucement la tête pour explorer la vallée.

A droite et à gauche, rien que la solitude, que le silence, encore augmentés par les approches du soir.

Le soleil, descendu derrière les hauts contreforts de la chaîne Libyque, ne baignait plus l'intérieur de la vallée de ses rayons de plomb fondu, et une brume légère, bleuâtre, s'élevait des défilés, des crevasses du roc.

A l'exclamation à demi étouffée qu'il poussa, ses camarades accoururent. Étonnés, il leur semblait ne plus reconnaître la vallée; la disposition des contreforts découpés en tourelles à pic, les renflements intérieurs leur apparaissaient différents : en même temps ils remarquaient que, une fois dehors, la porte de l'hypogée d'où ils sortaient ne se voyait plus, masquée qu'elle se trouvait par tout un éboulis de roches formant un petit tunnel prolongé extérieurement.

Cette constatation faite, André Norcy observa :

« On dirait que jamais personne n'a pénétré ici avant notre guide et nous! C'est un hypogée ignoré, placé loin de ceux qui ont été déjà explorés. »

Certainement ils avaient dû cheminer sous terre plus longtemps qu'ils ne l'avaient cru et contourner un des replis intérieurs de la vallée, si bien qu'ils ne pouvaient même plus voir la porte de la première syringe dans laquelle ils s'étaient aventurés.

Maintenant tous se trouvaient réunis en plein air; derrière eux, l'inconnu sortit à son tour, écrasa la flamme de sa torche sous son pied; puis ils le virent, avec surprise, s'appliquer à faire rouler plusieurs blocs énormes devant l'ouverture, qui redevint aussitôt invisible.

Il n'avait pas terminé, qu'un braiement sonore, répercuté par tous les échos, éclata à quelque distance.

La cantinière s'exclama :

« C'est mon âne!

— Si le bourri est vivant, tout va bien! appuya Jean Toucas.

Sa voix nous guidera ; il a bien fait de sonner le ralliement : on sait à présent où se diriger. Té vé, camarade, on va à ton secours, tu peux y compter, et si tu es prisonnier, comme je le pense, hé ! hé ! on s'amusera ! »

Se glissant silencieusement les uns derrière les autres, ils s'acheminèrent, fusils chargés et amorcés, pierres soigneusement visitées, dans la direction où devait se trouver l'animal, resté ainsi que le fellah devant la porte de l'hypogée, au fond duquel leurs ennemis les croyaient ensevelis pour toujours. Intéressé par leurs allures, curieux sans doute de ce qu'ils allaient faire, leur sauveur les suivit.

Un dernier coude du sentier courant au flanc de la montagne ayant été dépassé, ils aperçurent, à cinquante mètres au plus, une centaine d'Arabes groupés autour de l'âne ; c'étaient les bandits qui avaient cru les emmurer vifs.

Déjà, plus impatients, Mousson, Fricourt, Bernaville couchaient le groupe en joue ; Jean Toucas les arrêta de la main :

« Minute un peu, que je voie si je ne me suis pas trompé ? »

Il fouilla des yeux un instant parmi les burnous, et reconnaissant celui qu'il cherchait :

« Hé bé ! Quand je le disais ? Coquinasse de coquinasse d'Asem ! Va bien ! C'est lui !... »

Avec un vacarme de tonnerre, quatre coups de fusil éclatèrent, et quatre Arabes s'écrasèrent contre terre, leurs vêtements blancs instantanément tachés de grandes plaques de pourpre. Avant que leurs compagnons fussent revenus de leur surprise, d'autres coups de feu claquaient, n'arrêtant plus, balayant la vallée.

Asem, placé tout contre l'amoncellement de roches fermant l'hypogée, n'avait pas été atteint ; croyant à quelque agression d'une tribu ennemie, il se dressa debout sur un bloc, pour regarder et essayer de comprendre ce qui se passait ; les uniformes français le détrompèrent.

Il ne pensait cependant avoir affaire qu'à quelque détachement de la division Desaix aventuré par hasard dans les Bybân-el-Moloûk, quand brusquement, derrière les tireurs du premier rang, il reconnut Pierrette et André.

Sa stupéfaction fut telle, qu'il crut à une hallucination et passa la main sur ses yeux : eux vivants, sortis de l'hypogée dont il gardait la seule issue! Alors, sa cervelle d'Arabe s'impressionnant de l'idée de sorcellerie, il pensa que, s'ils avaient échappé à son guet-apens, c'était grâce à quelque sortilège, comme, selon lui, les blancs en possédaient; et une terreur instinctive faillit lui faire donner le signal de la fuite.

Puis une colère folle succéda à ce premier mouvement, à cet instinct de conservation qui l'avait remué; sachant combien ils étaient, oubliant à quels hommes il avait affaire, bien qu'il les eût vus souvent à l'œuvre, il espéra, avec sa troupe considérable, pouvoir écraser ces quelques Français, et lança ses Arabes sur eux en criant :

« Ils ne sont qu'une poignée! Les exterminer, c'est gagner le paradis!... Mort à ces chiens sacrilèges!... Allah est grand et Mahomet est son prophète! »

Ce fut une ruée féroce. Des hauteurs des montagnes, d'autres Arabes s'abattirent comme des vautours à la curée, leurs burnous flottant autour d'eux, ainsi que des ailes immenses.

Gossin, ajustant l'un d'eux, le tira au vol et cria :

« C'est l'oiseau Roc qui nous tombe dessus à présent. Voyons s'il est à l'épreuve de la balle? Les *Mille et une Nuits* n'en disent rien! »

Le corps roula jusque dans le lit desséché du torrent.

Tout à coup, très loin, à l'entrée du défilé, une silhouette nouvelle surgit, se détacha immobile, semblant présider au massacre: un Arabe monté sur un dromadaire blanc. On eût dit le Dieu même du Meurtre sur un piédestal désolé et sépulcral.

Le premier Cyrille Lamalou le signala :

« Mélâk-el-Azraël!

— L'Ange de la Mort! fit Alain Plouhec avec un frisson, et sa main droite toucha son chapelet au fond de sa poche, avant d'armer de nouveau son fusil déchargé.

— Le Démon des Sables! reprit Gossin. Aussi ça m'étonnait de ne plus le voir celui-là. Nous v'là en pleines *Mille et une Nuits*, des génies, des démons, un magicien d'Afrique, l'oiseau Roc, Aladin!... Jamais on n'aura eu autant de plaisir à la fois! »

Sous cette attaque farouche venant de partout, montant des trous de la vallée, tombant des cimes des escarpements, Nicolas Goulot avait disposé ses hommes en carré, Pierrette au centre avec Norcy, et la fusillade grêla, incessante, avec une précision implacable.

Cependant sous les menaces, les prières, les adjurations fanatiques d'Asem, sous le regard de Mélâk-el-Azraël, assistant de loin à la lutte, les Arabes, parmi lesquels beaucoup de Mekkains à turban vert, renouvelaient leurs attaques, sans se laisser décourager par la quantité de morts et de blessés qui les entouraient, par les ravages que faisaient les Français dans leur troupe; heureusement pour ceux-ci, quelques-uns seulement étaient armés de fusils et de pistolets.

Comme à un moment ils semblaient faiblir, une voix arriva nette et aiguë de l'entrée du défilé, descendant du haut du dromadaire blanc, semblant venir du ciel même, du paradis de Mahomet et articulant seulement :

« Abou-êl-Hoûl! »

Immédiatement Asem, qui jusqu'à cet instant n'avait pas pris part à la lutte, se retourna, leva son cimeterre en un geste de salut suprême vers celui qui venait de parler, et se jeta résolument sur le carré.

En entendant ce nom, André Norcy fut traversé d'un souvenir; il se rappela les paroles à demi intelligibles du centenaire Druse, et fit tout haut, presque malgré lui :

« Abou-êl-Hoûl!... Le Père de la Terreur! Ce serait donc le véritable nom d'Asem! »

Un flot de réflexions se jetait en torrent à travers son cerveau, balayant toutes les obscurités, rendant toute leur netteté à ses pensées.

Jean Toucas eut un rire satisfait :

« Abou-êl-Hoûl... Le mot qu'ils répétaient si souvent à Jaffa!... Le mot que j'ai entendu la nuit à Dendérah!... Hé! hé! Est-ce qu'on me croira à présent?... Il est peut-être temps!... Le voilà donc ce lieutenant de l'autre, ce dévoué et fanatique de Mélâk-el-Azraël!... »

Cette fois les Arabes, poussés par leur chef, arrivèrent jusqu'aux baïonnettes, les uns s'enferrant sur les pointes aiguës, les autres essayant de les arracher avec leurs mains et se blessant affreusement les doigts aux arêtes dont les tranchants avaient été aiguisés avec soin, d'autres enfin essayant de se glisser dessous pour venir couper les jarrets des Français à l'aide de leurs sabres, de leurs cimeterres, de leurs candjars.

Asem riait, ses dents blanches étincelant entre les lèvres rouges; il criait, insultant, jetant son nom en provocation dernière :

« Asem! Asem! et Abou-êl-Hoûl, un seul!... »

Un cri étrange gronda, sorte de rugissement de lion, comme si un fauve eût émergé soudain d'une fente profonde du rocher, et une voix rauque répéta :

« Abou-êl-Hoûl! »

Asem eut un mouvement de surprise; le rire glissa de ses lèvres; sa physionomie s'immobilisa dans une expression d'épouvante.

Déjà, en face de lui, dressé de toute sa hauteur, dans sa nudité de momie géante, l'inconnu mystérieux surgissait, les bras tendus, les mains demi-crispées laissant voir des ongles démesurés, recourbés en griffes.

Avant qu'Asem eût eu le temps de se mettre en défense ou de fuir, le géant s'était jeté sur lui, sans se soucier de son cimeterre; ses deux mains s'abattirent sur l'Arabe terrorisé, dont le cou, saisi comme par des tenailles énormes, eut un craquement sinistre de vertèbres rompues, broyées instantanément, tandis qu'avec un rire terrible son meurtrier disait :

« Abou-êl-Hoûl!... Ah! ah! ah!... Le Père de la Terreur!... Enfin!... »

A cette apparition les Arabes, arrêtés dans leur élan, avaient eu le même geste de terreur, le même cri d'effroi ; lorsqu'ils virent s'écrouler, la colonne vertébrale brisée, le corps privé de vie de leur chef, ils se dispersèrent comme une volée d'oiseaux de proie dérangés dans leur curée par quelque grand fauve du désert et s'enfuirent dans toutes les directions.

« Ah çà! mais c'est donc vraiment un génie des *Mille et une Nuits* que ce grand desséché-là! » s'exclama Gossin ravi.

Alain Plouhec murmura :

« C'est un saint, bien sûr, envoyé pour nous sauver de tous les dangers! »

Quand, du haut de son observatoire, Mélâk-el-Azraël eut vu ce qui se passait, il demeura un instant immobile, se détachant toujours en silhouette nettement découpée entre les parois rocheuses, sur le fond rougissant du ciel ; puis il disparut tout à coup comme enfoncé sous terre ou évanoui dans l'atmosphère, âme envolée de ce corps inerte, de ce cadavre tombé là-bas au creux de la vallée et qui avait été son séide, son enveloppe matérielle et terrestre, Abou-êl-Hoûl.

Dans les Bybân-el-Moloûk que les premières ombres commençaient à envahir, il restait seulement la petite troupe des Français, parmi lesquels un certain nombre de blessés, que Pierrette, à l'aide de médicaments retrouvés sur l'âne, abandonné par les fuyards, put panser provisoirement ; du reste aucune blessure grave, des estafilades plus ou moins profondes, des balles peu dangereusement placées : presque tous les blessés pouvaient regagner Karnak à pied, et ceux qui étaient trop faibles ou atteints aux jambes furent portés par leurs compagnons valides et par l'âne.

Au milieu de la mêlée suprême, André Norcy, en entendant les

Son cou eut un craquement sinistre.

paroles prononcées par son sauveur, n'avait pu retenir cette réflexion :

« Il sait le français ! »

Comme beaucoup d'Arabes, comme Asem lui-même, ce cénobite étrange, ce santon pouvait avoir retenu quelques mots de chacune des langues qu'on avait dû parler autour de lui, italien, anglais, français, sans qu'il y eût lieu de s'en étonner ; mais où la curiosité du jeune homme s'éveillait, c'était, après l'exécution inattendue à laquelle il venait de se livrer et qui semblait l'assouvissement d'une vengeance personnelle, la confirmation de ce soupçon trouvée dans le mot décisif :

« Enfin !... »

Nicolas Goulot rassemblait ses hommes et leur faisait prendre leurs rangs, avec quelques instructions particulières pour le cas où ils seraient de nouveau attaqués en route.

Pendant ce temps, sans s'occuper autrement du cadavre d'Asem, abandonné, ainsi que ceux de tous les Arabes tués, à la voracité des vautours, des chacals, des hyènes qui cette nuit-là envahiraient certainement cette vallée d'épouvante, l'inconnu continuait de rôder autour des Français.

Lorsqu'ils se mirent en marche, il montra une sorte d'hésitation, comme s'il eût été partagé entre l'idée de regagner son ancien gîte, probablement situé près de l'hypogée d'où il était venu à leur secours, et le désir de les suivre.

Apitoyée par son aspect misérable et douloureux, emportée par un instinctif élan de son cœur, Pierrette alla vers lui et, lui prenant la main, dit :

« Venez. »

Il céda aussitôt, comme s'il n'eût attendu que cette invitation, et s'achemina avec eux.

Marchant entre André Norcy et la jeune femme, ne parlant toujours pas, il semblait écouter et parfois comprendre leur conversation.

A un moment, se trouvant plus rapproché d'André, il aperçut le sachet de cuir que celui-ci portait toujours pendu à son cou et qu'un mouvement venait de faire saillir par l'ouverture du vêtement : poussant une exclamation, il tendit la main vers l'objet d'un air de convoitise.

« On croirait que c'est à votre talisman qu'il en veut ! remarqua Pierrette en riant. Si c'est un sorcier, il doit s'y connaître. Montrez-le-lui. »

Le détachant de son cou, Norcy s'empressa de le lui remettre, pour voir ce qu'il ferait.

Après avoir paru lire attentivement les caractères gravés dans le cuir, l'être mystérieux redit à mi-voix, comme à lui-même :

« Mélâk-el-Azraël ! »

Puis il ouvrit le sachet, en tira le scarabée, qu'il contempla un moment avec un vague sourire et qu'il montra à ses voisins, en indiquant, vers le fond de la vallée, l'hypogée par lequel les Français avaient pu s'évader.

« Que signifie cela ? murmura André avec un tressaillement. Connaîtrait-il cette pierre, ou veut-il seulement dire qu'on en trouve de semblables dans son hypogée ? »

Déjà l'inconnu avait saisi la montre ; ses mains eurent un léger tremblement, pendant que de ses ongles il ouvrait le boîtier, et il lut tout haut :

« Jules Mathelin ! »

Un soupir profond souleva sa poitrine, faisant saillir les côtes, et, la voix toute changée, il redit avec une singulière expression d'étonnement :

« Jules Mathelin ! »

Subitement sa physionomie se transforma ; des frissons coururent dans les rides de son visage, ses yeux brillèrent d'une lueur fixe, réfléchie, n'ayant plus rien d'égaré.

Pierrette l'examinait tressaillante ; elle balbutia, soulevée par une émotion irrésistible :

« Mon Dieu ! ce regard !... J'ai déjà vu quelque part !... Oh ! je suis sûre de ne pas me tromper.... »

Elle n'eut pas le temps d'achever ; l'homme relevait la tête, montrant une face toute nouvelle, illuminée de joie ; il déclara, moitié stupéfait, moitié ravi, comme à la suite d'une découverte inattendue :

« Jules Mathelin !... Moi ! »

On eût dit que, sortant de la longue nuit de quelque insondable tombeau, il se retrouvait lui-même, il ressuscitait.

Il était accompagné d'un homme de haute stature.

XVIII

LA CHANSON DE « MALB'ROUGH »

Yâ tamr tamratayni!...

De la djerme, dont les fellahs et les Barâbrahs achevaient la toilette de départ, ces mots d'une chanson arrivaient jusqu'aux oreilles de Pierrette Goulot et de son fidèle état-major, à la fois écho du pays et écho de l'Égypte par l'alliance bizarre des paroles arabes et du souvenir d'un air français.

Mais, pendant que les Barâbrahs prononçaient le refrain exactement :

Yâ tamr tamratayni...

les fellahs le modifiaient, se rapprochant plus des syllabes connues, en disant :

Mirônah, mirônah, mirônten....

En train de mettre la dernière main à sa toilette, c'est-à-dire de rapiécer son uniforme légèrement déguenillé et son pantalon dont les jambes s'effrangeaient, Gossin se mit à fredonner lui aussi :

> *Malb'rough s'en va-t-en guerre,*
> *Mironton, mironton, mirontaine,*
> *Malb rough s'en va-t-en-guerre,*
> *Ne sait quand reviendra.*

Puis il s'exclama :

« C'est-il cocasse tout de même qu'on vienne nous chanter ça en arabe, tout au fond de l'Égypte, dans cette ville de Syène, aux cataractes du Nil!... La chanson de *Malb'rough!*... Quand je raconterai la chose à Paris, au faubourg Antoine, jamais on ne voudra me croire.... Des nègres, des Arabes, un tas de moricauds plus foncés et plus laids les uns que les autres, chanter *Malb'rough!*...

— Dame! objecta Samois.... Puisque, à ce qu'il paraît, c'est la seule musique et le seul air qu'ils aient été capables de retenir, de tous ceux que ces messieurs les citoyens de l'Institut d'Égypte ont essayé de leur inculquer dans l'entendement. Et puis, c'est flatteur pour toi, ce sont les camarades de la 88ᵉ avec ceux de la 21ᵉ légère qui leur ont sans doute enseigné ça! »

Le caporal Grégoire Plantin, se mêlant à la conversation, appuya :

« Le fait est que, grâce aux amis de la division Desaix, ici on ne se croirait pas perdu si loin de tout; ils ont fait de Syène un vrai Paris; on se retrouve presque chez soi. »

De la main il montrait la ligne des maisons bordant le quai, presque toutes revêtues de plaques, de toiles peintes, d'enseignes tracées en caractères gigantesques :

« Ça ne rappelle-t-il pas les bords de la Seine, de la Marne, le pays enfin? »

Samois enfla la voix pour lire :

« *Friture du Nil. — A la Renommée des bonnes matelotes. — Salon de deux couverts. — Ici on fait nopces et festins.* — Ah!

ah! ah! Encore plus farceurs que toi, mon vieux Gossin, ceux de la 21ᵉ légère; ce qu'ils en ont une imagination, ces dégourdis-là!

— Oui, ajouta Plantin, surtout quand on songe qu'ils ont pu s'amuser à fabriquer toutes ces fariboles après quatre jours d'agonie dans le désert. »

Victor Fricourt hocha la tête :

« De rudes sables cependant que ceux que nous avons eu à traverser avant d'arriver jusqu'ici où nous sommes, si loin de Thèbes, qui devait être la dernière étape. »

Nicolas Goulot, occupé à réunir ses hommes pour le prochain départ, tout en veillant à ce que rien ne manquât, gronda :

« Toujours la faute à ce Démon des Sables qui tient la campagne et coupe la route entre Thèbes et le Caire! Nous lui devons les quatorze jours de trotte qui nous ont amenés de Thèbes à Syène, quand on nous a appris que le seul moyen de revenir facilement au Caire, c'était d'allonger de nouveau le compas en lui tournant le dos et de pousser jusqu'à ces cataractes, afin de demander l'aide du général Desaix.

— Un chemin d'écrevisse qu'on a fait là! » appuya Mousson.

Mais, la voix gonflée de gourmandise, Samois continuait son énumération :

« *Dîners à la carte. — Salmis. — Blancs-mangers. — Truites saumonées. — Bécasses truffées.* Heum! L'eau vous en vient à la bouche, rien qu'à lire sur les murs la liste de toutes ces bonnes choses!

— C'est tout ce qui peut vous venir, en effet, goguenarda Gossin, vu que rien de tout cela n'existe, comme le fait comprendre le soin qu'on a eu de ne pas mettre le prix en regard de cette litanie de plats fins!

— Bah! reprit le caporal, ça flatte toujours l'œil et même le palais, quand on vient, comme ils l'avaient fait, de se bourrer de dattes et de farine pendant près d'une semaine; sans compter qu'à côté de ces farces-là ils ont eu la bonne idée de reprendre chacun leur ancienne profession, ceux qui en avaient, et d'installer toutes ces boutiques de tailleurs, cordonniers, orfèvres, barbiers, avec enseignes alléchantes aussi, et des cafés, des jeux, des bals publics, une véritable cité, quoi !

— Auchi, moi, je me chuis payé un rechemelage choigné ! »

Ambroise Chalinat étalait ses chaussures aux empeignes couvertes de pièces et aux semelles énormes semées de clous :

« Avec cha, je peux retourner au Caire à pied, fouchtra !

— Ce n'est pas le cas, et tu n'useras pas ton cuir, puisque nous y allons en bateau ! » objecta Alain Plouhec, qui commençait un peu à se dégourdir au contact de ses compagnons.

La pensée de naviguer, même sur un fleuve, lui rendait sa bonne humeur, un moment assombrie, lorsque, à Thèbes, après la fameuse expédition aux Bybân-el-Moloûk, il avait vu reprendre la marche vers le sud, toujours plus loin.

« On a vu fameusement du pays tout de même ! s'écria le caporal Mimizan. Autant que si j'avais eu mes échasses des Landes, pas vrai, Biscarosse ? »

Le grenadier interpellé allongea ses jambes maigres, les examinant avec un soin attendri, comme s'il eût eu la sensation qu'elles se fussent transformées elles-mêmes en tiges de bois, à parcourir tant de pays divers, à faire tant de lieues, à traverser tant de sables ; il approuva :

« Bien sûr qu'on en a fait de la route ; mais on en aurait fait plus encore avec nos outils du pays ; seulement il y a trop de grosses pierres sur les chemins de par ici, des colonnes, des maisons dans lesquelles on ne peut pas loger et qui ont des formes à ne pas s'y reconnaître, et des noms impossibles à répéter. »

Cyrille Lamalou assura, un peu supérieur :

« Té ! parce que tu n'as pas l'oreille à ça, le Landais ; moi, je me rappelle tout, Esneh, Edfou, Ombos ! Ce n'est pas difficile pourtant !... »

Bernaville intervint :

« Où nous voilà aujourd'hui, ça ne me déplaît pas comme pays ; quoiqu'on soit en plein désert, il y a de la verdure, de l'eau ; je n'en demande pas plus.

— Et des îles! » ajouta Mousson.

Du plaisir plein ses yeux d'habitant de la Meurthe, il montrait, en face d'eux, au milieu du Nil, l'île d'Éléphantine qui dressait son paradis d'ombre, ses mûriers, ses acacias, ses napécas, ses dattiers, ses palmiers goums, toute une végétation vigoureuse enveloppant la sveltesse des colonnades et la blancheur des temples.

« L'île Fleurie, que l'ont appelée les Arabes, et elle n'a pas volé son nom, approuva Jean Palavas.

— Ce n'est pas ce qui manque ici, les îles, ajouta Fricourt. Je crois même que je préfère encore l'autre, celle qui est plus haut que les cataractes, Philæ, que je crois que m'sieur Norcy nous a dit ; enfin celle où le général Desaix a fait graver son inscription, vous savez bien ? »

Nicolas Goulot annonça, tirant un papier de sa poche :

« La voilà, telle que je l'ai copiée dans sa forme. »

Le déployant, il lut fièrement :

L'an VI de la République, le 13 messidor,
une armée française,
commandée par Bonaparte,
est descendue à Alexandrie.
L'armée ayant mis vingt jours après
les Mameluks en fuite aux Pyramides,
Desaix, commandant la 1re Division,
les a poursuivis au delà des cataractes,
où il est arrivé
le 13 ventôse de l'an VII.
Les généraux de brigade
Davout, Friant et Belliard,

Douzelot, chef de l'État-Major,
Latournerie, commandant l'artillerie,
5 mars, an de J.-C. 1799.
Gravé par Casteix, sculpteur.

« C'est fameusement envoyé, cela! appuya César Capestang. Et le Petit Caporal sera content que son nom se trouve là! »

Gossin fit :

« Ce dont je suis content, moi, c'est que notre promenade se soit allongée jusqu'ici, parce que les camarades de la 88ᵉ ne pourront pas se moquer de moi! J'y suis arrivé un peu plus tard qu'eux, voilà tout; mais, en revanche, ils ne connaissent pas la Syrie. »

Au bord du quai la chanson déroulait son rythme monotone, avec l'éternel refrain :

Yá tamr tamratayni.

Le Parisien gouailleur cria :

« Chantez donc français, les moricauds !... »

Et, pour leur donner l'exemple, il entonna :

Monsieur d'Malb'rough est mort,
Mironton, mironton, mirontaine,
Monsieur d'Malb'rough est mort,
Est mort et enterré.

Secouant la tête, Samois l'interrompit :

« A propos de mort et enterré, si M. d' Malb'rough l'a été, ce n'est pas comme ce citoyen Jules Mathelin que nous ramenons avec nous! En v'là une histoire de l'autre monde; ce pauvre Alain Plouhec ne peut encore fourrer dans sa cervelle de Breton que ce soit un vrai vivant que ce déterré!

— C'en est pourtant un, et un solide! dit Pierrette, se mêlant à son tour à la causerie. Je le connais depuis mon enfance, et c'est moi qui l'ai reconnu avant tout le monde! Il est vrai que m'sieur André était si jeune, lors de son départ, qu'il ne pouvait pas se rappeler ses traits aussi bien que moi. Pour un miracle, on peut dire que c'en est un fameux, autant même que celui de Lazare sorti du tombeau, ressuscité quatre jours après sa mort, comme j'ai appris étant toute petite, autrefois qu'on nous enseignait l'Histoire sainte. »

Le sergent-major remarqua :

« Tout de même on croirait que la raison commence à lui revenir ; parfois on dirait qu'il te reconnaît ; il prononce ton nom de lui-même, sans qu'on l'y oblige par des questions, et aussi celui de m'sieur Norcy.

— Pauvre homme ! Il a tant souffert ! » répliqua la cantinière d'une voix attristée.

« Et puis, en plus des souffrances, ce sont ces drogues qu'ils lui ont fait prendre, quand ils le tenaient prisonnier, ce scélérat d'Asem et son grand chef, l'Ange de la Mort, du haschisch qu'on appelle c'te mauvaise affaire-là, et dont il a pris l'habitude. En a-t-il assez réclamé, les premiers temps qu'il était avec nous ? Qu'on ne savait d'abord pas ce que ça signifiait et qu'il a fallu bien du mal pour arriver à débrouiller son histoire !

— Il paraît que ça donne des songes tout drôles, et qu'on finit par ne plus pouvoir s'en passer, observa Cyrille Lamalou. Je me suis même laissé conter par quelqu'un de chez moi, qui avait beaucoup voyagé, que ça rendait fou et comme enragé, si bien qu'il y avait eu autrefois, dans les époques du passé, une organisation de vrais sauvages qu'on appelait les Assassins, ou les Haschischins, rapport à ce qu'ils se grisaient avec ce haschisch, pour commettre leurs crimes. »

Gossin expliqua :

« J'ai lu des histoires là-dessus : ça se passait dans les pays de par ici, dans cette même Syrie où nous avons été expéditionner, et ils étaient sous le commandement d'un chef qu'on nommait le Vieux de la Montagne et qu'on ne voyait jamais, tout comme cet assassin d'Abou-êl-Hoûl se trouvait sous les ordres de ce Démon des Sables, qu'on aperçoit toujours, sans pouvoir l'approcher et lui mettre le grappin dessus.

« — C'est-il possible, tout cela? » questionna le grenadier Bernaville, rendu méfiant par les contes des *Mille et une Nuits* débités par le Parisien, et craignant de paraître trop crédule.

« Bien sûr que c'est vrai! insista Pierrette. Puisque c'est comme cela qu'ils ont agi avec le citoyen Mathelin, après l'avoir épargné dans ce massacre de la mer Morte, où il a seul échappé, criblé de blessures, tandis que ses compagnons étaient tous égorgés. Le retrouvant vivant, ils l'ont emmené captif avec eux, de pays en pays, de désert en désert, lui troublant la raison de leur drogue, pour en faire un Musulman comme eux, jusqu'à ce qu'ils l'eussent conduit dans les environs de Thèbes. Là, autant que m'sieur André a pu comprendre, il a dû leur échapper dans un accès de délire, ou bien ils l'ont laissé se sauver, et c'est alors qu'il se serait réfugié dans ces tombeaux que nous avons vus. Comment a-t-il vécu? On ne sait pas trop, vu que c'est par fragments qu'on a pu lui faire raconter cela. »

Gossin, très intéressé, ajouta :

« Ça s'explique tout seul. Puisque les fous sont sacrés dans tout le pays, il a dû devenir pour les habitants de l'endroit où il se trouvait, un Saint, un Santon comme ils disent; il aura été nourri et respecté par eux, selon leur habitude. Possible même que le Mélâk-el-Azraël ait reçu de lui son talisman à ce moment-là et qu'il l'ait considéré, tout le premier, comme un inspiré d'en haut, à la fois parce qu'il avait perdu la raison et que c'était un blanc. Je le croirais, rapport au scarabée provenant de son hypogée, ainsi qu'on le sait maintenant.

— Sans doute qu'on le connaissait comme un grand sorcier, fit Samois; rappelez-vous ce que racontait m'sieur Norcy de ce Barâbrah du Caire qui parlait avec frayeur de l' « homme blanc des Bybân-el-Molouk » ?

— Seulement, il faut croire qu'il n'avait pas oublié et qu'il avait gardé une fière rancune à l'ami Asem, reprit Jean Toucas. Abou-êl-Hoûl!... Ah! ah! ah! une vilaine grimace qu'il a faite quand il s'est entendu appeler par lui!... Et une plus laide encore quand le citoyen Mathelin lui a tordu le cou!... Ce que je regrette, c'est de ne pas avoir pu rejoindre l'autre, le Mélâk-el-Azraël! »

Alain Plouhec insinua :

« Oh! celui-là, ce n'est pas un homme, c'est un esprit! Si vous étiez de Bretagne, comme moi, vous sauriez qu'on ne peut rien sur lui, parce que c'est un être surnaturel, un *intersigne* comme nous appelons chez nous, une figure qu'on voit, mais qui n'a pas de corps! Son véritable corps à cet *Ange de la Mort*, ou à ce *Démon des Sables*, ma Doué, c'était l'autre, ce *Père de la Terreur!*... Aussi, on a pu le tuer, *Abou-êl-Hoûl*, tandis que l'autre, on ne l'aura jamais! »

Bien que les camarades qui entouraient le Breton ne partageassent ni ses superstitions, ni sa crédulité, ils subirent cependant dans une certaine mesure l'influence de ses paroles; une fantasmagorie de *Mille et une Nuits* les enveloppait de sa pénétrante atmosphère en ces contrées pleines de mystère, de prodiges, d'êtres et de monuments étranges, troublants; en eux s'implanta l'idée que cet Asem, avec lequel ils avaient vécu si longtemps, qu'ils avaient vu, connu, touché, pouvait, en effet, avoir été la réalité palpable, le corps visible et périssable de l'autre, l'insaisissable, qui planait au-dessus de lui comme son âme de meurtre. Le *Père de la Terreur* devint pour eux l'incarnation de l'*Ange de la Mort*.

« Alors, comme cela, demanda Capestang, m'sieur Norcy le ramène avec nous, son ami?

— Certainement, reprit Pierrette. Songez que c'était dans ce but qu'il avait pris part à l'Expédition d'Égypte; seulement, celui qu'il croyait ramener mort, c'est vivant qu'il va le rendre à celles qui l'ont pleuré si longtemps, à sa femme et à sa fille. Tous les jours, il lui en parle, essayant de réveiller en son cœur, en son cerveau affaibli, ces souvenirs lointains, que tant de souffrances ont effacés de sa mémoire. Déjà il a pu constater certains progrès, et il ne désespère pas de lui rendre complètement la raison. »

En ce moment André Norcy, qu'on attendait pour commencer l'embarquement, sortit d'une des maisons, accompagné d'un homme de haute stature vêtu en Arabe; c'était Jules Mathelin.

Si ses prunelles conservaient encore par instants une sorte de flamme inquiétante, il reconnaissait cependant ceux qui l'entouraient et avec lesquels il venait de voyager pendant tous ces derniers jours, goûtant un visible plaisir à les entendre causer, répétant parfois des fragments de phrases prononcées par eux, comme s'il se fût lentement réhabitué aux sonorités retrouvées du français, de sa langue natale.

C'était surtout dans la société de la cantinière qu'il paraissait se plaire le plus, ainsi que dans la compagnie d'André; on eût dit qu'il sentait pour eux un attrait plus vif que pour les soldats, leurs compagnons, et que les liens du passé eussent commencé à se renouer, reprenant sur lui leur autorité.

Déjà ses traits n'avaient plus l'expression sauvage et égarée qui avait frappé de terreur ceux auxquels ils s'était subitement montré au fond de l'hypogée des Bybân-el-Molouk; une certaine sérénité apaisait ses traits, leur rendant les nobles lignes d'autrefois, effaçant les rides; par éclairs, une douceur assouplissait sa physionomie, surtout quand il répétait, après André qui les lui soufflait, ces deux noms :

« Juliette!... André!... »

Ils semblaient avoir sur lui la puissance tendre d'un charme, d'un philtre pénétrant.

De la djerme on les hélait pour leur dire qu'il était temps de partir.

Gossin, en se dirigeant vers le quai, montra l'inscription que les loustics de la division Desaix avaient placée sur une borne milliaire installée par eux à l'entrée d'une allée d'arbres au nord, au sortir du village, et lut tout haut :

« *Route de Paris* n° 1167 340. Mâtin ! Plus que ça de lieues à avaler avant de revoir le faubourg Antoine ! »

Un Barâbrah ronronnait obstinément :

Yâ tamr tamratayni....

Et les fellahs chantaient en tirant sur un cordage pour maintenir l'embarcation près du quai :

Mirônah, mirônah, mirônten....

Mathelin s'arrêta brusquement ; un éveil d'intelligence alluma ses yeux ; une exclamation lui échappa, et, ses traits revêtus soudain d'une expression mélancolique, ses lèvres retrouvèrent d'instinct les paroles de l'air qui l'avait frappé ; il chantonna, demi-souriant :

Malb'rough s'en va-t-en guerre,
Mironton, mironton, mirontaine,
Malb'rough s'en va-t-en guerre,
Ne sait quand reviendra.

Trois fois, avec un accent qui s'assombrissait de plus en plus, il répéta :

Ne sait quand reviendra.

Tous les hommes de la petite troupe s'étaient arrêtés, stupéfaits, comprenant qu'un phénomène se produisait dans l'âme, dans le corps du malheureux.

Il continua, semblant poursuivre une idée, les sourcils froncés, les prunelles ardentes :

Madame à sa tour monte,
Mironton, mironton, mirontaine,
Madame à sa tour monte
Si haut qu'elle peut monter.

Les fellahs paraissaient faire l'accompagnement :

Mirônah, mirônah, mirônten.

Et, comme encouragé, il allait toujours, sautant des couplets, attiré par certains de préférence :

*Aux nouvell's que j'apporte,
Mironton, mironton, mirontaine,
Aux nouvell's que j'apporte
Vos beaux yeux vont pleurer.*

Une émotion montait en lui, soulevant sa poitrine, faisant vibrer les mots ; une tristesse tomba sur ses traits, des larmes envahirent ses yeux, et sa voix sombra frémissante, douloureuse, annonçant :

*Monsieur d' Malb'rough est mort,
Mironton, mironton, mirontaine,
Monsieur d'Malb'rough est mort,
Est mort et enterré.*

Il jeta un cri terrible :
« Non ! Non ! Qui a dit cela ?... »
Puis :
« Ma femme !... Juliette !... Non, non, vivant !.... Je reviens !... Je suis vivant !...

*Aux nouvell's que j'apporte
Vos beaux yeux vont pleurer....*

Ne pleurez pas ! Pourquoi pleurer, puisque me voici vivant ?... »

André et la cantinière s'étaient précipités vers lui, tremblants, n'osant croire à cette résurrection de l'âme après la résurrection du corps. L'humble chanson, obscure fleurette du pays de France, avait-elle eu cette puissance évocatrice sur ce cerveau enseveli sous les voiles de l'enfance après avoir été si clair et si vigoureux ? Aurait-elle fait ce miracle, la petite ronde un peu triviale qui servait à faire danser les tout petits ? Peut-être lui-même autrefois avait-il fait danser sa fille avec cet air, sur ces pauvres paroles, et voici qu'elles revenaient, ramenant en lui le souvenir précieux des douces années, des doux êtres aimés ?

Ses prunelles semblaient lucides, pleines d'intelligence, de raison ; elles allèrent du visage du jeune homme devant lequel elles hésitèrent, à celui de la cantinière ; là, elles s'arrêtèrent joyeuses, se fixèrent ; il fit, étonné, ravi :

« Pierrette ?... Pierrette Florent ! »

La brave femme s'exclama :

« Il m'a reconnue ! »

Elle lui avait pris les mains, les portant à ses lèvres, tandis que le voyageur paraissait se demander comment elle se trouvait là, sous ce costume, au milieu de ces soldats :

« Oui, m'sieur Mathelin, c'est moi, c'est bien moi !... Cantinière à la 75e demi-brigade dans l'armée d'Égypte, mariée au sergent-major Nicolas Goulot, ici présent !... Mais on vous expliquera tout cela plus tard !... Oh ! que je suis heureuse ! »

Et montrant son compagnon :

« Voici m'sieur André ; vous savez bien, le petit André, le compagnon de votre Juliette, le fils à votre ami m'sieur Pierre Norcy ? »

Il tendit les bras :

« André !... Mon enfant !... Mon cher petit ! »

Cette fois, c'était la guérison complète, le définitif retour à la raison.

Sur la djerme, les Barâbrahs chantaient :

Yâ tamr tamratayni.

Déjà l'embarcation glissait au cours du Nil, les emportant tous vers le Caire, les rapprochant de la Patrie, qu'on distinguait encore le lointain ronron des fellahs, le refrain qui avait réveillé pour toujours le cerveau de Jules Mathelin, l'arrachant à l'hypogée, peuplé de visions hallucinantes, dans lequel il était enseveli depuis tant d'années sous les bandelettes serrées de la folie, sous les engourdissants parfums du haschisch, hypogée plus impénétrable, plus terrible que ceux des Bybân-el-Moloûk :

Mirônah, mirônah, mirônten.

. . . .

* * *

« Ce n'est pas adieu, mais au revoir que je vous dis, car je reviendrai, je vous le promets, je vous le jure. Ainsi, pas de tristesse, pas trop de larmes, vous me reverrez vivant, ici, dans ce salon ! »

D'un bras il étreint sa femme, de l'autre il enferme sa fille, étroitement pressées toutes deux sur sa poitrine, et comme le jour de son départ, répétant exactement ces mêmes paroles prononcées onze ans auparavant, il les amène devant les deux portraits qui toujours président aux destinées unies des deux familles.

Il sourit, ajoutant :

« Ne l'avais-je pas promis, juré en partant? »

Ce n'est plus le brillant et robuste officier de marine que représente la peinture faite autrefois; cependant, depuis qu'il est débarrassé de sa longue barbe de gardien des hypogées, qu'il a laissé repousser ses cheveux à peine grisonnants par places, toujours épais, toujours noirs, le bonheur a rendu à ses traits ravagés par les longues années de tortures physiques et morales une animation joyeuse, un apaisement absolu : tout fait présager qu'il faudra peu de temps à Jules Mathelin pour ressembler de nouveau à cette image confiante et hardie.

D'autres sont là, autour d'eux, le visage illuminé de joie, André Norcy et sa mère, Nicolas Goulot et sa femme.

Déjà on a raconté la triste histoire du passé, ces années de désespoir, de deuil, cet ensevelissement dans le profond tombeau de la folie; on a expliqué comment au Caire, après qu'ils eurent appris à la fois la nouvelle de la brillante victoire d'Aboukir remportée

L'embarcation glissait au cours du Nil.

par Bonaparte et celle du retour en France du général en chef, son successeur Kléber leur avait accordé, ainsi qu'au sergent-major et à la cantinière, l'autorisation de s'embarquer sur un des bâtiments qui tentaient la traversée de la Méditerranée malgré la croisière anglaise.

Un souvenir attendri fut donné aux vaillants compagnons restés en Égypte avec Kléber pour défendre la conquête, à ces joyeux et intrépides camarades de tant d'heures mauvaises, et qu'on n'avait pu ramener.

Lorsque André, songeant à eux, évoquait en même temps l'image fugitive de Mélâk-el-Azraël, il lui semblait que le *Démon des Sables* symbolisait bien cette terre d'Égypte, fuyante et mortelle, avec ses souffrances extraordinaires, ses maladies terribles, ses monuments demi-enfouis sous la poussière des siècles, son khamsyn dévorant, ses mirages trompeurs et son éternel mystère.

Par ses combats sans pitié, par ses massacres, cette expédition avait parfois révolté la conscience d'humanitaire de Norcy, sa sensibilité juvénile, lui faisant reconnaître le droit sacré de ces Égyptiens, de ces Arabes, à défendre leur pays contre l'invasion étrangère ; mais aussitôt, au-dessus de ces intérêts particuliers, plus haut qu'eux, se dressait dans son esprit l'idée d'un intérêt supérieur, celui du progrès, de la science, de l'histoire, dont tous les pays, dont tous les êtres, dont l'humanité entière profiterait.

Sans doute la tentative militaire de Bonaparte n'empêcherait pas l'Égypte de retourner à ses premiers possesseurs : tout l'indiquait déjà. La terre n'était rien ; la véritable conquête resterait les trésors incalculables rapportés d'Égypte par les savants, par les artistes, les découvertes précieuses faites par ces modestes héros, qui, sans l'armée française, sans Bonaparte, Desaix, Kléber et tant d'autres, n'auraient pu fouiller la mystérieuse cendre des hypogées royaux, des pyramides, des temples, des tombeaux, et de ces ténèbres cinquante ou soixante fois séculaires, faire jaillir la lumière, de toute cette mort tirer la vie, la vérité !

Le jeune homme fut arraché à ces pensées, dont le vertige grandiose l'éblouissait, par de nouvelles étreintes de sa mère, qui ne pouvait se lasser de l'embrasser, tandis que Pierrette, très fière, faisait :

« Je vous l'avais bien promis que je vous le ramènerais !

— On peut dire, ajouta Nicolas Goulot, que m'sieur André a tenu son serment jusqu'au bout : si le citoyen Mathelin est ici, c'est sûrement grâce au courage, à la persévérance de son filleul ! »

Juliette se rapprocha de son ami d'enfance, de son camarade de jeunesse, balbutiant tendrement :

« André ! mon cher André ! C'est à toi que je dois ma plus grande joie; toute ma vie ne saurait suffire à le reconnaître ! »

Jules Mathelin, qui l'avait suivie, unit leurs doigts en déclarant :

« Mes enfants, je ne saurais vous séparer dans mon cœur, dans ma pensée. »

Ils répondirent ensemble :

« Père, nous serons deux à vous aimer.

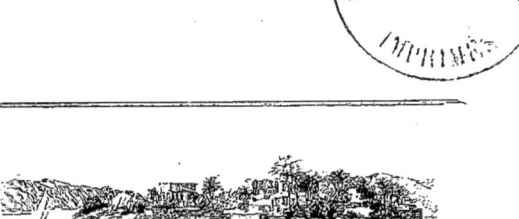

TABLE DES MATIÈRES

Chapitre I.	Le serment.	1
— II.	Une vocation	15
— III.	L'état-major de Pierrette.	31
— IV.	Le talisman.	47
— V.	L'insaisissable.	67
— VI.	Le chant du muezzin.	87
— VII.	L'Ange de la Mort.	105
— VIII.	Reflet d'incendie.	123
— IX.	Maman !	141
— X.	Un écho du passé.	159
— XI.	Le saut de Jean Toucas	177
— XII.	Mirage !	197
— XIII.	La révélation du Barâbrah	211
— XIV.	Rumeurs dans les ruines.	227
— XV.	Disparition suspecte.	245
— XVI.	Le Génie de la Tombe.	259
— XVII.	Le Père de la Terreur.	277
— XVIII.	La chanson de *Malb'rough*	295

LIBRAIRIE HACHETTE & CIE, A PARIS
79, BOULEVARD SAINT-GERMAIN, 79

OUVRAGES ET ALBUMS
A L'USAGE DE LA JEUNESSE
ET DE L'ENFANCE

COLLECTION IN-8 A L'USAGE DE LA JEUNESSE

1re SÉRIE, FORMAT IN-8 JÉSUS
Prix du volume : broché, **7** fr.; cartonné, tranches dorées, **10** fr.

ABOUT (ED.) : *Le roman d'un brave homme*. 1 vol. illustré de 52 compositions par ADRIEN MARIE.
— *L'homme à l'oreille cassée*. 1 vol. illustré de 61 compositions par EUG. COURBOIN.
BEAUREGARD (G. DE) et GORSSE (H. DE) : *Le roi du timbre-poste*. 1 volume illustré de 70 gravures d'après VULLIEMIN.
CAHUN (L.) : *Les aventures du capitaine Magon*. 1 vol. illustré de 72 gravures d'après PHILIPPOTEAUX.
CIM (ALBERT) : *Grand'Mère et Petit-Fils*, 1 volume illustré de 70 gravures d'après VULLIEMIN.
DILLAYE (FR.) : *Les jeux de la jeunesse*. 1 vol. illustré de 205 gravures.
DU CAMP (MAXIME) : *La vertu en France*. 1 vol. illustré de 45 gravures d'après DUEZ, MYRBACH, TOFANI et E. ZIER.
FLEURIOT (MLLE ZÉNAÏDE) : *Cœur muet*. 1 volume illustré de 57 gravures d'après ADRIEN MARIE.
— *Papillonne*. 1 vol. illustré de 50 grav. d'après E. ZIER.
GUILLEMIN (AMÉDÉE) : *La Chaleur*. 1 volume contenant 1 planche en couleur, 8 planches en noir et 524 gravures dans le texte.
LA VILLE DE MIRMONT (H. DE) : *Contes mythologiques*. 1 volume illustré de 50 gravures.
LEMAISTRE (ALEXIS) : *L'Institut de France et nos grands établissements scientifiques*. 1 volume illustré de 82 gravures d'après les dessins de l'auteur.
MAEL (PIERRE) : *Terre de Fauves*. 1 volume illustré de 52 gravures d'après ALFRED PARIS.

MAEL (PIERRE) (Suite) : *Robinson et Robinsonne*. 1 volume illustré de 52 gravures d'après A. PARIS.
— *Fleur de France*. 1 volume illustré de 50 gravures d'après TOFANI.
— *Au pays du mystère*. 1 volume illustré de 50 gravures d'après A. PARIS.
MANZONI : *Les fiancés*. Édition abrégée par Mme J. Colomb. 1 volume illustré de 37 gravures.
MOUTON (EUG.) : *Voyages et Aventures du capitaine Marius Cougourdan*. 1 volume illustré de 66 gravures d'après E. ZIER.
— *Aventures et mésaventures de Joël Kerbabu*. 1 vol. illustré de 61 gravures d'après A. PARIS.
ROUSSELET (LOUIS) : *Nos grandes écoles militaires et civiles*. 1 volume illustré de 169 gravures d'après A. LEMAISTRE, FR. RÉGAMEY et P. RENOUARD.
— *Nos grandes écoles d'application*. 1 vol. illustré de 135 gravures d'après BUSSON, F. CALMETTES, A. LEMAISTRE et P. RENOUARD.
TOUDOUZE (GUSTAVE) : *La Vengeance des Peaux-de-Bique*. 1 vol. illustré de 53 gravures par J. LE BLANT.
— *Le Démon des Sables*. 1 vol. illustré de 52 gravures, par A. PARIS.
WITT (MME DE), née Guizot : *Les femmes dans l'histoire*. 1 vol. illustré de 80 gravures.
— *La charité en France à travers les siècles*. 1 volume illustré de 58 gravures.
— *Père et fils*. 1 vol. illustré de 40 gravures d'après VOGEL.

2e SÉRIE, FORMAT IN-8 RAISIN
Prix du volume : broché, **4** fr.; cartonné, tranches dorées, **6** fr.

ARTHEZ (DANIELLE D') : *Les tribulations de Nicolas Mender*. 1 volume illustré de 85 gravures d'après O. TOFANI.
ASSOLLANT (ALFRED) : *Pendragon*. 1 volume illustré de 42 gravures d'après C. GILBERT.
CHAMPOL (F.) : *Anaïs Evrard*. 1 volume illustré de 22 gravures d'après TOFANI et BERGEVIN.
CHÉRON DE LA BRUYERE (Mme) : *La tante Derbier*. 1 vol. illustré de 44 gravures d'après MYRBACH.
— *Princesse Rosalba*. 1 volume illustré de 90 gravures d'après TOFANI.
COLOMB (MME) : *Le violoneux de la Sapinière*. 1 volume illustré de 85 gravures d'après A. MARIE.
— *La fille de Carilès*. 1 vol. illustré de 96 gravures d'après A. MARIE.
— *Deux mères*. 1 vol. illustré de 135 grav. d'après A. MARIE.
— *Le bonheur de Françoise*. 1 volume illustré de 112 gravures d'après A. MARIE.
— *Chloris et Jeanneton*. 1 volume illustré de 105 gravures d'après SAHIB.
— *L'héritière de Vauclain*. 1 volume illustré de 104 gravures d'après C. DELORT.
— *Franchise*. 1 vol. illustré de 113 grav. d'après C. DELORT.
— *Feu de paille*. 1 vol. illustré de 98 grav. d'après TOFANI.
— *Denis le Tyran*. 1 vol. illustré de 115 grav. d'après TOFANI.
— *Pour la Muse*. 1 vol. illustré de 105 grav. d'après TOFANI.
— *Hervé Plémeur*. 1 volume illustré de 112 gravures d'après E. ZIER.

COLOMB (MME) (Suite): *Jean l'Innocent*. 1 vol. illustré de 110 gr. d'après E. ZIER.
— *Danielle*. 1 vol. illustré de 112 grav. d'après TOFANI.
— *La fille des Bohémiens*. 1 vol. illustré de 112 gravures d'après S. REJCHAN.
— *Les conquêtes d'Hermine*. 1 vol. illustré de 112 gravures d'après H. VOGEL.
— *Hélène Corianis*. 1 vol. illustré de 80 gravures d'après A. MOREAU.
CORTAMBERT (R.) et CH. DESLYS : *Le pays du soleil*. 1 volume illustré de 35 gravures.
DAUDET (E.) : *Robert Darnetal*. 1 volume illustré de 81 gravures d'après SAHIB.
DEMAGE (G.) : *A travers le Sahara*, aventures merveilleuses de Marius Mercurin. 1 vol. illustré de 84 gravures d'après MME P. CRAMPEL.
DEMOULIN (MME GUSTAVE) : *Les animaux étranges*. 1 vol. illustré de 172 gravures.
ÉNAULT (LOUIS) : *Le chien du capitaine*. 1 vol. illustré de 43 gravures d'après E. RIOU.
FLEURIOT (MLLE ZÉNAÏDE) : *Monsieur Nostradamus*. 1 volume illustré de 36 gravures d'après A. MARIE.
— *La petite duchesse*. 1 vol. illustré de 75 gravures d'après A. MARIE.
— *Grand cœur*. 1 vol. illustré de 45 gravures d'après C. DELORT.
— *Raoul Daubry*, chef de famille. 1 volume illustré de 32 grav. d'après C. DELORT.

FLEURIOT (Mlle Zénaïde) (Suite) : *Mandarine.* 1 vol. illustré de 96 grav. d'après C. Delort.
— *Cadok.* 1 vol. illustré de 24 grav. d'après C. Gilbert.
— *Caline.* 1 volume illustré de 102 gravures d'après G. Fraipont.
— *Feu et flamme.* 1 volume illustré de 70 gravures d'après Tofani.
— *Le clan des têtes chaudes.* 1 volume illustré de 65 gravures d'après Myrbach.
— *Les premières pages.* 1 volume illustré de 75 gravures, d'après Adrien Marie.
— *Rayon de soleil.* 1 volume illustré de 90 gravures d'après Mencina Kreszs.

GIRARDIN (J.) : *Les braves gens.* 1 volume illustré de 115 gravures d'après E. Bayard.
— *Nous autres.* 1 volume illustré de 182 gravures d'après E. Bayard.
— *La toute petite.* 1 volume illustré de 128 gravures d'après E. Bayard.
— *L'oncle Placide.* 1 volume illustré de 159 gravures d'après A. Marie.
— *Le neveu de l'oncle Placide.* 1re partie. 1 volume illustré de 122 gravures d'après A. Marie.
— *Le neveu de l'oncle Placide.* 2e partie. 1 volume illustré de 98 gravures d'après A. Marie.
— *Le neveu de l'oncle Placide.* 3e partie. 1 volume illustré de 147 gravures d'après A. Marie.
— *Grand-père.* 1 volume illustré de 91 gravures d'après C. Delort.
— *Maman.* 1 volume illustré de 112 gravures d'après Tofani.
— *Le roman d'un cancre.* 1 volume illustré de 119 gravures d'après Tofani.
— *Les millions de la tante Zézé.* 1 volume illustré de 112 gravures d'après Tofani.
— *Second violon.* 1 volume illustré de 112 gravures d'après Tofani.
— *Le fils Valansé.* 1 vol. ill. de 112 grav. d'après Tofani.
— *Le commis de M. Bouvat.* 1 vol. ill. de 119 g. d'ap. Tofani.

GIRON (Aimé) : *Les trois rois mages.* 1 volume illustré de 66 gravures d'après Fraipont et Pranishnikoff.

MEYER (Henri) : *Les jumeaux de la Bouzaraque.* 1 volume illustré de 9 gravures d'après Tofani.
— *Le serment de Paul Marcorel.* 1 volume illustré de 51 gravures d'après Tofani.

NANTEUIL (Mme P. de) : *Le général Du Maine.* 1 volume illustré de 80 gravures d'après Myrbach.
— *L'épave mystérieuse.* 1 volume illustré de 80 gravures d'après Myrbach.
— *En esclavage.* 1 volume illustré de 80 gravures d'après Myrbach.

NANTEUIL (Mme P. de) (Suite) : *Une poursuite.* 1 volume illustré de 57 gravures d'après Alfred Paris.
— *Le secret de la grève.* 1 volume illustré de 52 gravures d'après A. Paris.
— *Alexandre Vorzof.* 1 volume illustré de 80 gravures d'après Myrbach.
— *L'héritier des Vaubert.* 1 volume illustré de 80 gravures d'après Tofani.
— *Alain le baleinier.* 1 volume illustré de 80 gravures d'après A. Paris.
— *Deux Frères.* 1 volume illustré de 80 gravures d'après A. Paris.
— *Monnaie de singe.* 1 volume illustré de 60 gravures d'après A. Paris.

ROUSSELET (L.) : *Le charmeur de serpents.* 1 vol. illustré de 38 gravures d'après A. Marie.
— *Les deux mousses.* 1 volume illustré de 90 gravures d'après Sahib.
— *Le fils du connétable.* 1 volume illustré de 114 gravures d'après Pranishnikoff.
— *Le tambour du Royal-Auvergne.* 1 volume illustré de 115 gravures d'après Poirson.

SAINTINE (X.-B.) : *La Nature et ses trois règnes.* 1 volume illustré de 171 gravures d'après Foulquier et Faguet.
— *La mythologie du Rhin et les contes de la mère-grand.* 1 vol. illustré de 160 gravures d'après Gustave Doré.

SCHULTZ (Mlle Jeanne) : *Tout droit.* 1 vol. illustré de 86 gravures d'après E. Zier.
— *La famille Hamelin.* 1 volume illustré de 89 gravures d'après E. Zier.
— *Sauvons Madelon!* 1 volume illustré de 69 gravures d'après Tofani.

STANY (Le Cte) : *Les trésors de la Fable.* 1 volume illustré de 112 gravures d'après E. Zier.
— *Mabel.* 1 volume illustré de 60 gravures d'après E. Zier.

TISSOT (Victor) et AMERO (C.) : *Aventures de trois fugitifs en Sibérie.* 1 volume illustré de 72 gravures d'après Y. Pranishnikoff.

WITT (Mme de), née Guizot : *Une sœur.* 1 volume illustré de 65 gravures d'après E. Bayard.
— *Un nid.* 1 vol. ill. de 63 gr. d'après Ferdinandus.
— *Légendes et récits pour la jeunesse.* 1 volume illustré de 18 gravures d'après Philippoteaux.
— *Scènes historiques.* 1 volume illustré de 28 gravures d'après Adrien Marie.
— *Notre-Dame Guesclin.* 1 volume illustré de 70 gravures d'après E. Zier.
— *Un patriote au XIVe siècle.* 1 volume illustré de gravures d'après E. Zier, etc.
— *Un jardin suspendu.* — *Un village primitif.* — *Le tapis des quatre Facardins.* 1 vol. illustré de 59 gravures d'après C. Gilbert et Semechini.
— *Alsaciens et Alsaciennes.* 1 vol. illustré de 68 gravures d'après A. Moreau et E. Zier.

OUVRAGES DIVERS

JOURNAL DE LA JEUNESSE (Le), nouveau recueil hebdomadaire très richement illustré par les plus célèbres artistes. Années 1873 à 1897. 50 volumes grand in-8.
    Prix de chaque volume, broché. . . . . 10 fr.
    Cartonné en percaline, tranches dorées. . . 13 fr.

LÉPINE (Ern.) : *La princesse éblouissante.* 1 volume in-4, illustré de 50 gravures d'après Bertall. Cartonné. . . . . 7 fr.

MON JOURNAL, recueil hebdomadaire, illustré de nombreuses grav. en noir et en couleurs. 2e série. — Années 1845 à 1898. 6 vol. Chaque année, brochée. 8 fr.
    Cartonnée, couverture en couleurs. . . . . 10 fr.

SÉGUR (Mme la comtesse) : *Bible d'une grand'mère.* 1 volume petit in-8, illustré de 50 gravures sur bois, d'après les dessins de Schnorr. . . . . 10 fr.
— *Les Actes des Apôtres.* 1 volume petit in-8, illustré de 10 gravures sur acier, et faisant suite au précédent ouvrage. . . . . 10 fr.
    La reliure de chaque volume se paye en sus 4 fr.

BIBLIOTHÈQUE DES ÉCOLES ET DES FAMILLES
ILLUSTRÉE DE NOMBREUSES GRAVURES DANS LE TEXTE

COLLECTION TRÈS GRAND IN-8
Illustrée de très nombreuses gravures
Prix : Broché, 8 fr. — Cartonnage percaline, plats et tranches dorés, 12 fr. — Genre demi-reliure, tranches dorées, 13 fr.

Albert (Paul) : *La littérature française des origines au XVIIIe siècle.*
Les capitales du monde.
Dumont (J.-B.) : *Les grands travaux du XIXe siècle.*
Gourdault (J.) : *L'Europe pittoresque* (Pays du Nord).
Gourdault (J) (Suite) : *La France pittoresque.*
Meissas (G.) : *Les grands voyageurs contemporains.*
Poiré (P.) : *A travers l'industrie française.*
Reclus (O.) : *Nos colonies.*
— *En France!*

COLLECTION GRAND IN-8
Illustrée de gravures en noir et de nombreuses planches en couleurs, tirées hors texte
Prix : Broché, couverture or et couleurs, 4 fr. 50. — Cartonnage fort, genre maroquin, plats dorés, tranches jaspées, 5 fr. 50. — Cartonnage percaline, plats et tranches dorés, 6 fr. 50. — Genre demi-reliure, tranches dorées, 7 fr.

Assollant : *Montluc le Rouge.*
Bigot : *Gloires et Souvenirs militaires.*
Colomb (Mme) : *Pour la patrie.*
Delon (Ch.) : *Les peuples de la Terre.*
Demoulin (Mme Gustave) : *Français illustres.*
— *Françaises illustres.*
Ferry (Gabriel) : *Costal l'Indien.*
— *Les aventuriers du Val d'Or*
Gérard (Jules) : *Le tueur de lions.*
Houdetot (Cte de) : *Ysabel.*
Larchey : *Les cahiers du capitaine Coignet.*
Witt (Mme de), née Guizot : *La France à travers les siècles.*

PREMIÈRE SÉRIE, FORMAT GRAND IN-8
Prix : Broché, 3 fr. — Cartonnage fort, genre maroquin, plats dorés, tranches jaspées, 3 fr. 80. — Cartonné en percaline, plats dorés, tranches jaspées, 4 fr. 20. — Cart. en percaline, plats et tranches dorés, 4 fr. 60. — Genre demi-reliure, tranches dorées, 5 fr.

Beecher Stowe (Mrs.) : *La case de l'oncle Tom.*
Cahun (L.) : *La bannière bleue.*
Cervantes : *Don Quichotte de la Manche.*
Charnay (D.) : *A travers les forêts vierges.*
Deslys (Ch.) : *L'héritage de Charlemagne.*
Dronsart (Mme) : *Les grandes voyageuses.*
Du Camp (Maxime) : *Bons cœurs et braves gens.*
Figuier (L.) : *Les grandes inventions modernes.*
Fonvielle (W. de) : *Les navires célèbres.*
Gaffarel (P.) : *La conquête de l'Afrique.*
Gourdault : *La Suisse pittoresque.*
— *L'Italie pittoresque.*
Guillemin (A.) : *La terre et le ciel.*
Lefebvre : *Gouttes de pluie et flocons de neige.*
Maël (Pierre) : *Une Française au Pôle Nord.*
Manzoni : *Les fiancés.*
Meyners d'Estrey : *A travers Bornéo.*
Monnier (J.) : *Notre belle patrie.*
Mouton (E.) : *Lazare Pobau.*
Pouchet : *Mœurs et instincts des animaux.*
Raynal (H.) : *Les naufragés des îles Auckland.*
Rousselet (L.) : *L'exposition universelle de 1889.*
Stany (Le c^t) : *Seule!*
— *Le secret du donjon.*
Toudouze (G.) : *Enfant perdu.*
Walter Scott : *Ivanhoé.*
— *Kenilworth.*
— *Quentin Durward.*
Witt (Mme de), née Guizot : *Vieilles histoires de la Patrie.*
— *Histoires de l'ancien temps.*
— *La France au XVIe siècle.*
Wyss : *Le Robinson suisse.*

DEUXIÈME SÉRIE, FORMAT IN-8
Prix : Broché, 2 fr. 60. — Cartonnage fort, genre maroquin, plats dorés, tranches jaspées, 3 fr. 40. — Cartonnage percaline, plats dorés, tranches jaspées, 3 fr. 60. — Cartonnage percaline, plats et tranches dorés, 3 fr. 90. — Genre demi-reliure, tranches dorées, 4 fr. 60.

About (Ed.) : *Le roi des montagnes.*
— *Nouvelles et souvenirs.*
Albert-Lévy : *Le pays des étoiles.*
Baker : *L'enfant du naufrage.*
Cahun (L.) : *Les pilotes d'Ango.*
— *Les mercenaires.*
Colomb : *Habitations et édifices.*
Colomb (Mme) : *Les révoltes de Sylvie.*
— *Mon oncle d'Amérique.*
— *Les étapes de Madeleine.*
Cooper (F.) : *Le dernier des Mohicans.*
Corneille : *Œuvres choisies.*
Cortambert (R.) : *Mœurs et caractères des peuples.*
Demoulin (Mme Gustave) : *Les gens de bien.*
— *Aventures d'un écolier en rupture de ban.*
Deslys (Ch.) : *Courage et Dévouement.*
— *L'ami François.*
Dickens : *David Copperfield.*
— *Aventures de M. Pickwick.*
— *Nicolas Nickleby.*
— *Dombey et fils.*
— *Le magasin d'antiquités.*
— *La petite Dorrit.*
— *Aventures de Martin Chuzzlewit.*
Dufferin : *Lettres écrites des régions polaires.*
Duruy (Mme V.) : *Récits d'histoire romaine.*
Erwin (Mme Emma d') : *Heur et Malheur.*
Flammarion : *Les merveilles célestes.*
Gaffarel : *Les campagnes de la première République.*
— *Les campagnes du consulat et de l'empire.*
— *Les campagnes de l'empire.* (Succès et revers.)
— *Les campagnes de l'empire.* (Revers.)
Girardin : *Le locataire des demoiselles Rocher.*
— *Les épreuves d'Etienne.*
— *La famille Gaudry.*
Gourdault : *Rome et la campagne romaine.*
— *Venise et la Vénétie.*
— *Les villes de la Toscane.*
— *Naples et la Sicile.*
Guy (H. et C) : *Le roman d'un petit marin.*
— *La croisade de Gérard.*
Hayes : *Perdus dans les glaces.*
Henty : *Les jeunes francs-tireurs.*
Homère : *L'Iliade et l'Odyssée.*
Kingston : *Une croisière autour du monde.*
Marmier (X.) : *Le succès par la persévérance.*
Michel (G.) : *Histoire de Vauban.*
Molière : *Œuvres choisies.*
Nanteuil (Mme de) : *Capitaine.*
Paulian : *La hotte du chiffonnier.*
Perrier : *Les explorations sous-marines.*
Petit : *La mer et la marine.*
Saint-Paul : *Histoire monumentale de la France.*
Stanley : *La terre de servitude.*
Vignon (P.) : *L'expansion française*
Virgile : *Œuvres choisies.*

TROISIÈME SÉRIE (A), FORMAT IN-8

Prix : Broché, 2 fr. — Cartonnage fort, genre maroquin, plats dorés, tranches jaspées, 2 fr. 60. — Cartonné en percaline gaufrée, plats et tranches dorés, 3 fr.

Albert-Lévy : *Causeries.*
Arthez (Danielle d') : *Le roman de l'armurier.*
— *La route de Damas.*
Auerbach : *La fille aux pieds nus.*
Bombonnel : *Le tueur de panthères.*
Cahu (Th.) : *Le cachalot blanc.*
Cazin (Mme) : *La roche maudite.*
Colomb (Mme) : *Histoires de tous les jours.*
Deslys (Ch.) : *La mère aux chats.*
Dex (Léo): *Du Tchad au Dahomey en ballon.*
Dhormoys (P.) : *Souvenirs d'un vieux chasseur.*
Ferry (Gabriel) : *Les exploits de Martin Robert.*
Ficy (P.) : *Le ménétrier des Hautes-Chaumes.*

Ficy (P.) (Suite) : *La destinée de Silvère.*
Girardin (J.) : *Les remords du docteur Ernster.*
— *Tom Broun, scènes de la vie de collège en Angleterre.* (Imité de l'anglais.)
— *Fausse route.*
— *Les certificats de François.*
— *Le capitaine Bassinoire.*
Lesage : *Le diable boiteux*, édition abrégée, suivie d'extraits de *Gil Blas de Santillane.*
Meyer (H.) *Le mousse de Portjiou.*
Paulian (L.) : *La poste aux lettres.*
Sourian : *Le veilleur du Lycée.*
Tissot et Maldague : *La prisonnière du Mahdi.*

TROISIÈME SÉRIE (B), FORMAT IN-8

Prix : Broché, 1 fr. 40. — Cartonnage imitation toile, plats dorés, tranches jaspées, 1 fr 90. — Cartonnage percaline gaufrée, plats et tranches dorés, 2 fr. 30.

Améro : *Un robinson de six ans.*
Arthez (Danielle d') : *L'excellent baron de Pic-Ardant.*
Coignet : *Chez mon oncle.*
Deslys (Ch.) ; *Nos Alpes.*
Dombre (R.) : *Pain d'épice.*
Dourliac : *L'écuyer de la reine.*
Gogol (Nicolas) : *Tarass Boulba.*

Langlois (Mme H.) : *Pâté de pigeons.*
Mussat (Mlle L.) : *Le champ d'honneur.*
Pouschkine : *La fille du capitaine.*
Rousselet (L.) : *La peau du tigre.*
— *Les deux Mousses.*
Witt (Mme de) : *Lutin et Démon.*
— *Odette la suivante.*

QUATRIÈME SÉRIE, FORMAT IN-8

Prix : Broché, 1 fr. 10. — Cartonnage fort, genre maroquin, plats dorés et tranches jaspées, 1 fr. 40. Cartonnage fort, genre maroquin, plats et tranches dorés, 1 fr. 70.

Agon de la Conterie (Mme d') : *L'honneur de Richarp.*
Albert-Lévy : *Nos vraies conquêtes.*
— *Curiosités scientifiques.*
Annenskaïa (Mme) : *Les amis de collège.*
Baker : *L'Afrique équatoriale.*
Baldwin : *Récits de chasses dans l'Afrique centrale.*
Carlaaria : *Un royal aventurier dans l'Asie centrale.*
Clément (F.) : *Les grands musiciens.*
Colomb (Mme) : *Simples récits.*
— *Histoires et proverbes.*
Cummins : *L'allumeur de réverbères.*
Delon : *Histoire d'un livre.*
Delorme : *Journal d'un sous-officier.*
Demoulin (Mme) : *La pluie et le beau temps.*
— *Les cinq sens.*
— *Les Jouets d'enfants.*
— *Une école où l'on s'amuse.*
Figuier : *Scènes et tableaux de la nature.*
Gérard (A.) : *L'enfant du 26ᵉ.*
Girardin (J.) : *Petits contes alsaciens.*
— *Les gens de bonne volonté.*
— *La nièce du capitaine.*
— *Récits de la vie réelle.*
— *Bonnes bêtes et bonnes gens.*
— *La vie de ce monde.*
Giron : *Histoire d'une ferme.*
Hall : *Deux ans chez les Esquimaux.*
Hément (F.) : *Les infiniment petits.*
Moudetot (Mme de) : *Lis et chardon.*

Houdetot (Mme de) (Suite) : *Révolte.*
Irving (W.) : *Vie et voyages de Christophe Colomb.*
— *Voyages et découvertes des compagnons de Christophe Colomb.*
Kergomard (Mme) : *Heureuse rencontre.*
Krouglof : *Les petits soldats russes.*
La Fontaine : *Choix de fables.*
Le Gall La Salle : *L'héritage de Jacques Ferruel.*
Lehugeur (P.) : *Histoire de l'armée française.*
Lightone : *Mon ami Prampart.*
Livingstone : *Voyage d'exploration au Zambèze et dans l'Afrique centrale* (1848-1873).
Mayne-Reyd (Le Capitaine) : *Les naufragés de la Calypso.*
Meunier (Mme St.) : *La planète que nous habitons.*
Meunier (St.) : *Le monde végétal.*
— *Le monde minéral.*
Mussat (Mme L.) : *Autrefois et aujourd'hui.*
— *Le château de la grand'tante.*
Poiré : *Six semaines de vacances.*
Sévigné (Mme de) : *Choix de lettres.*
Souvigny (J.) : *L'avenir de Suzette.*
Talbert : *Les Alpes.*
Theuriet (A.) : *Les enchantements de la forêt.*
Tissandier (G.) : *Causeries sur la science.*
Vast : *Le tour du monde il y a quatre siècles (Vasco de Gama et Magellan).*
Vèze (De) : *La fille du braconnier.*
Vidal-Lablache : *Marco Polo, son temps et ses voyages.*

37052. — PARIS, IMPRIMERIE LAHURE
9, RUE DE FLEURUS, 9

LIBRAIRIE HACHETTE ET Cie, 79, Boulevard Saint-Germain, Paris

COLLECTION IN-8 A L'USAGE DE LA JEUNESSE

1re Série, format in-8 jésus

CHAQUE VOLUME : BROCHÉ, **7** FR., RELIÉ EN PERCALINE A BISEAUX TR. DORÉES, **10** FR.

ABOUT (Ed.) : **Le Roman d'un brave homme.** 1 vol. illustré de 52 compositions par Adrien Marie.
—— **L'Homme à l'oreille cassée.** 1 vol. illustré de 61 compositions par Eug. Courboin.
BEAUREGARD (G. de) et H. de GORSSE : **Le Roi du timbre-poste.** 1 vol. illustré de 80 gravures d'après Vuilliemin.
—— **Les plumes du Paon.** 1 vol. illustré de 65 gravures d'après Alfred Paris.
CAHUN (L.) : **Les Aventures du Capitaine Magon.** 1 vol. illustré de 72 grav. d'après Philippoteaux.
CIM (Albert) **Grand'mère et Petit-fils.** 1 vol. illustré de 70 gravures d'après Vuilliemin.
DILLAYE (Fr.) : **Les Jeux de la Jeunesse.** 1 vol. illustré de 203 gravures.
DU CAMP (Maxime) : **La Vertu en France.** 1 vol. illustré de 57 gravures d'après Duez, Myrbach, Tofani et E. Zier.
FLEURIOT (Mlle Zénaïde) : **Cœur muet.** 1 vol. illustré de 57 gravures d'après Adrien Marie.
—— **Papillonne.** 1 volume illustré de 50 gravures d'après E. Zier.
LA VILLE DE MIRMONT (H. de) : **Contes Mythologiques.** 1 volume illustré de 50 gravures.
LEMAISTRE (A.) : **L'Institut de France.** 1 vol. illustré de 85 gravures d'après les dessins de l'auteur.
MAËL (P.) : **Terre de Fauves.** 1 vol. illustré de 52 gravures d'après A. Paris.
—— **Robinson et Robinsonne.** 1 vol. illustré de 52 gravures d'après A. Paris.
—— **Fleur de France.** Ouvrage illustré de 50 vignettes dessinées par Tofani.
—— **Au pays du mystère.** 1 vol. illustré de 50 gravures d'après A. Paris.
—— **Seulette.** 1 vol. illustré de 60 gravures d'après E. Zier.
MOUTON (Eug.) : **Voyages et Aventures du Capitaine Marius Cougourdan.** 1 vol. illustré de 66 gravures d'après E. Zier.
—— **Aventures et mésaventures de Joël Kerbabu.** 1 vol. illustré de 61 gravures d'après Alfred Paris.
ROUSSELET (Louis) : **Nos grandes Écoles militaires et civiles.** 1 vol. illustré de 169 gravures d'après A. Lemaistre, Fr. Régamey et P. Renouard.
—— **Nos grandes Écoles d'application.** 1 vol. illustré de 133 gravures d'après Busson, Calmettes, Lemaistre, Renouard.
TOUDOUZE (G.) : **La vengeance des Peaux-de-Bique.** 1 vol. illustré de 52 grav. d'après J. Le Blant.
—— **Le démon des Sables (1798).** 1 vol. illustré de 52 gravures d'après Alfred Paris.
WITT (Mme de), née Guizot : **Les Femmes dans l'histoire.** 1 vol. illust. de 80 grav.
—— **La Charité en France à travers les siècles.** 1 vol. illustré de 81 grav.
—— **Père et fils.** 1 vol. illustré de 80 gravures d'après Vogel.

www.ingramcontent.com/pod-product-compliance
Lightning Source LLC
Chambersburg PA
CBHW060508170426
43199CB00011B/1373